DR. MED. SABINE SCHONERT-HIRZ

Alles wollen, alles können, alles schaffen

energy

Stress in **Energie** umwandeln
Innere **Kraftquellen** entdecken
Ziele sicher **erreichen**

Inhalt!

ENERGIE – QUELLE DES LEBENS

DIE ENERGIE IHRES KÖRPERS

DIE MACHT IHRER GEDANKEN

Inhalt!

DIE KRAFT IHRER GEFÜHLE

Vorwort

Es geht Ihnen gut? Irgendwie? Aber auch nicht so ganz? Irgend etwas fehlt ... Der Kick? Das Glück? Die Erfüllung? Die geniale Herausforderung? Energie? Ja! Energie!

- Energie brauchen Sie, um Ihren Körper von seiner Trägheit zu befreien, damit er Ihnen den Schwung gibt für ein vitales, aufregendes Dasein.
- Energie, um Ihre Gedanken zu inspirieren, damit sie Ihnen verraten, wie für Sie ein erfülltes Leben aussieht.
- Energie, um Mut zu fassen und die Dinge anzupacken, die Ihrem Leben den begeisternden Glanz verleihen.
- Energie, mit der Sie fröhlich, vertrauensvoll und mutig sein können – lebendig und glücklich.

Energie, die Quelle des Lebens

Energie ist immer in Ihnen vorhanden, im Übermaß. Sie brauchen nur die Fesseln zu lösen, einen winzigen Schritt aus Ihrem gewohnten Verhalten herauszugehen – und schon ist alles da. Körper, Gefühle und Gedanken – drei ewig sprudelnde Quellen Ihres Lebensstroms!

Ideen, Erfahrungen, Wünsche, was Sie mit Ihrem reichen Lebensstrom anfangen könnten – auch sie sind vorhanden. Sie liegen vielleicht ein bisschen verstreut herum. In irgendwelchen Gehirnwinkeln Ihrer Erinnerung, in matt gewordenen Träumen. Ich mache Ihnen Vorschläge, wie Sie an diese Informationen wieder herankommen.

Dazu habe ich die wichtigsten und neuesten Forschungsergebnisse zusammengetragen, Erfahrungen aus meiner fast 20-jährigen Seminararbeit eingeflochten und alles etwas geordnet. Sodass Sie Ihr Wissen systematisch erweitern, Ihren eigenen Standpunkt erkennen, Ihre persönlichen Erfahrungen nutzen und sich einen Plan machen können.

Denn Sie brauchen nur:

- Ihren Körper richtig zu behandeln, dann werden Sie Stress in Energie umwandeln
- Ihre Gefühle zu erforschen, um Ihre inneren Kraftquellen zu entdecken, und
- Ihre Gedanken zu ordnen, um Ihre Ziele sicher zu erreichen!

Die Energiequellen sprudeln lassen

Entscheiden Sie sich für den Stress – die größte Energiequelle Ihres Körpers! Nicht umsonst hat die Natur diesen Mechanismus erfunden und bis heute in unserem Bioprogramm beibehalten. Lernen Sie mit Wilma und Fred Feuerstein die urzeitlichen Wurzeln des Stress kennen und sehen Sie, wie Sie seine Energie entfesseln können. Machen Sie sich damit vertraut, was Ihr Körper braucht, damit er Ihnen die Vitalität und Spannkraft zur Verfügung stellt, die Sie von ihm erwarten.

Entscheiden Sie sich für die Macht Ihrer Gedanken! Werden Sie kreativ. Verändern Sie Ihre gewohnten Bewertungen: Suchen Sie bewusst den Nutzen, der in Fehlern, Problemen und Krisen steckt. Das setzt Energie frei! Nur so kommen Sie zu neuen Zielen, die für Sie sinnvoll, wertvoll und erreichbar sind.

Entscheiden Sie sich für die lebendige Welt Ihrer Gefühle – die inneren Kraftquellen, die nur darauf warten, befreit und sinnvoll genutzt zu werden. Aus Angst werden sie oft eingesperrt, verleugnet und betäubt. Das kostet Energie, die dann dem Glück, der Liebe und dem Erfolg fehlt!

Und schon haben Sie, was Sie bisher vielleicht vermissten: ein spannendes, erfolgreiches und erfülltes Leben, für das Sie sich gerne anstrengen!

Herzlichst
Ihre Dr. med. Sabine Schonert-Hirz

Energie – Quelle des Lebens

Kinder – die reinsten Energiebündel! Sie flitzen den ganzen Tag herum, lassen sich von ihren Gefühlen tragen, und wenn sie sich etwas in den Kopf gesetzt haben, kennen ihre Willenskraft und ihre Kreativität keine Grenzen. Auch Sie haben diese Energien in sich – Sie brauchen die Quellen nur wieder zum Sprudeln zu bringen!

Nutzen Sie die kreative Kraft der Träume! Mit ihrer Hilfe finden Sie heraus, was Sie brauchen, um glücklich und zufrieden zu leben.

LEBEN IM ÜBERFLUSS – KEIN TRAUM!

Kinder leben in der Vorstellung: Alles ist möglich. Zur Not wird ein wenig gezaubert, und ihre Wünsche erfüllen sich. Als Erwachsene wissen wir, dass diese magische Vorstellung von der Welt Grenzen hat. Sachzwänge, Konventionen und Gesetze schränken uns überall ein. Das ist ganz unbestritten notwendig, natürlich. Man kann einfach nicht immer machen, was man will.
Oder doch? Denn wenn Sie tatsächlich wollen, können Sie sehr viel – auf jeden Fall viel mehr, als Sie im Moment noch glauben.

Leben ohne Begrenzungen!?

Probieren Sie es aus – nur in Gedanken: Stellen Sie sich vor, es gäbe in Ihrem Leben keine Begrenzungen, weder zeitlich noch finanziell. Sie hätten keine Verpflichtungen, könnten völlig frei wählen. Wo würden Sie am liebsten leben? Mit wem? Wie möchten Sie sich tagtäglich fühlen? Welche Beschäftigung würde Sie mit Freude, Stolz und Zufriedenheit erfüllen? Mit welchen Menschen möchten Sie Ihre Erlebnisse teilen?
Ein atemberaubendes Gedankenexperiment. Oder halten Sie etwa gerade nicht die Luft an? Spüren Sie nicht ein leichtes Herzklopfen, ein Kribbeln im Bauch, ein leises Lächeln auf den Lippen? Oder schütteln Sie ungläubig den Kopf?
Jedenfalls spüren Sie, wie eine einfache Frage enorme Energien freisetzt, ob es Ihnen gefällt oder nicht. Auch wenn Sie sich vielleicht etwas verwirrt fühlen, kritische Gedanken kommen – »So ein Quatsch … unrealistisch … geht doch gar nicht« –, der Energiepegel bleibt eine Weile erhöht. Das ist ein bisschen stressig, oder?

Was können Sie aus diesem kleinen Experiment bisher schließen?

- Gedanken, ob positiv oder negativ gefärbt, setzen Energie frei.
- Sie spüren die Energie im Körper.
- Gefühle begleiten den angeregten Zustand.
- Sie bewerten den energievollen Zustand mit dem Verstand.

Die Wissenschaft nennt dieses Zusammenspiel von Gedanken, Körper und Gefühlen Stressreaktion. Die Stressreaktion versorgt Sie immer dann mit Energie, wenn Sie einer Veränderung oder einer Herausforderung gegenüberstehen. Dabei spielt es fast keine Rolle, ob das in der Realität oder in der Fantasie stattfindet.

Energie lenken: Sie können es selbst!

Jetzt geht das Experiment weiter: Probieren Sie zwei Strategien aus, die Energie, die Sie gerade gedanklich erzeugt haben, zu steuern.

Strategie 1: Energie fließen lassen

Überlassen Sie sich einmal probehalber Ihrer Fantasie: Sie leben in Barcelona. Tag für Tag sind Sie umgeben vom pulsierenden Leben der südlichen Metropole. Es ist immer angenehm warm. An jeder Ecke gibt es verlockende Kleinigkeiten zu essen, die Menschen sind fröhlich und freundlich, und in der Mittagspause geht's kurz an den Strand.
Spüren Sie das angenehme, warme Strömen im Körper? Spüren Sie, wie sich die Muskeln entspannen, das Herz ein wenig hüpft, wie Sie sich lebendig fühlen und am liebsten gleich loslaufen würden? Es hat funktioniert: Auf dem Wege der Gedanken haben Sie es geschafft, die belebende Kraft Ihrer Energie auch auf die Gefühle und den Körper überspringen zu lassen.

Mein Tipp

Das Dreigestirn

Als Kölnerin drängt sich mir ein leicht verständliches Bild für den Zusammenhang von Gedanken, Körper und Gefühlen auf: das Dreigestirn des Rheinischen Karnevals! Prinz, Bauer und Jungfrau sind wie Gedanken, Körper und Gefühle. Sie treten immer nur gemeinsam auf, Arm in Arm. Und wenn einer der drei in die Knie geht, gehen alle mit. Steht einer auf, reißt er auch die anderen beiden wieder hoch! Egal wer was anstellt, es betrifft immer das komplette Dreigestirn.

Strategie 2: Energie blockieren

Stoppen Sie jetzt Ihre Träume. Lassen Sie den Verstand sprechen, und machen Sie sich klar, warum das alles nicht geht: Sie kämpfen mit den spanischen Behörden um eine Arbeitserlaubnis, immer wieder verstehen Sie die Beamten nicht richtig. Die Suche nach einer Wohnung ist schwieriger, als Sie gedacht haben – dazu die Hitze, die Autos, der Lärm! Nein, Barcelona ist nichts für Sie.
Ihre Mundwinkel bewegen sich nun leicht nach unten, die Muskulatur wird fest, Sie fühlen sich frustriert und etwas matt. Mit der Macht Ihrer Gedanken haben Sie Ihre Gefühle negativ getönt und im Körper den Ausdruck von Lebensenergie unterdrückt.

Sie haben die Ergebnisse in der Hand

Aus unserem Experiment sehen Sie:
- Die bewusste Entscheidung für die eine oder die andere Strategie führt zu entgegengesetzten Ergebnissen. Sie haben es eindeutig selbst in der Hand, welche Energie Ihnen zur Verfügung steht.

➤ Körper, Gefühle und Gedanken können nicht voneinander getrennt verändert werden, sie hängen immer zusammen. Verändert man die eine, ändern sich automatisch auch die beiden anderen Ausdrucksformen der Lebensenergie.
In diesem Experiment haben Sie den Zugangsweg über die Gedanken benutzt. Sie könnten aber genauso gut über den Körper gehen: Wenn Sie ein wenig tanzen, umherlaufen, tief atmen oder singen – schon werden Sie die Energie angenehm lebendig spüren. Sie könnten auch den Weg über die Emotionen wählen: bewusst die Erinnerung an ein tolles Erlebnis wachrufen – und schon kommt die Energie, und die Gedanken schlagen Purzelbaum.

Sie entscheiden jeden Tag neu

Wie viel Energie wir haben, ist das Ergebnis unseres Denkens, Handelns und Fühlens! Das ist ein schwerer Brocken für all diejenigen, die gerne die Gesellschaft, den Partner, die miese Vergangenheit oder die Ungerechtigkeit der Welt für ihre Situation verantwortlich machen. In Wirklichkeit ist es eine riesige Chance und ein großes Glück! Denn wenn nur wir selbst verantwortlich sind, brauchen wir nur zu handeln und niemanden um Erlaubnis zu bitten – jeden Tag neu!

energy-Tipp

Klare Entscheidung!

Streichen Sie das Wort »eigentlich« ab heute aus Ihrem Wortschatz! Denn damit halbieren Sie Ihre Energie. Springen Sie! Trauen Sie sich! Wer nicht wagt, der nicht gewinnt. Entscheiden Sie sich für das eine oder das andere – es lohnt sich!
Das Ergebnis: oft ein Schmerz, weil etwas gerade nicht geht, öfter eine große Freude, weil Sie nun etwas anpacken werden. In jedem Fall werden gebremste Kräfte freigesetzt.

Energie zielgerichtet einsetzen

»Wenn ich nur mehr Energie hätte, sähe mein Leben ganz anders aus, ich kann mich einfach nicht aufraffen ...« Diese Klage zeigt ein häufiges Missverständnis. Denn nur viel Energie zu haben macht weder glücklich noch gesund oder erfolgreich. Ungerichtete Energie – Kraft ohne Ziel und Verstand – führt eher zu negativen Ergebnissen wie Nervosität, Ungeduld, Ruhelosigkeit und Problemen mit den Mitmenschen.

Die Kraftquellen nutzen

Ich möchte Ihnen in diesem Buch zeigen, wie Sie Kontrolle über Ihre Energien gewinnen. Das hat sehr viel damit zu tun, wie Sie mit Stress umgehen. Denn die Stressreaktion ist die beste Energiequelle, die wir besitzen. Sie werden Sie ab Seite 17 genauer kennen lernen. Ich möchte Ihnen dazu eine neue, positive Sichtweise nahe bringen.

Guter Stress – schlechter Stress?

Noch immer sprechen viele Wissenschaftler von positivem und negativem Stress – auch Eustress und Disstress genannt. Das hört sich so an, als sei der Stress schuld, wenn es uns nicht gut geht. Doch Stress selbst ist neutral. Er ist einfach nur ein Reaktionsmuster, das die Natur in Millionen von Jahren entwickelt hat und das uns heute wie in der Steinzeit die Energie schenkt, die wir zum Überleben brauchen.
Dieses Reaktionsmuster umfasst immer das komplette Dreigestirn: Körper, Gedanken und Gefühle. Folgen Sie mir ab Seite 17 in die

Steinzeit zu Wilma und Fred Feuerstein! Denn dort lässt sich sehr gut erkennen, wie wichtig die Stressreaktion für uns ist.

Body-Tuning

Damit sich die segensreiche Stress-Power in einem Körper entfalten kann, sollte er fit genug sein, dieses hohe Energieniveau auszuhalten. Denn sonst haben auch die beiden anderen des Dreigestirns – Gedanken und Gefühle – nichts davon, fühlen sich unter Druck gesetzt und blockieren die Energie. Die erste Maßnahme zur Energiegewinnung heißt also Body-Tuning! Bringen Sie Ihr Haus in Ordnung, und Sie können die Stress-Power voll nutzen. Was es da zu tun gibt, erfahren Sie ab Seite 40.

Energiefallen beseitigen

Etwas aufwendiger ist das Nachdenken über die vielen eigenhändig aufgestellten Energiefallen: Gewohnheiten, Vorurteile und Glaubenssätze, die vielleicht irgendwann ihren Sinn hatten, jetzt aber nur noch Energie kosten und schlechte Laune einbringen.
Sie schaffen es z.B. jeden Morgen gerade so eben, pünktlich im Büro zu sein. Sie kommen schon genervt an und haben Ihre Energie bereits so abgewürgt, dass nur miese Stimmung, Muskelverspannungen und reduzierte Gedankenleistung dabei herauskommen. Sie sollten sich anders entscheiden!
Sie werden sich dazu entschließen, eine halbe Stunde früher aufzustehen und zeitiger loszufahren. Punkt. Und wenn Sie durch diese Maßnahme zu wenig Schlaf bekommen, werden Sie sich entschließen früher ins Bett zu gehen. Wieder Punkt. Ganz einfach.
Wir werden uns also mit Themen beschäftigen, bei denen es schlichtweg darum geht, über uns selbst nachzudenken, Entscheidungen zu treffen und neu zu handeln. Schauen Sie nach auf Seite 92.

Sorgen Sie dafür, dass Ihre gute Laune am Morgen nicht gleich wieder zunichte gemacht wird. Entscheiden Sie sich für gutes Timing!

Gefühle verstärken

Wenn Anforderungen so hoch scheinen, dass man sie nicht erfüllen kann, sind Enttäuschung und Frust vorprogrammiert. Dann fühlt sich auch der fitteste Körper überfordert und geht im Stress in die Knie.
Gegengewichte müssen her: Positive Erfolgserlebnisse und Unterstützung durch andere geben die Energie zum Durchhalten. Diese Energie kommt aus den positiven Gefühlen, die durch Erlebnisse und Erinnerungen wachgerufen werden (ab Seite 136).
Die Basis für alles, was wir hier besprechen, sind wissenschaftliche Erkenntnisse. Der Mensch funktioniert eben nach biologischen Gesetzen. Und wenn wir die befolgen, geht es uns gut! Dann haben wir genügend Energie und brauchen uns nur noch zu entscheiden, was wir damit anfangen wollen!

energy-TEST

WIE VIEL POWER HABEN SIE?

Halten Sie sich in Gedanken einen ganz normalen Arbeitstag vor Augen. Beantworten Sie bitte die folgenden Fragen, zählen Sie dann die Punkte zusammen, und lesen Sie auf Seite 16 Ihr persönliches *energy*-Ergebnis.

1 *Wenn ich morgens aufstehe, ...*

♦ fühle ich mich matt und denke: »Wäre der Tag doch nur schon vorbei!« (1)
♦ werde ich langsam wach und würde gerne noch ein wenig liegen bleiben. (2)
♦ springe ich aus den Federn, freue mich auf das Frühstück und den Tag. (3)

2 *Mittags nach dem Essen ...*

♦ könnte ich sofort einschlafen. (1)
♦ bin ich deutlich langsamer im Denken als vorher. (2)
♦ kann ich genauso weiterarbeiten wie vor der Mittagspause. (3)

3 *Wenn ich tagsüber zu Fuß gehen muss, ...*

♦ versuche ich, diese Anstrengung möglichst zu vermeiden. (1)
♦ schlappe ich so vor mich hin und freue mich, wenn ich wieder sitzen kann. (2)
♦ freue ich mich über die Bewegungspause, schreite kräftig aus und atme genüsslich durch. (3)

4 *Meine Freizeit verbringe ich überwiegend ...*

♦ mit körperlichen Aktivitäten (Haushalt oder Garten). (2)
♦ vor dem Fernseher oder Computer. (1)
♦ mit Sport. (3)

5 *Abends ...*

♦ empfinde ich es als Zumutung, wenn jemand anruft und mich stört. (1)
♦ würde ich mich gerne früh hinlegen, schaffe es aber selten. (2)
♦ bin ich noch unternehmungslustig und schlafe im Kino nie ein. (3)

6 *Ich schlafe ...*

♦ spät ein, wache nachts auf oder kann am frühen Morgen nicht wieder einschlafen. (1)
♦ schnell ein, schlafe durch und erwache frisch. (3)
♦ zunächst schlecht ein, obwohl ich früh genug ins Bett gehe, schlafe dann aber ohne Unterbrechung durch. (2)

7 *Wenn ich an die Zukunft denke, ...*

♦ wird mir angst und bange. Ich weiß im Moment nicht, wie es weitergeht. (1)
♦ weiß ich nicht genau, was kommt, es wird aber schon okay sein. (2)
♦ freue ich mich darauf, meine Pläne zu verwirklichen. (3)

➤ 8 *Im Laufe eines Tages ...*

♦ erlebe ich oft Freude und kann auch Alltägliches genießen. (3)
♦ fühle ich mich nur angestrengt und von meinen Aufgaben belästigt. (1)
♦ geht es mir mal so, mal so, abhängig davon, was gerade passiert. (2)

➤ 9 *Ein hektischer Tag! Das Telefon klingelt dauernd, die Arbeit drängt, und ein Kollege will getröstet werden.*

♦ Ich atme durch und überlege kurz, was das Wichtigste ist, dann wende ich mich dem Menschen zu. (3)
♦ Ich schnauze alle an und frage, ob sie nicht sehen, wie gestresst ich bin. (2)
♦ Ich versuche, alles auf einmal zu schaffen, und könnte vor Frust die Wände hochgehen oder verzweifeln. (1)

➤ 10 *Jemand bittet mich, eine Wohltätigkeitsveranstaltung zu organisieren.*

♦ Ich sage zu, stelle einen Plan auf, wer was wann tut, und spreche mich mit den anderen ab. (3)
♦ Ich denke: »Wieso immer ich?« und erfinde eine Ausrede. (2)
♦ Ich sage zu und fange an, alles allein zu organisieren, obwohl ich gar keine Lust und keine Zeit dazu habe. (1)

➤ 11 *Wie sehen ideale Ferien aus?*

♦ Drei Wochen am Strand, gut essen und trinken und sonst nichts. (1)
♦ Action, Sport und Sightseeing. (2)
♦ Von allem etwas. (3)

➤ 12 *Ich habe eine gute Idee für eine Verbesserung in meiner Wohnung.*

♦ Ich setze sie zielgerichtet in die Tat um. (3)
♦ Ich denke: »Ach, das bringt ja doch nichts« und lasse sie wieder fallen. (1)
♦ Ich fange an und verliere dann aber die Lust, weiterzumachen. (2)

➤ 13 *Wenn ich in den Spiegel schaue, ...*

♦ finde ich, dass ich frisch und lebendig aussehe. (3)
♦ finde ich mich etwas blass, aber okay. (2)
♦ finde ich, dass ich matt aussehe und meine Augen nicht so glänzen wie sonst. (1)

➤ 14 *Wenn ich hinter dem Bus herlaufe, ...*

♦ bin ich sofort völlig außer Atem. (1)
♦ belebt mich das. (3)
♦ kann ich das nur kurz durchhalten. (2)

➤ 15 *Wenn ich einen Menschen kennen lernen möchte, ...*

♦ versuche ich herauszufinden, was ihn/sie interessiert, und beginne ein Gespräch. (3)
♦ hoffe ich, dass der andere auf mich zukommt. (1)
♦ beginne ich ein Gespräch, werde aber schnell verlegen und breche ab. (2)

➤ 16 *Wenn ich ein Problem habe, ...*

♦ brüte ich vor mich hin und bleibe meist darin stecken. (1)
♦ versuche ich, es auf andere abzuwälzen. (2)
♦ frage ich andere um Hilfe und suche immer wieder neue Wege, es zu lösen. (3)

(Auswertung auf der nächsten Seite)

Auswertung des energy-Tests

♦ **16–26 Punkte:** Ihr Energielevel ist recht schwach, wie Sie sicher bereits vermutet haben. Sie sollten dringend etwas für sich tun! Denn schon der normale Alltag ist für Sie eine Mühe, größeren Anforderungen sind Sie nicht mehr gewachsen. Auf die Dauer könnten sich gesundheitliche Probleme, ein Burnout oder ernsthafte Schwierigkeiten im Arbeits- oder Privatleben einstellen.
Für Sie kommt dieses Buch gerade richtig. Beginnen Sie damit, Ihre körperliche Energie wieder aufzubauen, dann kommt der Rest fast von allein! Mein Tipp: Suchen Sie sich Gleichgesinnte! Das hält bei der Stange, wenn Sie nach alter Gewohnheit gleich wieder aufgeben wollen …

♦ **27–37 Punkte:** Ihr Energielevel könnte besser sein! Sie kommen zwar ganz gut über die Runden, doch Reserven für besondere Beanspruchungen fehlen. Mit ein paar Veränderungen könnten Sie noch viel mehr Erfolg und Lebensfreude gewinnen!
Arbeiten Sie das Buch genau durch. Sie werden in jedem Bereich weitere wertvolle Anregungen für sich finden. Wenn Sie das Potenzial, das Sie bereits entwickelt haben, weiter ausbauen, kann Sie in Zukunft nichts mehr aufhalten!

♦ **38–48 Punkte:** Ihr Energielevel ist gut bis sehr gut. Prima! Sie haben genug Energie, um Ihre Ziele mit viel Schwung zu erreichen. Unerwartete Belastungen und Hindernisse werfen Sie nicht aus der Bahn. Sie empfinden sie im Gegenteil als eine Herausforderung, die Sie gerne annehmen. Machen Sie weiter so, denn auch für Energie gilt der Spruch: »Use it or lose it!«
Sie werden in diesem Buch sicher noch einige gute Anregungen finden, damit Sie weiter so optimistisch und erfolgssicher durchs Leben gehen. Menschen wie Sie wirken ansteckend auf andere! Teilen Sie Ihre Ansichten und Methoden mit, und helfen Sie anderen, ihre Energie weiter auszubauen.

energy-Info

Keine Angst vor Stress!

Der Begriff Stress stammt ursprünglich aus der Werkstoffkunde und bedeutet »erhöhte Beanspruchung«. Auf den Menschen übertragen, heißt das, einer körperlichen, geistigen oder seelischen Anforderung ausgesetzt zu sein. Das Wort Stress hat in der Umgangssprache leider einen negativen Beigeschmack. Das ist verständlich, denn bis vor kurzem hatte sich die Wissenschaft überwiegend auf die negativen Folgen von Stress konzentriert. Diese Sichtweise gilt heute als veraltet, denn:

- Ohne Stress kein Leben! Stress ist grundsätzlich neutral.
- Stress tritt immer dann auf, wenn der Organismus durch irgendeinen äußeren oder inneren Einfluss aus dem Gleichgewicht geraten ist.
- Nur die Stressreaktion kann das Gleichgewicht wiederherstellen – sie ist also lebensnotwendig!
- Auch große Herausforderungen können durch die Stressreaktion beherrscht werden, denn sie ist äußerst flexibel.
- Die Möglichkeit von Hochleistungsstress mit einer Extraportion Energie für besondere Belastungen ist sogar positiv: Sie garantiert Weiterentwicklung und Erfolg.

ENERGIEMANAGEMENT DER NATUR

Seit Urzeiten ist der Mensch für sein Überleben in einer eher feindlichen und unwirtlichen Umwelt bestens gerüstet. Von unseren Vorfahren, den Säugetieren, haben wir dafür ein äußerst effektives Programm geerbt: die Stressreaktion, auch bekannt als Kampf- und Fluchtreaktion. Denken Sie nur an Ihren Hund oder Ihre Katze. Sie dösen in ihrer Ecke friedlich vor sich hin. Doch beim leisesten unbekannten Geräusch sind sie innerhalb von Sekundenbruchteilen wach, aktiv, voller Energie und im Ernstfall bereit zu kämpfen oder zu fliehen!

Stress setzt ungeahnte Energien frei

Dass Sie sich bei Bedarf ebenfalls so schnell wie Ihr Hausgenosse Bello aktivieren können, haben Sie derselben Stressreaktion zu verdanken. Sie ist seit vielen Millionen Jahren fest in unserem Erbgut verankert, jederzeit abrufbar und springt sicherheitshalber eher zehnmal zu oft an als einmal zu selten. Denn das hätte damals ohne weiteres den Tod bedeuten können!

Ohne Stress geht gar nichts

Die Stressreaktion ist deshalb ein Programm, das zu unseren überlebensnotwendigen Körperfunktionen gehört. Sie können sie weder ausschalten oder entfernen noch bewältigen. Stattdessen sollten Sie diese äußerst vitale und durchsetzungsfreudige Kraft nutzen und genießen! Denn ohne sie können Sie absolut gar nichts auf die Beine stellen.
Ohne die Stressreaktion könnten Sie Ihren Körper nicht in Gang setzen, wenn Sie etwas tun möchten. Ohne die Stressreaktion würden Ihre Gefühle grau in grau bleiben, und in

Körperlicher Einsatz zur Problemlösung war für unsere steinzeitlichen Vorfahren ganz normal: Sie mussten für ihren Braten oft 40 Kilometer laufen.

Ihren Gedanken herrschte der Stumpfsinn einer Schnecke, die nichts anderes kann, als die Richtung zu ändern, wenn sie vor eine Wand läuft. Da sind wir doch wahrhaftig besser dran!
Auf den folgenden Seiten lassen wir uns von Wilma und Fred Feuerstein zeigen, wie Stress unsere drei Energiequellen Körper, Gedanken und Gefühle zum Sprudeln bringt.

Energiemanagement aus der Steinzeit

Kennen Sie die Familie Feuerstein? Wilma und Fred, unsere Freunde aus der Steinzeit, zeigen uns, wie die Natur sich den optimalen Energieeinsatz für den Menschen vorstellt. Denn auch unser heutiges Power-Programm ist immer noch auf damalige »steinzeitliche« Verhältnisse eingestellt: Immer ging es um Leben oder Tod. Immer wurde hauptsächlich körperlicher Einsatz zur Lösung der Probleme gebraucht.
Das ist heute bei den meisten Menschen nicht mehr der Fall. Unser technischer Fortschritt hat dafür gesorgt, dass wir zunehmend mehr geistige und emotionale Fähigkeiten zur Alltagsbewältigung brauchen als körperliche. Doch das weiß unser Überlebensprogramm noch nicht! Für seine Weiterentwicklung ist die Zeit von der Steinzeit bis heute einfach zu kurz gewesen.

Power für den Normalfall: Ein Tag im Leben von Wilma Feuerstein

➤ **1** Wilma Feuerstein erwacht am Morgen. Ihre Energie ist noch niedrig und steigert sich erst ein wenig, als sie denkt: »Du musst doch mal nachsehen, wie das Wetter heute ist.« Der Körper baut nun exakt die Menge an Spannung in ihren Muskeln auf, die sie braucht, um von ihrem gemütlichen Lager

Das normale, gesunde Stressmuster im Leben von Wilma Feuerstein: Phasen höchster Energie und Erholungsphasen wechseln sich ab.

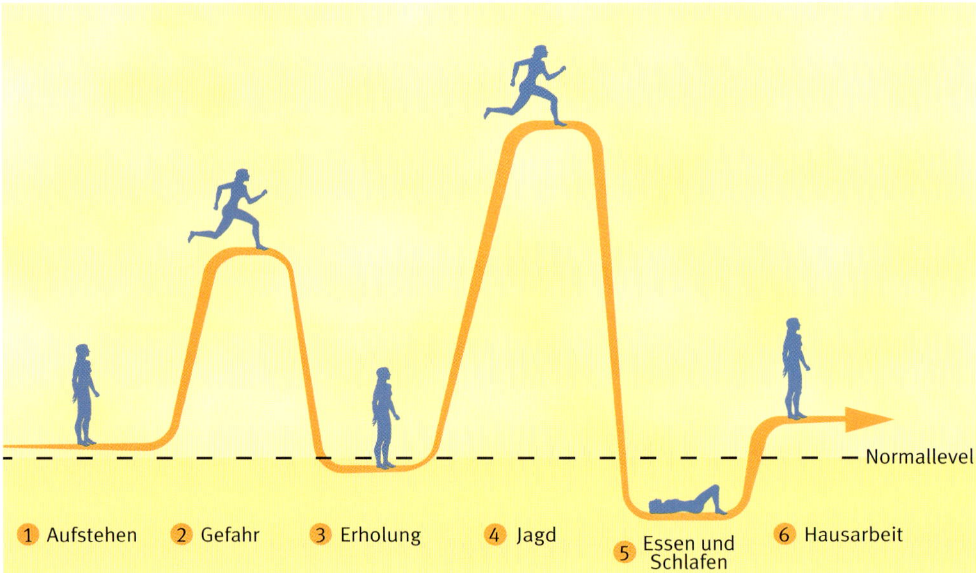

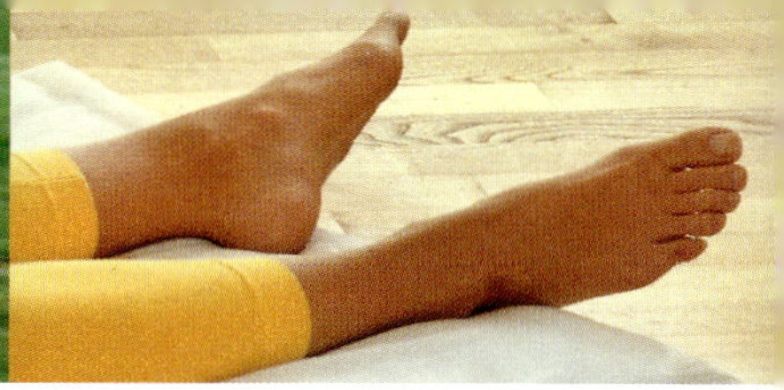

hochzukommen. Sie tritt vor die Höhle, reckt und streckt sich in der Morgenluft.

➤ **2** Doch halt! War da nicht etwas? Etwas gelb-schwarz Gestreiftes? Wilma ist sofort klar: ein Tiger! Sie rennt los. Geistesgegenwärtig wählt sie die Richtung, in der ein großer Kletterbaum steht. Ihre Energie hat sich schlagartig verzehnfacht. Sie erreicht den Baum und klettert behände in den höchsten Wipfel.

➤ **3** Erst als sie langsam wieder zur Ruhe kommt und den frustriert knurrenden Tiger unten am Stamm hochspringen sieht, wird ihr klar, in welcher Gefahr sie war. »Das ist ja noch mal gut gegangen!« Sie fühlt sich plötzlich müde, hungrig und schlapp. Die Spannung fällt von ihr ab. Sie wartet, bis sich der Tiger verzogen hat, klettert hinunter und macht sich dann auf die Suche nach etwas Essbarem.

➤ **4** Da, ein Kaninchen! Schlagartig hat sie noch mehr Energie als vorher. Sie schafft es mühelos, das Kaninchen zu fangen, und ist natürlich mächtig stolz! Zügig kehrt sie nach Hause zurück.

➤ **5** Dort bereitet sie die Speise zu und verzehrt sie in aller Ruhe. Sie ist ganz entspannt und hat einen großen Appetit. Dann ein wohlverdientes Nickerchen: Verdauen, Energiereserven auffüllen, strapazierte Muskeln regenerieren und vielleicht ein wenig Fortpflanzung betreiben.

➤ **6** Später erledigt sie noch dies und jenes im Haushalt, geht mit Fred, ihrem Mann, eine Runde schwimmen und dann früh ins Bett.

Das Beste: Normal-Stress

Wilma hat ihren Tag in einem Energiemuster verbracht, das dem vorgesehenen Programm bestens entspricht – im Normal-Stress-Muster. Denn so hätte uns die Natur am liebsten: im stetigen ökonomischen Wechsel zwischen Energiefreisetzung und Auffüllung der Reserven, zwischen Anspannung und Entspannung. So ein Verhalten hat ungeheuer viele Vorteile für unseren Körper.

Denn alle Organsysteme werden aktiviert, wenn ihre Zeit gekommen ist, und können sich erholen und regenerieren, wenn sie ihre Arbeit getan haben. Das ist gesund für uns, wir sind tagsüber leistungsfähig und schlafen nachts gut.

energy-Tipp

Aktion und Pausen im Wechsel

Lernen Sie von Wilma Feuerstein: Auf jede Aktion, in der Sie viel Energie verbrauchen, folgt eine kurze Entspannung. Wie steht es mit Ihren Pausen? Können Sie nicht am Tag öfter mal ein kurzes »Wellness-Bonbon« einschieben? Kurz heißt: 10–15 Sekunden. Bestimmt! Ab heute!

- Aufstehen, recken und strecken und dreimal tief durchatmen.
- Aufstehen und im Raum umhergehen.
- Ans Fenster gehen, rausschauen und mit den Schultern kreisen.
- Augen schließen und Gesichtsmuskeln massieren.
- Ein Glas Wasser trinken.
- Hinsetzen, Füße hoch, Augen zu, tief durchatmen.

Alles unter Kontrolle

Ungeachtet der großen Anstrengung, die Wilma an so einem normalen Tag investiert, um ihr Leben zu retten, ist eines völlig klar: Sie ist immer die Meisterin der Situation!

Es ist schließlich nicht das erste Mal, dass der Tiger es auf sie abgesehen hat. Sie weiß genau, was sie zu tun hat, und ist sich sicher, dass sie es – wie alle vorherigen Male – schafft, ihm zu entkommen. Und natürlich gelingt es ihr. Genauso wie sie sich voller Zuversicht und zielgerichtet auf den Weg macht, um etwas zu essen zu besorgen.
Psychologen benutzen für diese Art von angewandter Problemlösung den Begriff »Kontrolle«. Die Kontrolle in einer Stress-Situation zu behalten bedeutet, in diesem Moment alle körperlichen, emotionalen und geistigen Fähigkeiten mobilisieren zu können, die diese Situation erfordert. Das ist das wichtigste Kennzeichen für gelungenen »Normal-Stress«!

Das kennen Sie

Auch Ihre Tage sind gespickt mit diesen Normal-Stress-Situationen: Sie fahren in dichtem Verkehr, vor Ihnen bremst jemand. Blitzschnell treten Sie auf Ihre Bremse, reißen das Steuer zur Seite und stehen. Okay – alles unter Kontrolle. Wie immer. Auch wenn Sie anschließend noch Herzklopfen haben, sich ärgern und mit erhöhter Wachsamkeit fahren – das war nichts Besonderes.
Wann immer Sie das Gefühl haben, sich irgendwie noch helfen zu können, sei es, indem Sie andere um Rat fragen, eine Atemübung machen oder sich einen neuen Aktionsplan zur Rettung Ihrer Beziehung zurechtlegen: Sie agieren in Ihrem alltäglichen Normal-Stress-Muster.

Energiequelle Körper

Zentrale Informationsstelle im Stress ist das vegetative (autonome) Nervensystem. Es ist äußerst selbstständig und erledigt seine Arbeit meistens ohne unser bewusstes Zutun. Auf seine Befehle hin passen sich die Organ-

Unsere Organe passen sich automatisch den Erfordernissen der Situation an, je nachdem ob Anspannung oder Erholung angesagt ist (Tabelle rechts).

funktionen automatisch den aktuellen Anforderungen an. Dem vegetativen Nervensystem stehen dazu zwei »Telefonleitungen« zur Verfügung: Sympathikus und Parasympathikus. Jedes Organ wird über beide Leitungen ständig mit Informationen versorgt.
Feuert der Sympathikus, arbeitet die Gesamtheit der Organe so, dass Kampf oder Flucht stattfinden können. Feuert der Parasympathikus, wird alles auf Regeneration, Erholung und Fortpflanzung geschaltet. Unterstützt wird diese Steuerung durch das

Hormonsystem, das über seine Botenstoffe eine Feineinstellung und Aufrechterhaltung der Organfunktion über einen längeren Zeitraum ermöglicht. Befindet sich der Körper im »vegetativen Gleichgewicht«, so ergeben sich für alle Organe regelmäßige Arbeits- und Ruhephasen, die unser System gesund, vital und leistungsfähig erhalten.

Wohin mit der Stress-Power?

Noch heute wird, wie vor Millionen von Jahren, in unserem Körper eine Unmenge von Energie bereitgestellt, wenn wir uns einer Herausforderung gegenübersehen. Deshalb meint Ihr Programm auch heute noch, Sie müssten losrennen oder zuschlagen, wenn Ihr Chef Sie anruft. Das tun Sie natürlich

Der Körper im Normal-Stress-Muster

ORGANSYSTEM	BEI ENERGIEFREISETZUNG (SYMPATHIKUS)	BEI ERHOLUNG (PARASYMPATHIKUS)
1 Gehirn	hochkonzentriert	entspannt
2 Hirnanhangsdrüse	lässt Stresshormone freisetzen	lässt Stresshormone abklingen
3 Pupillen	erweitert	verengt
Tränendrüsen	trocken	viel Sekretion
4 Speicheldrüsen	wenig Sekretion	viel Sekretion
5 Lunge	Atmung schneller, tiefer	Atmung langsamer, flacher
6 Herz	Puls beschleunigt	Puls beruhigt
7 Leber	Abbau der Zuckervorräte	Aufbau der Zuckervorräte
8 Verdauungsorgane	kurzzeitig angeregt (Durchfall), auf Dauer reduziert	Tätigkeit angeregt
9 Muskulatur	angespannt	entspannt
10 Blutgefäße	Blutdruck erhöht	Blutdruck erniedrigt
11 Immunsystem	reduziert	Tätigkeit verstärkt
12 Sexualhormone	kurze Steigerung, dann reduziert	gesteigert
Hormone des Muskelstoffwechsels	Freisetzung von Zucker und Fetten als Brennstoffe zur Energiegewinnung	Umschalten auf Energiespeicherung
Stresshormone	gesteigert (Herz-Kreislauf-Tätigkeit, Konzentration, Motivation)	normal

nicht! Aber wohin mit der ganzen Power? Meistens bleibt uns gar nichts anderes übrig, als »den Deckel auf dem Topf mit kochendem Wasser« ganz fest zuzudrücken. Das bedeutet, wir wenden noch einmal eine Menge Kraft auf, um alle steinzeitlichen Kampf- und Fluchtimpulse zurückzuhalten.
Kein Wunder also, dass wir abends erschöpft sind, unzufrieden und nicht viel erledigen konnten. Ein Großteil unserer Energie wurde einfach verschwendet statt genutzt! Gebunden in Muskelverspannungen, die auf Dauer zwangsläufig zu den bekannten orthopädischen Problemen wie Nacken- und Rückenschmerzen führen. Muskelverspannungen verbrennen leider auch viel Blutzucker – und den haben wir dann nicht mehr in unserem Gehirn zur Verfügung, um zu denken und uns zu freuen. Schade!

Punktgenauer Energieeinsatz

Wilma Feuerstein macht es richtig! Sie schafft es immer, ganz genau die Menge an Energie zu mobilisieren, die sie gerade für die anstehende Aufgabe braucht: Die Flucht vor dem Tiger benötigt eine höhere Intensität als das Sammeln von Beeren oder der Spaziergang mit Fred. Diese Fähigkeit ist heute genauso wichtig wie damals.

➤ Wer es schafft, Routinetätigkeiten mit wenig Energie zu erledigen, hat für die interessanten Dinge noch genug Spannkraft. Zu viel Energie bei einfachen Aufgaben macht uns fahrig, nervös und hektisch. Zu wenig Energie für etwas Neues und Spannendes ... Sie kennen das: rumtrödeln, nicht in die Gänge kommen, keine Lust.

➤ Wer Meister im Umgang mit seinen Energien ist, wird die besten Ergebnisse erzielen! Beispiel Biathlon. Die Kunst besteht im punktgenauen Energiemanagement: erst volle Power fürs Skifahren, dann die völlig ruhige Hand am Gewehr. Im Alltag heißt das auch, zu spüren, wann die Stress-Energie in eine falsche Richtung gelenkt oder z.B. in Muskelanspannungen unnötig verschwendet wird. Stehen Sie auf, wenn Sie sich ärgern, lassen Sie einen Teil der Energie in Bewegungen fließen, die Sie nutzen, um Ihre Schultern zu lockern. Atmen Sie tief durch, lächeln Sie. So halten Sie Ihre Energie auf dem optimalen Niveau.

➤ Wer den punktgenauen Energieeinsatz beherrscht, wird seine Lebensaufgabe erfolgreich erfüllen. Die Natur stellt uns alles, was wir dazu brauchen, zur Verfügung: robuste Gesundheit, Leistungsfähigkeit und Ausdauer. Sie weiß: In dieser Verfassung sind wir optimal in der Lage, uns zu erhalten und unsere Gene an die Nachkommen weiterzugeben. Und das ist schließlich das, was sie von uns will – biologisch gesehen. Dass wir nebenbei auch noch glücklich und erfolgreich sein möchten, ist sozusagen Privatvergnügen.

energy-Tipp

Energie sparen

Prüfen Sie zwischendurch immer mal, ob Sie nicht gerade Ihre Energie mit verspannten Muskeln verschwenden:

- Gerade und aufrecht hinsetzen
- Schultern runter
- Zähne auseinander
- Füße entspannt aufstellen (die Füße sind so weit von unserer Aufmerksamkeit entfernt, dass wir sie oft unbemerkt anspannen und verkrampfen – die reinsten Energielecks)

Gefühle und Gedanken sind innere Kraftquellen, die nur darauf warten, sinnvoll genutzt zu werden – für ein erfolgreiches und erfülltes Leben.

DIE STÄRKSTEN ANTRIEBSQUELLEN: GEFÜHLE UND GEDANKEN

Die Natur mit ihrem unbändigen Überlebenswillen ist so stark daran interessiert, dass wir das energetisch optimale Normal-Stress-Muster leben, dass sie für uns ein effektives Motivations- und Belohnungssystem erfunden hat: süße Gefühle und himmelstürmende Gedanken!

Gefühle sind Energieauslöser

Der Siegeszug der Menschen über die Erde hätte nicht stattfinden können, wenn die Natur sie nicht mit einer unaufhaltsamen Antriebskraft ausgestattet hätte – den Gefühlen. Angenehme wie unangenehme, beide existieren gleichberechtigt nebeneinander und haben überlebenswichtige Aufgaben.
Gefühle sind die eigentlichen Beherrscher unseres Energiehaushalts. Sie entscheiden, wann wir wie viel Energie zu Verfügung haben. Außerdem geben sie das Ziel an, auf das unsere Energie zum eigenen Nutzen gerichtet sein soll. Schließlich geben sie Rückmeldung, ob die Aktion erfolgreich war und wir uns in einer besseren Lage befinden als zuvor.

Der Sinn der Gefühle

Stellen Sie sich vor, ein Steinzeitbaby wurde irgendwo vergessen, während seine Horde schon weitergezogen ist. Wie lange würde es überleben können? Allenfalls ein paar Stunden. Was also tun? Ein Baby hat keine andere Möglichkeit, als zu versuchen, sich durch lautes und verzweifeltes Schreien bemerkbar zu machen!
Haben Sie schon einmal ein Baby schreien hören? Alle Energien, die ihm zur Verfügung

Checkliste

Gute Gefühle – welche kennen Sie?

Diese Gefühle sind die Belohnung dafür, dass Sie im Normal-Stress-Muster leben, also mit sich und Ihren Anforderungen im Gleichgewicht sind. Sie sagen uns: Alles richtig gemacht, weiter so!

- ❑ »Ich bin gut, ich schaffe, was ich mir vorgenommen habe.«
- ❑ »Ich finde mich und meine Leistungen klasse.«
- ❑ »Ich bin gerne mit anderen zusammen und beschäftige mich mit ihnen.«
- ❑ »Ich kann andere so nehmen, wie sie sind.«
- ❑ »Ich habe Lust, mich anzustrengen.«
- ❑ »Alles ist gut, ich kann mich fallen lassen.«
- ❑ »Mir wird schon nichts passieren.«
- ❑ »Es macht einfach Spaß zu leben!«
- ❑ »Ich freue mich auf Sex.«
- ❑ »Ich fühle mich mit meinen Freunden sicher.«
- ❑ »Ich mag mich und andere richtig gerne.«
- ❑ »Ich könnte die ganze Welt umarmen!«

Wie oft spüren Sie diese schönen Gefühle – täglich mindestens eines von ihnen? Nur einmal in der Woche oder noch seltener? Darf es ein bisschen häufiger sein? Dann sollten Sie sich darum bemühen, Ihre Energiequellen zu stärken. Beginnen Sie mit Body-Tuning (Seite 40), und arbeiten Sie dann an Ihren Gedanken und Gefühlen (Seite 92 und 136).

stehen, scheinen aus seinem kleinen Mund herauszustürzen. Die Fäustchen sind geballt, die Schultern angespannt, und die Beinchen strampeln heftig – ein einziges vibrierendes Energiebündel! Was hat diesen Energieausbruch ausgelöst?
Denken kann es noch nicht, aber wahrnehmen und fühlen: »Ich bin allein, verlassen, völlig hilflos und zu schwach, um mir selbst zu helfen.« Absolut sinnvoll, dass diese Gefühlsmischung die größtmögliche Aktivierung dieses kleinen Kerlchens auslöst – damit es das, was es im Augenblick für die Rettung seines eigenen Lebens tun kann, auch hinkriegt: Schreien! Jeder eben nach seinen Möglichkeiten.
Die Energie, die für eine solche Reaktion gebraucht wird, kommt aus den Gefühlen. So ist es auch heute noch, das Programm hat sich nicht verändert. Sobald eine beliebige Situation das Gefühl auslöst, hilflos, allein gelassen und schwach zu sein, läuten auch bei Ihnen die Alarmglocken, und Energie wird freigesetzt: Als Patient im Krankenhaus können Sie nicht schlafen, weil niemand Sie richtig informiert, was mit Ihnen passieren wird; als Betroffener einer Umorganisation in Ihrer Firma werden Sie wütend, weil Sie erst in der Zeitung lesen müssen, was mit Ihrem Unternehmen geschieht.

Unangenehme Gefühle – Voraussetzung fürs Überleben

Wann immer wir Gefühle wie Hilflosigkeit, Unsicherheit, Schwäche, Unterlegenheit oder Angst spüren, kommt der Energieschub und schickt uns los, etwas zu tun, das für unser Überleben sinnvoll ist. Hätte die Natur uns nicht mit diesem Turbo-Antrieb versehen, hätten wir uns beim erstbesten Tigerangriff bestimmt faul auf die andere Seite gedreht – »Keinen Bock auf Action heute« – und uns seelenruhig fressen lassen!

Energien nicht verpuffen lassen

Aber was tun wir heute, wenn unangenehme Gefühle uns aus dem Sessel treiben wollen, damit wir etwas Gutes für uns tun? Wir weigern uns, den Weckruf unseres Systems zu befolgen! Wir spüren zwar die Energie in Form von Aufregung, Unruhe, Nervosität, Schlafstörungen oder Reizbarkeit, begreifen aber gar nicht, dass die Natur es sehr gut mit uns meint.

Statt uns zu bedanken für die Power, die sie uns schenkt, nörgeln wir rum und sagen: »Ich bin im Stress.« Gerald Hüther, Professor für Neurobiologie in Göttingen, spricht in seinem Buch »Biologie der Angst« von der Stressreaktion als der entscheidenden kreativen Kraft zur Weiterentwicklung der Lebewesen. Das sollten wir uns merken, wenn wir das nächste Mal versuchen, unsere negativen Gefühle zu ignorieren.

Aber ganz schaffen wir das sowieso nicht! Schließlich ist der Stressmechanismus sehr alt, erfahren und zäh! Er sucht sich dann eben einen anderen Weg, um uns zu warnen, z.B. über Kopfschmerzen, Rückenschmerzen oder einen Herzinfarkt.

Jetzt pack ich's an!

Stellen Sie sich vor, Sie lesen tatsächlich in der Zeitung, dass Ihre Firma zumacht. Sie sind einen Moment irritiert, greifen dann zum Telefonhörer, rufen beim Arbeitsamt oder beim Headhunter an, surfen durch die Jobbörsen im Internet und ergattern nach wenigen Wochen einen noch besseren Job. Dann sind Sie so schlau gewesen, die Stress-Energie in Empfang zu nehmen und positiv zu nutzen.

Sie haben es sogar geschafft, die Herausforderung anzunehmen und zu bewältigen. Und dafür gibt es sofort eine Belohnung. Sie erleben es ganz deutlich: Es geht Ihnen wirklich bombig!

Wenn Sie eine Aufgabe gut bewältigt haben, folgt die Belohnung sofort: Sie fühlen sich glücklich, stolz, hochgestimmt – einfach unschlagbar!

Gute Gefühle – die Sahnetörtchen des Lebens

Sie haben im Sinne des Normal-Stress-Musters richtig gehandelt: Unangenehme Gefühle lösen eine Stressreaktion aus, Sie nutzen die Energie und handeln und rutschen anschließend in die angenehme Entspannungsphase.

Dieser Zustand ist automatisch an die Bildung bestimmter Botenstoffe gekoppelt, die im Gehirn eine ganze Palette von positiven Gefühlen wecken: Sie fühlen sich groß und stark, unabhängig, kompetent, sicher, motiviert und freudig hochgestimmt – einfach unschlagbar!

Die guten Gefühle sind nicht immer alle gleichzeitig da. Einige sind ruhiger, andere machen quicklebendig, aber alle sind wunderschön – die Sahnetörtchen des Lebens! Und Sie zeigen Ihnen: Wenn Sie es schaffen, Ihre Energien im Normal-Stress-Muster fließen zu lassen und zu nutzen, bekommen Sie immer eine Belohnung!

Die Macht der Gedanken

Auch wenn wir in vielem unseren Verwandten, den Säugetieren, sehr ähnlich sind, haben wir ihnen doch etwas ganz Entscheidendes voraus. Irgendwann einmal muss ein noch recht affenähnlicher Urmensch gemerkt haben, dass durch das Stressmuster nicht nur sein Körper und seine Gefühle, sondern auch sein Verstand anregt wird. Und er lernte, ihn zu nutzen.
Unser Urahn erinnerte sich an ungute Erfahrungen mit dem Tiger und überlegte, wie er sich zukünftig vor seinen Angriffen besser schützen könnte. Er baute vielleicht einen Zaun oder entwarf ein Baumhaus. Seine ängstlichen Gedanken setzten die Energie, die Motivation, den Mut und die Vorstellungskraft frei, die er brauchte, um eine bis-

Mein Tipp

Schlechte Stimmung?

Nutzen Sie die Kraft der Gedanken: Denken Sie ganz bewusst an etwas Schönes, wenn es Ihnen gerade nicht so gut geht. Innerhalb von Sekunden ist die miese Stimmung verflogen, und Sie haben wieder neue Power! Denn mit der Macht der Gedanken steuern Sie Ihre Gefühle und damit Ihre Energie.

Schauen Sie sich die Zitrone an, sie ist saftig und sauer. Was passiert? Ihnen läuft der Speichel im Mund zusammen – das bewirken Ihre Gedanken!

her unbekannte Konstruktion zu erfinden. Und als er das gelernt hatte, war der Siegeszug des Menschen mit der geballten Kraft aus Körper, Gefühl und Verstand nicht mehr aufzuhalten.

Bringen Sie die Quelle zum Sprudeln

In dem Moment, in dem Sie es schaffen, die Impulse des Normal-Stress-Musters aufzunehmen und sich in Richtung Problemlösung in Bewegung zu setzen, merken Sie sofort, dass die Gedanken anfangen zu sprudeln. Konzentration, Verständnis für Zusammenhänge, Aufmerksamkeit, Kreativität, Gedächtnis, Reaktionsfähigkeit, Flexibilität – alles funktioniert bestens! Und wem Humor gegeben ist, der kann nebenbei auch noch ein paar nette Witze machen. Wunderbar. Das wollen wir!

Nichts einfacher als das!

Noch mal ein Experiment. Machen Sie mit? Stellen Sie sich bitte vor: Sie nehmen eine Zitrone in die Hand, schneiden sie in der

Mitte durch, riechen das bekannte Aroma, schneiden eine Hälfte in zwei Stücke, nehmen eines in die Hand und beißen hinein. Und? Was passiert? Speichelfluss ohne Ende. Uhhh! Sie schütteln sich. Das ist die Macht der Gedanken! Willentlich haben Sie eine bekannte Erfahrung aus Ihrem Gedächtnisspeicher abgerufen, damit Energie freigesetzt und Emotionen erzeugt.

Gedanken bestimmen unsere Sicht der Welt

Ein anderes Beispiel: Vorfreude, die wir so sehr lieben, funktioniert nach dem gleichen Muster wie die Zitrone. Während wir an ein bevorstehendes freudiges Erlebnis denken, stellen sich Körperempfindungen und Gefühle ein. Wir würden am liebsten sofort losstürmen und alles Gedachte in die Tat umsetzen. Diese Kraft der Gedanken sollten Sie so oft wie möglich nutzen und Ihren Energiepegel nicht dem Zufall überlassen.

Viele Menschen verschwenden tagtäglich ihre Power und Lebensfreude, weil sie ständig negativ denken: Überall lauern Gefahren, jeder meint es schlecht mit ihnen, und sie sind stolz darauf, auch das feinste Haar in jeder Suppe zu entdecken. Schade. Ihr Leben ist grau und schwer statt leicht, beschwingt und voller Zuversicht.

Nicht, dass sie nicht oft Recht hätten. Der kritische Blick auf die Welt ist wichtig. Denn nur so können wir uns auf gefährliche, ungewohnte Herausforderungen vernünftig vorbereiten, so lernen wir aus Fehlern, so verwandeln wir Angst in neue Ideen.

Doch wenn man nur diese Seite der Natur lebt, kommt die andere unweigerlich zu kurz. Aber sie existiert mit dem gleichen Recht und will sich genauso ausdrücken wie die negative. Lernen Sie, Ihre Gedanken zu steuern, und Sie haben mehr von der Kraft Ihrer fröhlichen Energien zur Verfügung!

Checkliste

Geistige Leistungsfähigkeit – wie steht es damit bei Ihnen?

Klares Denken ist ein Zeichen dafür, dass Sie im richtigen Normal-Stress-Muster leben, also mit sich und Ihren Anforderungen im Gleichgewicht sind. Sie besitzen ...

- ❑ Konzentrationsfähigkeit
- ❑ geistige Beweglichkeit
- ❑ die Fähigkeit, Prioritäten zu setzen
- ❑ die Fähigkeit, Risiken realistisch einzuschätzen
- ❑ die Fähigkeit, zügig eins nach dem anderen abzuarbeiten
- ❑ die geistige Kapazität, neue Zusammenhänge rasch zu erfassen
- ❑ ein gutes Gedächtnis
- ❑ Kreativität für neue Ideen
- ❑ Kreativität für aktive Problemlösungen
- ❑ Schlagfertigkeit
- ❑ Überblick
- ❑ Weitblick

Wenn Sie diese Fähigkeiten in der überwiegenden Zeit des Tages zur Verfügung haben, brauchen Sie sich um Ihren Energielevel keine Sorgen zu machen: Alles im Lot! Sollten Sie einige dieser Geistesgaben in Ihrem Alltag vermissen, ist das ein Hinweis darauf, dass Sie das Normal-Stress-Muster zumindest teilweise verloren haben. Lesen Sie über die Macht der Gedanken weiter ab Seite 92.

TURBO-POWER FÜR BESONDERE AUFGABEN

Das Stressmuster, das wir bisher untersucht haben, ist die optimale Voraussetzung für ein normales Leben. Wenn wir nach diesem Muster unsere Energie einsetzen, werden wir zuversichtlich, gut gelaunt und erfolgreich sein.

Normal-Stress für den Alltag – und was noch?

Doch da gibt es noch mehr. Es gibt besondere Herausforderungen, unerwartete Zwischenfälle, den Reiz der Gefahr und den Ruf des Abenteuers! Freundlicherweise hat uns die Natur eine »Programmerweiterung« geschenkt, mit der wir außerhalb der normalen Reaktionen auch das Besondere leisten können: die Turbo-Stressreaktion für besondere Höchstleistungen!

Für besondere Herausforderungen hat uns die Natur die Turbo-Stressreaktion geschenkt – allerdings kann sie bei Missbrauch unverhofft enden.

Im Ernstfall alles auf eine Karte

Sie haben Ihr Ziel klar vor Augen, Sie sammeln Ihre Kräfte und legen los. Und plötzlich passiert etwas Unerwartetes. Ein Hindernis stellt sich Ihnen in den Weg, nie zuvor da gewesene Herausforderungen tun sich auf. Was nun? Wie wir uns leicht vorstellen können, war dieser Fall auch schon in der Steinzeit gang und gäbe.

In dem Moment, in dem Fred und Wilma feststellen, dass sie mit ihrem normalen Energieprogramm nicht weiterkommen, wird sich ihre Überlebensangst verstärken. Schlimmste Befürchtungen, Horrorvisionen – »Ich werde sterben!« – schießen ihnen durch den Kopf. Alle Systeme geben Großalarm! Das führt dazu, dass ihr Organismus schlagartig mit extra Energie versorgt wird. Sie können noch schneller rennen oder noch besser kämpfen; mit Geschicklichkeit, Mut,

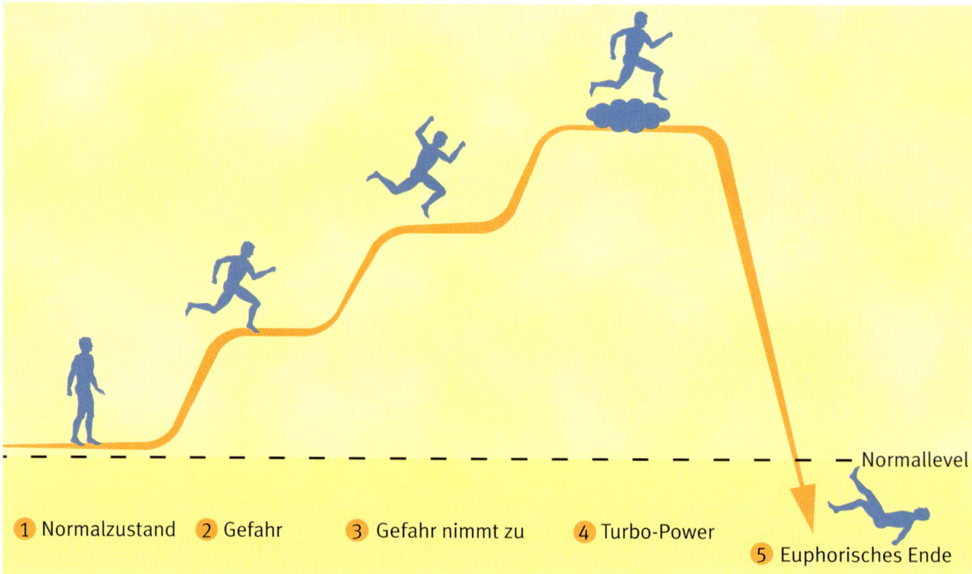

Ausdauer und blitzschnellem Erkennen neuer Möglichkeiten laufen sie zu Höchstform auf. Sie haben ungeahnte Kräfte und holen das Beste aus sich heraus.
Und das alles, damit sie überleben. Schaffen sie es innerhalb einer gewissen Zeit – prima. Sie sind zwar völlig erschöpft, aber es hat sich gelohnt. Schaffen sie es nicht – siegt der Tiger. »Sorry«, sagt die Natur, »dieses Erbgut ist nicht fit genug.« Der Auslesemechanismus ist hart, auch heute noch.

Leistungsfähig bis zum Äußersten: Ein Tag im Leben von Fred Feuerstein

➤ **1** Fred erwacht und tritt vor die Höhle. Dort erwartet ihn wie schon so oft der Tiger. Doch Fred hat gestern Abend ein wenig zu tief ins Glas geschaut mit Barnie. Eigentlich fühlt er sich zu müde.

➤ **2** Aber die Angst sitzt ihm plötzlich wie ein Kloß im Hals. Er zwingt sich loszulaufen. Er ist leider nicht ganz bei der Sache und läuft in die falsche Richtung. Kein Kletterbaum! Keine Rettung! Da gibt es nur eins: laufen, laufen, laufen! Nach einer Weile meldet sich sein Körper mit den ersten Seitenstichen und möchte eine Pause. Fred schaut sich kurz um: Keine Chance, der Tiger ist schon näher gekommen! Dieser Moment ist entscheidend.

➤ **3** Würde er sich jetzt entspannen, wäre es um ihn geschehen! Das will die Natur nicht. Also lässt sie ihm gar keine Wahl, sondern zündet automatisch die nächste Stufe. Er bekommt einen Extra-Energieschub und rennt verzweifelt in heller Panik um sein Leben! Alle Sinne sind aufs Äußerste angespannt, er ist so schnell wie noch nie zuvor. Ein weiterer Versuch seines Körpers, eine Pause zu machen, bleibt unbemerkt. Fred rennt und rennt und rennt.

➤ **4** Doch auf einmal verändert sich etwas. Fred denkt: »Das klappt ja wunderbar mit dem Rennen heute! Könnte ich öfter mal machen, das läuft ja wie von selbst. So ein schöner Tag! Und mit so einem lächerlichen Tiger werde ich spielend fertig. Ich bin doch sowieso der Größte hier!«

➤ **5** Denkt's, bricht zusammen und segelt auf rosa Wölkchen ins Steinzeit-Paradies. Wie er gefressen wird, merkt er nicht mehr ...

Turbo-Power macht high

Die Botschaft der Natur ist klar. In der Not sollen wir in der Lage sein, uns selbst zu übertreffen. Gigantische Kräfte wachsen uns zu. Wir schaffen Dinge, von denen wir nicht gewusst haben, dass wir sie können.
Das ist auch heute noch so. Die Angst, die uns aus unserer komfortablen Ruhelage herausgetrieben hat, verwandelt sich in Mut, Motivation und Schaffenskraft. Die größten Erfolge lassen sich so erringen!
Körper, Verstand und Gefühl arbeiten Hand in Hand. Wir fliegen dahin, und alles gelingt. Kein störender Gedanke lenkt ab, die Zeit scheint stillzustehen. Sicher, selbstbewusst, zielgerichtet und unbeirrbar tun wir das, was wir für nötig halten. Niemand hält uns auf. Das ist der Grund, warum viele Menschen den Turbo-Stress so sehr lieben!
Mit der Erfindung dieses genialen Notfallprogramms hat die Natur uns einen riesigen Dienst erwiesen. Denn es ermöglicht uns, in Extremfällen alles zu geben, um jede noch so kleine Chance auszunutzen, unser Leben zu retten. Dazu setzen wir Schritt für Schritt alle Energien frei, die wir haben.
Auslöser dafür ist immer ein Signal, das – bewusst oder unbewusst – in unserem Nervensystem als »Gefahr« gedeutet wird. Daraufhin schüttet das Gehirn eine bestimmte Mischung aus Stresshormonen und anderen Botenstoffen aus, die uns extrem leistungsbereit machen.

Turbo-Power macht high – sie lässt Leistungssportler beim Wettkampf über sich hinauswachsen.

Das Programm »Schöner sterben«

Doch wenn wir uns nicht mehr selbst helfen können und das Durchhaltevermögen verlieren, ändert sich die Mischung der Stresshormone. Und irgendwann, wenn der Körper bereits ahnt, dass er nicht mehr lange durchhalten kann, passiert es, dass er sich automatisch auf das große Finale vorbereitet.
Das Gehirn setzt dann so genannte Endorphine – körpereigene morphiumartige Substanzen – frei, die uns den letzten Einsatz unserer Kraftreserven erleichtern und notfalls das Ende vergolden. Sie machen euphorisch und nehmen den Schmerz: Fred soll sich – in Lebensgefahr – nicht mit kleinen Verletzungen aufhalten, das wäre zu gefährlich. Wie unter Drogen gesetzt, wird er high, denkt, er sei der Größte und könnte alles. Und wir denken genauso!

Warum sich Leistungssportler und Workaholics so gerne anstrengen

Jogger erleben das Programm »Schöner sterben« gelegentlich als »Runner's High« und können sogar von diesem körpereigenen Kick abhängig werden. Bei Workaholics sitzt die Endorphinausschüttung so locker, dass sie auch über geistig-seelische Anstrengung zu ihrem »Schuss« kommen.
Aber: Immer nur auf Turbo-Power zu laufen ist auch nicht das Wahre. Genauer gesagt, es kommt darauf an. Es gibt Menschen, die sind von Hause aus derartig stress-stabil, dass ihnen keine noch so große und andauernde Belastung etwas anhaben kann.

Wer schafft es wie lange?

Psychologen haben herausgefunden, dass neben genetischen Faktoren die Einstellung zu uns selbst, zu unserer Arbeit und zu unserem Leben hilft, auch lang andauernde Turbo-Power-Phasen gut durchzustehen.
Wenn Sie zu denen gehören, die ...

- morgens erfrischt aufwachen und sich freuen, den Tag zu beginnen
- Ihr Leben und Ihre Arbeit sinnvoll finden
- sich von neuen Aufgaben herausgefordert fühlen
- gerne Aufgaben übernehmen, mit denen Sie ihre Fähigkeiten erweitern können
- sich auf Probleme konzentrieren, die Sie lösen können
- keine Energien mit Dingen verschwenden, an denen Sie nichts ändern können
- bei Anforderungen gerne Ihr Bestes geben
- um Hilfe bitten können, wenn Sie bei Problemen nicht weiterkommen
- gleichermaßen geben und nehmen können

... Glückwunsch! Dann können Sie davon ausgehen, dass Sie genug Rückhalt in sich selbst und in Ihrer Umgebung finden, um mit langen Turbo-Power-Phasen gut zurechtzukommen.

NICHT JEDEN TAG AUF »TURBO« SCHALTEN

Turbo-Stress ist unsere wichtigste Energiequelle für besondere Herausforderungen, die auch die Würze des Lebens ausmachen. Tage, an denen man gerne »ranklotzt«, an denen alles gut läuft, die anstrengend, aber höchst befriedigend sind, gehören zu unseren Highlights. Wer es schafft, dieses Geschenk der Natur zu erkennen, richtig einzusetzen und für sich und seine Ziele zu nutzen, wird immer zu den Gewinnern zählen!

Auf Leben und Tod?

Schalten Sie aber bitte immer mal wieder den Verstand ein! Das Naturdoping in Form von Endorphinen und hohem Stresshormonpegel täuscht nämlich gerne eine Leistungsfähigkeit vor, die nicht auf soliden Beinen steht. Für Fred und Wilma spielte das keine Rolle. Bei ihnen ging es immer um Leben und Tod, und was danach kam, war vorerst einmal egal.

Unser Leben heute ist anders. Es geht nur noch selten um Leben und Tod. Wir benutzen das Notfallprogramm eigentlich nur dazu, um ständig größere Aufgaben zu lösen. Solange wir uns nicht zufrieden geben und auch mal wieder innerlich entspannen, steigert sich das Leistungsprogramm automatisch immer weiter.

Wut und Aggression sind nicht gefragt

Doch wenn das Maximum erreicht ist, verändert sich alles: Das Denken hört auf, und die Gefühle rasen. Solange Wilma und Fred kämpfend oder fliehend ihr Leben retteten, war das auch kein Problem. Irgendwann störte das Denken ja nur: »Soll ich jetzt den Speer nehmen oder besser die Keule, oder ist heute weglaufen angesagt?« – das dauerte einfach zu lange. Die Natur erfand folgerich-

Turbo-Power braucht ein gutes Management, sonst kann sie schnell ins Negative umkippen.

tig einen Mechanismus, um das analytische Denken für eine Weile auszuschalten und den Gefühlen das Feld zu überlassen.
Die Emotionen Aggressivität, Wut und Zorn waren hilfreich für den Steinzeitmenschen. Wenn es darum ging, wer überlebt, halfen sie, die Tötungshemmung gegenüber Artgenossen zu überwinden und dem Angreifer kurzerhand den Schädel zu spalten, bevor er es bei ihm tat. Doch alle diese Reaktionen sind heute nicht mehr gefragt – obwohl sie innen drin noch ständig ablaufen.

Abgeblockte Körperenergie

Stattdessen blocken wir diese Energie ab, denn körperliche Problemlösung ist in den meisten Fällen nicht möglich. Im Gegenteil: Kühler Kopf, freundliches Lächeln, einladende Gesten werden gebraucht. Die Folge: Jeder Muskel muss noch einmal die gleiche Menge an Energie aufbringen, um die Bewegungsimpulse zu unterdrücken. Die gereizte Stimmung wird vertuscht. Die Spannung steigt, kann sich aber nicht entladen: Energiestau!
Das erschöpft die Kräfte. Auf dem Weg nach Hause fliegen die Ideen vielleicht noch durch den Kopf. Doch wehe, Sie setzen sich eine Minute auf Ihr Sofa, dann ist die Luft raus. Nichts mehr hören oder sehen. Lasst mich alle in Ruhe – ich bin fertig für heute.

Die Kontrolle nicht verlieren

Was ist passiert? Die Kontrolle über den Energieeinsatz ist verloren gegangen. Für das, was gerade ansteht, sind wir entweder zu angespannt, fahrig, nervös und unkonzentriert oder zu müde, erschöpft und unmotiviert. Punktgenauer Energieeinsatz ist nicht mehr möglich. Wir verschwenden unnötige Kräfte und können uns nicht mehr ausreichend regenerieren.

Für viele Menschen ist dieser Zustand so alltäglich geworden, dass sie ihn völlig normal finden: »So ist eben das Leben. Kein Zuckerschlecken. Die Zeiten sind hart.« Sie bemerken nicht einmal, dass das, was ihnen früher einmal als Lebensziel vorschwebte, einfach untergegangen ist. Der Alltag ist eintönig, und wenn er nicht die guten Gefühle bringt, die man ersehnt, muss man einfach noch härter arbeiten, noch mehr verdienen, noch besser werden, um endlich glücklich und zufrieden sein zu können. Nur führt diese Einstellung leider meistens zum Gegenteil.

Mein Tipp

Ihr persönliches Stopp-Zeichen

➤ Im Eifer des Gefechts hat man selten Zeit abzuchecken, in welchem Stadium der Turbo-Power-Kurve man sich gerade befindet. Konzentrieren Sie sich deshalb auf ein für Sie ganz charakteristisches, persönliches Stress-Symptom, das Sie sehr schnell informiert.
➤ Immer wenn ich selbst in einer schwierigen Lage bin, kann ich nicht mehr kopfrechnen (weshalb ich vorsichtshalber immer einen Taschenrechner bei mir habe). Das ist mein Stopp-Zeichen. Ganz häufige und sehr allgemeine Symptome sind Ärger und Hektik.
➤ Wann immer Sie bemerken, dass Ihre Gedanken ärgerlich mit »Verdammt!« oder »Sch... !« anfangen, greifen Sie sofort mit einem energischen »Stopp« ein, bevor Sie weiter in den roten Bereich geraten, wo gar nichts mehr läuft.
➤ Bei Hektik, die leider allzu oft in Fehlern endet, hilft ein kurzes Durchatmen, Schultern runter und der Befehl »Einen Gang runter!«

Gehirn einschalten!

Wenn Sie merken, dass das, was Sie fühlen, denken und tun, nicht die Ergebnisse bringt, die Sie sich wünschen, gibt es nur eine einzige Konsequenz: anhalten und Gehirn einschalten! Bevor Ihr Steinzeit-Programm Sie aus dem Spiel kickt, weil es meint, Sie wären für dieses Leben ungeeignet.
Unser wertvolles Turbo-Power-Programm braucht nämlich ein kluges Management. Wir sollten natürlich alles versuchen, um unsere Energiequellen zum Sprudeln zu bringen, dürfen auf der anderen Seite den Bogen aber nicht überspannen.
Der Punkt, an dem die Turbo-Power für uns ins Negative umkippt, zeigt sich in veränderten Körperempfindungen, unangenehmen Gefühlen und negativen Gedanken. Das System meldet: Achtung, wir nähern uns dem »roten Bereich«! Diese Stress-Symptome sind sehr wichtig. Jeder sollte sie rechtzeitig erkennen, um mit vernünftigen Maßnahmen gegenzusteuern. Wer sie ignoriert, riskiert, mit Vollgas vor die Wand zu fahren – krank zu werden!

Dauer-Hochspannung rächt sich

Den ganzen Tag unter Hochspannung – nur der Körper darf nicht mitmachen! Dabei ist er es, auf den die Natur im Notfall am stärksten gesetzt hatte. Wir lassen ihn auf dem Bürostuhl, im Autositz und vor dem Fernseher vor sich hin schmoren. Das rächt sich: Ein gezügelter Körper schafft trübe Gedanken und negativ gefärbte Gefühle.

Ich bin super – ihr seid blöd!

Auch unsere Sicht auf die Welt verändert sich mit zunehmender Dauer der Turbo-Stress-Phase, unsere Wahrnehmung ist stark eingeschränkt. Kennen Sie auch dieses typische

Wer täglich unter Hochdruck steht, überspannt leicht den Bogen: Negative Gedanken, Gefühle und Körperempfindungen sind die Folge.

Selbstgespräch, wenn Sie unter Hochdruck stehen? »Immer wenn ich jemanden brauche, ist keiner da! Ich kann mich auf niemanden verlassen, das habe ich doch gewusst! Und wenn ich mich nicht um alles selbst kümmere, passiert hier sowieso nichts. Und wenn, dann machen die das so schlampig, da kann ich es gleich selbst tun. Alles Flaschen! Wenn ich nicht wäre!«
In meinen Seminaren lachen die meisten Teilnehmer an dieser Stelle verständnisinnig, denn dieser innere Monolog ist bei Männern wie bei Frauen sehr verbreitet. Viele geben zu, dass sie in solchen Momenten dazu neigen, die Aufgaben an sich zu reißen. Sie reden mit niemandem mehr über das, was sie zu tun gedenken, geben allenfalls noch ein paar knappe Kommandos und preschen wie der

energy-Info

Dauer-Hochspannung – typische Anzeichen

Störungen der geistigen Leistungsfähigkeit

- Konzentrationsstörungen
- Gedächtnisstörungen
- Wahrnehmungsstörungen
- Denkblockaden
- Mangelnde Flexibilität
- Mangelnde Kreativität
- Kontrollverlust
- Fehlleistungen

Emotionale Veränderungen

- Gereiztheit
- Aggressivität
- Selbstüberschätzung
- Negative Beurteilung anderer
- Innere Hektik
- Innere Unruhe
- Wut durch Hilflosigkeit

Verhaltensänderungen

- unaufmerksam sein
- nicht richtig zuhören
- zu viel reden
- sich zu oft verteidigen
- zu laut und zu schnell sprechen
- hektische und fahrige Bewegungen machen
- hin und her laufen
- rücksichtslos sein
- sich vordrängen
- viel schimpfen
- rechthaberisch sein
- andere unterbrechen
- nicht verstehen wollen, was andere sagen
- verletzende Bemerkungen machen
- Bemerkungen anderer als Angriff verstehen

berühmte Cowboy – einsam, aber schneller – davon. Zurück bleiben verdutzte, frustrierte oder ärgerliche Mitarbeiter, enttäuschte Familienmitglieder und Freunde.

Stress erzeugt Stress

Da Stress sich über die Körpersprache, die Stimme, manchmal auch schon über den Blick oder eine etwas gespannte Körperhaltung oder Geste mitteilt, reagieren wir sehr schnell gereizt auf angespannte Personen. Auch das ist ein Erbe aus der Steinzeit. Damals waren die Menschen darauf angewiesen, bereits aus großer Entfernung zu erkennen, welche Absichten jemand hatte, der sich näherte. Sobald Wilma und Fred ein Zeichen für Anspannung (= Gefahr) erkennen konnten, war es sinnvoll, ebenfalls in die Rüstung zu steigen.
Genau das passiert uns heute, wenn wir ungehalten knurren: »Wenn ich den Maier nur schon sehe ...« Stress erzeugt Stress. Wenn wir uns jedoch vor Augen halten, dass dieser nervende Mensch, der im Moment von seinen inneren Tigern gejagt wird, Angst hat, frustriert oder enttäuscht ist, dann fällt es uns viel leichter, nicht in den Kampf einzusteigen und ruhig zu bleiben.
Das klappt allerdings nicht immer. Wenn wir selbst schon unter Dampf stehen, gibt es die Momente, in denen wir voller Kampfeslust denken: »Der kommt mir gerade recht!« Und schon haben wir ein Ventil für unseren eigenen Überdruck! Was Sie selbst tun können, um dem Stress die Spitze zu nehmen, finden Sie im »Notfallkoffer« auf Seite 152.

Das Ende vom Lied: Burnout

Nach einer zu langen und zu intensiven Turbo-Power-Phase kommt die Erschöpfung. Wir sind mit unseren Energien am Ende und damit auch mit unseren Ideen und

Plänen. Das Selbstbewusstsein ist am Boden zerstört. Wir durchwachen manche Nacht und erleben dabei regelrechten Horror. Die Sorgen und Probleme lassen uns nicht zur Ruhe kommen. Wir sind zwar todmüde, aber gleichzeitig unruhig und nervös und grübeln zwanghaft weiter. Die Gedanken kreisen wieder und wieder um dieselben Dinge, und wir sind davon überzeugt, dass nichts jemals wieder besser werden wird.

Hallo Verstand! Keiner zu Hause?

In der Erschöpfung verändert sich auch die geistige Leistungsfähigkeit. Unser fehlendes Selbstbewusstsein erzeugt im Kopf gähnende Leere. »Gehen wir Pizza essen oder ins Kino?« – »Weiß ich nicht, sag du, was wir machen sollen.« Selbst einfachste Entscheidungen fallen schwer. Allgemeine Lustlosigkeit macht sich breit. Wir verstehen uns selbst nicht mehr. Das, was früher Spaß machte oder uns interessierte, wird mit einem Mal gleichgültig.

Selbst wenn wir mit äußerster Anstrengung irgendetwas erledigt oder sogar einen Erfolg errungen haben, sind wir nur erleichtert, dass es endlich vorbei ist. Von Freude oder Stolz keine Spur! Wir haben nicht einmal mehr die Energie, die Früchte unserer Arbeit zu genießen.

Die Warnsignale ernst nehmen

Den Zustand, in dem wir uns befinden, sollten wir durchaus ernst nehmen. Eine depressive Verstimmung, wie man es auch nennen kann, ist – im Gegensatz zu einer echten Depression – aber mit den richtigen Maßnahmen gut zu kurieren (Body-Tuning, Seite 40). Sie ist die natürliche Folge einer körperlichen oder seelischen Überlastung.

Nichts, was wir in diesem geschwächten Zustand erleben, ist angenehm. Aber es ist extrem nützlich, weil es uns vor größerem

energy-Info

Burnout und Erschöpfung – typische Anzeichen

Störungen der geistigen Leistungsfähigkeit
- Konzentrationsstörungen
- Verlangsamte Reaktionen
- Mangelnde Aufmerksamkeit
- Mangelnde Entscheidungsfähigkeit
- Ideenlosigkeit
- Ineffektivität
- Entschlusslosigkeit
- Motivationsverlust

Emotionale Veränderungen
- Unzufriedenheit
- Lustlosigkeit
- Minderwertigkeitsgefühle
- Unsicherheit
- Unselbstständigkeit
- Sinnlosigkeitsgefühle
- Depressive Verstimmung
- Hoffnungslosigkeit

Verhaltensänderungen
- anderen Vorwürfe machen
- zynische Bemerkungen machen
- misstrauisch sein
- eifersüchtig sein
- innere Distanz zu anderen aufbauen
- sich der Gesellschaft anderer entziehen
- sich wenig an Gesprächen beteiligen
- nicht richtig zuhören
- ausweichend antworten
- keine klare Stellung beziehen
- im Gespräch den Blick senken
- unsicher auftreten
- Gestik und Mimik reduzieren
- apathisch sein

Typische Beschwerden

DURCH DAUER-ANSPANNUNG	DURCH ERSCHÖPFUNG
Bluthochdruck	Niedriger Blutdruck
Schneller Pulsschlag	Kollapsneigung
Herzrhythmus-störungen	Schwindelgefühle
Kloß im Hals	Verdauungsprobleme
Wenig Appetit	Gesteigerter Appetit
Einschlafstörungen	Durchschlafstörungen
Infektionsanfälligkeit	Allergien
Angststörungen	Depressive Störungen
Muskel-verspannungen	Kraftlosigkeit
Ohrgeräusche	

Schaden schützt. Unser Organismus ist sogar so weise, uns nachts zu wecken, um uns endlich klar zu machen, dass es so nicht weitergehen kann. Denn am Tag sind wir meist viel zu beschäftigt, als dass wir auf unseren Körper hören würden.

Die letzte Warnung: Stresskrankheiten

Doch genauso gnadenlos wie in der Steinzeit wirft uns das Programm aus dem Spiel, wenn wir es in angemessener Zeit nicht schaffen, unsere Probleme zu lösen. Den einen früher, den anderen später. Bei einem reicht eine depressive Verstimmung, ein anderer braucht einen Herzinfarkt, um zu begreifen, dass seine Ressourcen im Moment nicht ausreichen oder seine Aufgaben schlichtweg nicht zu schaffen sind.

Drogen für das Glück am Feierabend?

Entspannung, Wohlbefinden, Glück – alles eine Frage der Gehirnchemie, sagen die Wissenschaftler. Immer dann, wenn die Botenstoffe Dopamin, Serotonin und Acetylcholin in bestimmten Abschnitten des limbischen Systems (Gefühlshirn) den Informationsfluss zwischen den Zellen verändern, entstehen willkommene Gefühle.
Sie können die Glücksgefühle entweder selbst erzeugen durch bestimmte Denk- und Wahrnehmungsvorgänge, durch körperliche Bewegung oder die richtige Ernährung.
Oder Sie nehmen die Hilfe von Drogen und Medikamenten in Anspruch. Alkohol und Nikotin, Kokain und Cannabis, Tranquilizer und Stimmungsaufheller: Alle verändern über ihren Einfluss auf die Botenstoffe unsere Gefühle – und machen abhängig.

Bleiben Sie am Ball

Sich beim Hausarzt ein Rezept zu holen und dann mal zu schauen, ob's besser wird, hat noch niemanden wirklich weitergebracht. Beruhigungs- und Schlafmittel werden leider viel zu leichtfertig verschrieben und eingenommen, denn die Gefahr physischer und psychischer Abhängigkeit ist groß.
Darüber hinaus nehmen einem gerade beruhigende Medikamente und Drogen auch noch den letzten Schwung. Sie rauben uns die Chance, uns mit unserem Leben auseinander zu setzen und auf eigene Faust neue Wege einzuschlagen.

Wie steht's mit Alkohol?

Ein kleiner Drink abends entspannt. Wenn es dabei bleibt, ist alles in Ordnung. Nur irgendwoher müssen die Millionen abhängigen Alkoholiker und die 42 000 Menschen jedes Jahr kommen, die an den Folgen des

Alkoholmissbrauchs sterben! Neue wissenschaftliche Untersuchungen zeigen, dass Männer, die ihren Alkoholkonsum auf 20–40 Gramm täglich beschränken, auch gesundheitlichen Nutzen haben. Frauen bilden im Magen nur wenig Alkoholdehydrogenase, ein Enzym, das Alkohol abbaut. Sie vertragen deshalb weniger. Die gesunde Menge liegt bei ihnen bei unter 20 Gramm Alkohol pro Tag. In welcher Form man den Alkohol zu sich nimmt, scheint nicht entscheidend zu sein.

Machen Sie sich Ihre Glücksbotenstoffe selbst

Welches Entspannungsmittel auch immer Sie bevorzugen: Irgendwann lässt seine Wirkung nach. Sie kehren in die Wirklichkeit zurück, in der sich nichts verändert hat. Sie haben sich nicht wirklich erholt, Ihrem Körper vielleicht sogar geschadet, und Sie haben Zeit verloren. Schade!

Doch es gibt etwas Besseres! Machen Sie sich Ihre Glückschemie im Gehirn doch selbst!

- Setzen Sie Ihren Körper so ein, dass er die freundlichen Chemikalien freiwillig herstellt, z.B. während Sie Sport treiben.
- Lassen Sie schöne Erinnerungen, die »Glücksvideos«, die Sie in den Tiefen Ihres Gedächtnisses gespeichert haben, immer mal wieder ablaufen.
- Denken Sie sich glücklich, indem Sie planen, handeln und Erfolge einkassieren.

Entspannung und Wohlbefinden, Erholung und frische Energie folgen auf dem Fuße. Die Anleitungen dazu lesen Sie in den nachfolgenden Kapiteln.

energy-Info

Je etwa 10 Gramm reiner Alkohol sind enthalten in:

- Bier: 0,3 l Glas (4 Vol.-% Alkohol)
- Weiß-/Rotwein: 0,1 l Glas (10 Vol.-% Alkohol)
- Sekt: 0,1 l Glas (12 Vol.-% Alkohol)
- Korn: 2 cl Glas (32 Vol.-% Alkohol)
- Weinbrand: 2 cl Glas (38 Vol.-% Alkohol)
- Likör: 2 cl Glas (30 Vol.-% Alkohol)

Die Energien wieder fließen lassen

Sie werden es kaum glauben, aber das Schwierigste liegt schon hinter Ihnen: Sie haben sich mit Ihren persönlichen Stress-Symptomen auseinander gesetzt. In den Spiegel zu schauen war bestimmt nicht ganz angenehm. Doch erst wenn es unangenehm wird, sind wir bereit, unsere vermeintlich bequeme Lebensführung zu verändern und uns auf Neues einzulassen.

Sie haben festgestellt, dass Sie anders mit sich umgehen müssen, um mehr Energie zu bekommen. Energie, mit der Sie sich des Lebens freuen können, sich Erfolge erarbeiten, mit der Sie einfach alles, was Sie anfassen, zum Bestmöglichen wenden.

Sie stehen jetzt am Ausgangspunkt für einschneidende Verbesserungen in Ihrem Leben! Und jeder Weg beginnt mit dem ersten Schritt. Der erste Schritt für Sie ist, dass Sie sich entschließen, tatsächlich etwas zu *tun*. (Nur darüber reden, was Sie tun könnten, sollten oder möchten, ist nicht gemeint!)

Im Dreigestirn von Körper, Gefühlen und Gedanken ist der Körper der Bauer. Und damit fangen wir jetzt an. Mit dem Einfachsten. Der Körper hat Gesetze, nach denen er arbeitet. Er stellt seine Forderungen, und wenn Sie diese erfüllen, ermöglicht er Ihnen alles, was Sie von ihm möchten.

Die Energie Ihres Körpers

Sie wollen sich mit frischer, positiver Energie aufladen? Nichts einfacher als das: Springen Sie auf! Hüpfen und laufen Sie herum! Werfen Sie die Arme in die Luft und rufen Sie laut: »Juhuuu!«, »Jippieie!«, »Hurra!« Eine halbe Minute genügt. Druck, Hektik, miese Laune – wie weggeblasen. Sie brauchen nur die Quelle anzuzapfen, die immer und sofort für Sie da ist: Ihr Körper!

Geben Sie Ihrem Körper, was er braucht – regelmäßige Bewegung! Er dankt es Ihnen mit Energie, Vitalität und Lebensfreude.

BODY-TUNING

Sie wollen, dass Ihr Leben ein Fest ist? Dann machen Sie bitte als Erstes Ihre Hausaufgaben: den Körper in Form bringen!
Sie fühlen sich matt, unsportlich, unausgeschlafen und überernährt? Macht nichts! Mit eisernem Willen und beinharter Motivation schaffen Sie Ihr Pensum schon irgendwie. Sie wollen es sich aber nicht so schwer machen? Da haben Sie Recht: Es geht auch anders!

Erfüllen Sie die Gesetze Ihres Körpers

Pflegen Sie die Systeme Ihres Körpers, geben Sie ihm das, was er verlangt – dann sprudeln tagtäglich Energie, Vitalität, Dynamik, Ideenreichtum und Entschlusskraft nur so aus Ihnen heraus!

➤ Dem Körper genug Bewegung geben

Eigentlich sind wir als Jäger und Sammler konstruiert. Unser System würde es uns danken, wenn wir mehr tun würden, als nur Erfolgen hinterherzujagen. Sechs Stunden Power-Walking und ab und zu einige Sprints waren das Normalprogramm von Wilma und Fred Feuerstein. Heute wäre regelmäßiges Ausdauertraining 2- bis 3-mal in der Woche genau das Richtige (Seite 45).

➤ Essen Sie vernünftig

Bei allem Nahrungsüberfluss gibt es eine wachsende Zahl von Menschen, die mit den wichtigsten Vitalstoffen dramatisch unterversorgt sind und sich dadurch schlapp und krank fühlen. Versorgen Sie sich mit genügend Vitaminen, Mineralien und Spurenelementen. Essen Sie genug Eiweiß, seien Sie sparsam mit Fett und Zucker. Welche Vitalstoffe in welcher Dosierung Sie brauchen, steht auf Seite 67.

➤ Trinken Sie viel

Ein ausgeglichener Flüssigkeitshaushalt ist die Voraussetzung für Vitalität, Frische und einen wachen Geist. 2 1/2 Liter Flüssigkeit am Tag sind das Minimum. Bei Sport, starkem Schwitzen und warmem Klima bis zu 6 Liter! Schaffen Sie das? (Ihre persönliche Flüssigkeitsbilanz errechnen Sie auf Seite 79.)

➤ Nehmen Sie sich genügend Zeit für Regeneration und Schlaf

Unsere Lust am Leben bringt uns dazu, die Nacht zum Tage zu machen und die wichtigen Ruhephasen ständig zu verkürzen. Mancher Stress-Junkie würde sich sofort 100% besser fühlen, wenn er eine Stunde früher ins Bett ginge! Wenn ich Ihnen dazu noch ein Rezept verrate, wie Sie die Regenerationszeiten verkürzen können, werden Sie doch sofort zugreifen, oder? Es steht auf Seite 47.

➤ Erkennen Sie Ihre erblich angelegten Risikofaktoren

Verhalten Sie sich so, dass Sie dem Ausbruch von Krankheiten vorbeugen. Wenn zum Beispiel in einer Familie häufig Altersdiabetes vorkommt, ist es vernünftig, wenig Süßigkeiten zu essen und schlank zu bleiben. Wer aus einer »Krebsfamilie« stammt, kann ebenfalls vorbeugen: mit rechtzeitigen Vorsorgeuntersuchungen und einer Ernährung, die sehr reich an Schutzstoffen ist. Genaueres dazu lesen Sie auf Seite 82.

➤ Verschaffen Sie sich Klarheit über Ihren Gesundheitszustand

Regelmäßige Check-ups werden ab 35 von den Krankenkassen bezahlt. Da viele Krankheiten schleichend und ohne Symptome beginnen, kann man so rechtzeitig eingreifen und mögliche negative Entwicklungen verhindern. Erkundigen Sie sich, welche Untersuchungen Ihnen zustehen.

➤ Suchen Sie Rückhalt in sozialen Netzen

Wir sind genetisch als Herdentiere programmiert, und unsere Programme schlagen Alarm, wenn ihre Forderungen nicht erfüllt werden. Ohne Nähe, Geborgenheit und Sicherheit durch andere Menschen könnten wir nicht überleben – wir würden sterbenskrank. Es gibt inzwischen unzählige gesicherte Erkenntnisse darüber, wie heilsam und energiespendend Menschlichkeit, Zuwendung und Liebe wirken. Der amerikanische Herzspezialist Dean Ornish hat darüber sogar ein ganzes Buch geschrieben: »Heilen durch Liebe«. Mehr über die Kraft glücklicher Beziehungen lesen Sie ab Seite 171.

➤ Verschaffen Sie sich mindestens zwei Erfolgserlebnisse am Tag

Auch dieses Grundbedürfnis befindet sich in unserem genetischen Programm. Nicht weil es für uns privat so schön ist, reihenweise Erfolge einzukassieren. Sondern weil jedes Erfolgserlebnis unserem System zeigt, dass das, was wir gerade unternommen haben, im Sinne des großen Ziels »Überleben« richtig war. Und dafür bekommen wir immer eine Belohnung! Erfolg fängt im eigenen Kopf an, und wie Sie den benutzen können, finden Sie ab Seite 92.

Der Mediziner Friedrich Wilhelm von Eiff, einer der Pioniere der Stressforschung in Deutschland, wurde einmal gefragt, warum man an Glück nicht sterben kann, obwohl es doch gelegentlich die Energien so hochschießen lässt, dass das einen angeschlagenen Organismus möglicherweise überfordern könnte. Seine Antwort war: »Dauert nicht lange genug!« Wirklich schade, aber so sind die Regeln! Glück, Erfolg, Zufriedenheit und Harmonie enden immer in kurzzeitiger wohliger Entspannung. Und dann geht es wieder von vorne los!

energy-TEST

WIE GUT BEHANDELN SIE IHREN KÖRPER?

Jetzt bitte einmal genau hinschauen und überlegen. Welche Bereiche Ihrer Gesundheit, Vitalität und Lebensfreude vernachlässigen Sie? Kreuzen Sie an, was auf Sie zutrifft, und lesen Sie auf Seite 44 Ihr persönliches *energy*-Ergebnis.

➤ **1** ***Treiben Sie mindestens 3-mal pro Woche 30 Minuten Ausdauersport?***

♦ Manchmal (1), Ja (3), Nein (0)

➤ **2** ***Gehen Sie zu Fuß oder fahren Sie mit dem Fahrrad, wann immer es möglich ist?***

♦ Manchmal (1), Ja (3), Nein (0)

➤ **3** ***Haben Sie mehr Energie als die meisten Menschen in Ihrem Alter?***

♦ Manchmal (1), Ja (3), Nein (0)

➤ **4** ***Haben Sie Normalgewicht?***

♦ Manchmal (1), Ja (3), Nein (0)

➤ **5** ***Trinken Sie mindestens 8 Gläser Wasser täglich?***

♦ Manchmal (1), Ja (3), Nein (0)

➤ **6** ***Essen Sie ballaststoffreiche Lebensmittel (Obst, Gemüse, Vollkornprodukte) – mehrmals täglich?***

♦ Manchmal (1), Ja (3), Nein (0)

➤ **7** ***Essen Sie gerne süße oder salzige Snacks (Süßigkeiten, Riegel, Erdnüsse, Cracker)?***

♦ Manchmal (1), Ja (0), Nein (3)

➤ **8** ***Lassen Sie nach Alkoholgenuss das Auto stehen?***

♦ Manchmal (1), Ja (3), Nein (0)

➤ **9** ***Tragen Sie einen Helm, wenn Sie Fahrrad oder Motorrad fahren?***

♦ Manchmal (1), Ja (3), Nein (0)

➤ **10** ***Gehen Sie vorsichtig mit ätzenden oder brennbaren Substanzen im Haushalt um?***

♦ Manchmal (1), Ja (3), Nein (0)

➤ **11** ***Sind Sie Nichtraucher?***

♦ Manchmal (1), Ja (3), Nein (0)

➤ **12** ***Ist Ihr Gesamt-Cholesterin-Spiegel normal?***

♦ Manchmal (1), Ja (3), Nein (0)

13 ***Ist Ihr Blutdruck normal?***

♦ Manchmal (1), Ja (3), Nein (0)

14 ***Ist Ihr Blutzuckerspiegel normal?***

♦ Manchmal (1), Ja (3), Nein (0)

15 ***Können Sie sich körperlich anstrengen, ohne Druck oder Engegefühl in der Brust zu spüren?***

♦ Manchmal (1), Ja (3), Nein (0)

16 ***Vermeiden Sie Sonnenbrand und starke Bräunung?***

♦ Manchmal (1), Ja (3), Nein (0)

17 ***Essen Sie gerne scharf Gebratenes und Gegrilltes?***

♦ Manchmal (1), Ja (0), Nein (3)

18 ***Trinken Sie als Frau/als Mann mehr als 1 Glas/2 Gläser Alkohol am Tag?***

♦ Manchmal (1), Ja (0), Nein (3)

19 ***Putzen Sie 3-mal täglich Ihre Zähne und verwenden Sie 2-mal wöchentlich Zahnseide?***

♦ Manchmal (1), Ja (3), Nein (0)

20 ***Gehen Sie mindestens 1-mal im Jahr zum Zahnarzt?***

♦ Ja (3), Nein (0)

21 ***Gehen Sie zu den empfohlenen Vorsorgeuntersuchungen?***

♦ Manchmal (1), Ja (3), Nein (0)

22 ***Sind Sie gegen Diphtherie, Masern, Mumps, Röteln und Tetanus geimpft?***

♦ Ja (3), Nein (0)

23 ***Können Sie gut einschlafen und wachen erfrischt wieder auf?***

♦ Manchmal (1), Ja (3), Nein (0)

24 ***Sind Sie im Allgemeinen mit Ihrem Leben zufrieden?***

♦ Manchmal (1), Ja (3), Nein (0)

25 ***Nehmen Sie sich täglich Zeit zum Entspannen?***

♦ Manchmal (1), Ja (3), Nein (0)

26 ***Sind Sie mit Ihrem Sexualleben zufrieden?***

♦ Manchmal (1), Ja (3), Nein (0)

27 ***Sind Sie mit Ihrer Partnerschaft zufrieden?***

♦ Manchmal (1), Ja (3), Nein (0)

28 ***Nehmen Sie sich Zeit für Freunde und Familie?***

♦ Manchmal (1), Ja (3), Nein (0)

Gesamtergebnis: ....

(Auswertung auf der nächsten Seite)

Auswertung des energy-Tests

♦ **56–84 Punkte:** Sie haben ein gutes Gesundheitsbewusstsein und wissen, was Ihr Körper braucht. Glückwunsch! Ein guter körperlicher Zustand ist die beste Basis für Leistungsfähigkeit, Glück und eine große Portion Stress-Stabilität. Weiter so und nicht nachlassen. Denn je älter Sie werden, desto sorgfältiger will Ihr Körper behandelt werden, damit er seinen Energie-Level auch halten kann.

♦ **29–55 Punkte:** Sie tun schon eine Menge für Ihre Gesundheit – aber wenn Sie wollen, können Sie noch mehr! Wann immer große Herausforderungen auf Sie warten, sollten Sie dafür bereit sein. Kümmern Sie sich um Ihren Körper, damit Sie von ihm das bekommen, was Sie erwarten: Vitalität, Lebensfreude und Motivation. Sie werden auf den nachfolgenden Seiten sicher noch einige Anregungen finden.

♦ **1–28 Punkte:** Investieren Sie in Ihre Gesundheit, und es wird Ihnen in jeder Hinsicht besser gehen! Stress wird für Sie ein Fremdwort werden, alles wird Ihnen leichter von der Hand gehen. Beginnen Sie mit den einfachen Dingen wie zur Vorsorgeuntersuchung gehen, genügend Wasser trinken und sich mehr bewegen. Ihr Energie-Level wird innerhalb weniger Tage von Ihrem neuen Lebensstil profitieren!

In Zukunft: Wartung und Pflege

Eigentlich ist es gar nicht viel, was man wissen oder können muss, um seinen Körper »sachgerecht« zu behandeln. Denn er mag es am liebsten, wenn alles normal ist: im Gleichgewicht. Extreme kann er zwar kurzfristig ausgleichen, doch nicht auf Dauer.

Keine dummen Ausreden mehr!

Ausreden bringen jährlich viele tausend Menschen unter die Erde! Denn das Ergebnis der Ausreden sind nicht etwa Glück, Vitalität und Lebensfreude, sondern Arbeitsunfähigkeit, chronische Krankheiten und Beschwerden. Und die können den Spaß am Leben gewaltig reduzieren!

Checkliste

Dumme Ausreden

Es gibt immer Gründe, warum wir die Gesetze unseres Körpers nicht erfüllen wollen. Welche dieser Ausreden kommen Ihnen bekannt vor?

- ❑ Ist mir zu anstrengend.
- ❑ Keine Zeit! (Zum Sport, zum Relaxen, für mich selbst.)
- ❑ Bringt doch alles sowieso nichts.
- ❑ Keine Lust auf gesundes Essen – wo bleibt da der Genuss?
- ❑ Dann hat man ja gar nichts mehr vom Leben!
- ❑ Der Erfolg im Beruf ist wichtiger, als Freunde zu treffen und mit der Familie zusammen zu sein.
- ❑ Wenn ich nicht bis spätabends arbeite, erreiche ich meine Ziele nicht.
- ❑ Warum soll gerade ich mich ändern?

Ignorieren Sie diese Ausreden ab heute! Ich verspreche Ihnen, Sie werden ein besseres Leben führen als jemals zuvor.

BEWEGUNG IST PURE ENERGIE

Bewegung ist ein Urbedürfnis! Der ganze Organismus ist darauf eingestellt, sich täglich mehrere Stunden lang powerwalkend oder joggend durch die Savannen Afrikas zu bewegen. So steht es immer noch in unserer genetischen Gebrauchsanweisung, und sie verlangt danach, erfüllt zu werden.

Das natürlichste Power-Programm

Sport ist die einfachste und effektivste Methode, unseren Energiepegel im Gleichgewicht zu halten. Denn Sport wirkt ausgleichend in beide Richtungen:

- Bei Erschöpften wirft Sport den Motor wieder an.
- Bei Verspannten setzt Sport angestaute Energien frei.

Ihr Körper gibt Ihnen klare Zeichen, wann er geradezu nach Bewegung verlangt, um sich selbst wieder ins Lot zu bringen:

- nervöses Hin-und-her-Rutschen auf dem Stuhl in einer langweiligen Besprechung
- trommelnde Finger während einer unproduktiven Wartezeit
- sich im Bett hin und her wälzen, wenn Probleme nicht gelöst sind
- geballte Fäuste, die in Gedanken zuschlagen möchten
- ärgerliches Aufspringen und Herumlaufen im Raum.

All das sind Aufrufe Ihres inneren Programm-Managers: Aufstehen, Körpereinsatz zur Problemlösung! Nur lösen wir unsere heutigen Probleme nicht mehr durch körperlichen Einsatz. Deshalb brauchen wir den Sport! Hören Sie auf Ihren Körper und folgen Sie seinem Ruf! Stehen Sie auf und packen Sie Ihre Sportsachen.

Wir brauchen den Sport! Denn es gibt nichts Besseres für unseren Organismus, um Stress und Ermüdung auszugleichen.

Sport ist mehr!

Wie sieht ein gut gelaunter, erfolgreicher und attraktiver Mensch aus? Sympathische Ausstrahlung, aufrechte Haltung, entspannte Schultern, elastischer Gang, gute Proportionen, nicht zu dick. Irgendwie schon ein bisschen sportlich – oder?

Wenn man sich in Deutschland einmal so umschaut, kann man auf den ersten Blick feststellen: Die breite Masse ist eindeutig Anhänger der No-Sports-Bewegung!

Demgegenüber gibt es eine stetig wachsende Zahl an Sportenthusiasten: Marathonläufe ziehen Tausende von Teilnehmern in immer mehr Städten an, Fitness-Studios schießen wie Pilze aus dem Boden. Alle wären gerne wie die Helden aus den Sportsendungen.

Und dann gibt es noch die ganz unspektakulär, still und heimlich durch die Wälder und Stadtparks streifende Gemeinde der Normalsportler. Sie bewegen sich ruhig lächelnd auf dem goldenen Mittelweg dahin. Wenn wir nur mehr davon hätten! Denn mäßige, aber regelmäßige Bewegung ist die beste Methode, unsere Batterien wieder aufzuladen, Stress abzubauen, den Kopf zu klären und mit Vorfreude auf den kommenden Tag fröhlich einzuschlafen!

energy-Tipp

Mit Sport-Power gegen Erkältung

Adrenalin stimuliert kurzfristig das Immunsystem. Prof. Manfred Schedlowski vom Institut für Medizinische Psychologie in Essen gibt deshalb den Tipp:
»Bei den ersten Anzeichen einer beginnenden Erkältung 5 Minuten Bodybuilding oder einen kurzen, schnellen Spaziergang machen. Das dadurch freigesetzte Adrenalin reicht meist aus, um den Infekt zu verhindern.«

20 Fliegen mit einer Klappe

Ausdauertraining heißt das Zauberwort, mit dem Sie die Energiequellen Ihres Körpers so richtig zum Sprudeln bringen. Sie hassen es, zu joggen? Sie fürchten sich abends im Dunkeln? Sie haben verschlissene Gelenke? Kein Problem! Es gibt so viele Ausdauersportarten, dass Sie gewiss eine finden werden, die zu Ihnen passt.

Voraussetzung ist, Sie wollen wirklich etwas für sich tun. Dafür können Sie dann gleich 20 Fliegen mit einer Klappe schlagen! Sie erinnern sich: Zu viel Stress macht auf Dauer unglücklich, dumm, hässlich und krank. Ausdauersport hingegen macht glücklich, klug, schön und gesund! Und das wollen Sie doch – stimmt's ?

Ausdauersport macht glücklich

➤ **1** Ausdauersport steigert die Freisetzung der Glücksbotenstoffe Serotonin und Endorphin im Gehirn und fördert die Testosteronbildung für mehr Power und Liebeslust: Sie sind ein gut gelauntes und fröhliches Energiebündel – den ganzen Tag.

➤ **2** Einschlafen im Kino? Vorbei. Ihre Muskeln werden eine Menge kleiner Energiekraftwerke, die Mitochondrien, bilden. Die halten wach – das freut den Partner.

➤ **3** Die Speicher der Muskelzellen werden größer, die energiespendenden Fettverbrennungsenzyme vermehren sich, die Durchblutung wird besser. Verspannungen sind bald ein Fremdwort – wie schön!

➤ **4** Alles, was den modernen Stadtneurotiker so quält, verschwindet – Nervosität, Ängstlichkeit, Sorgen, depressive Stimmungen und Antriebsmangel. Ganz ohne Psychopillen.

Ausdauersport macht klug

➤ **5** Einfaches Auf-und-ab-Gehen schenkt dem Gehirn schon 25 % mehr Sauerstoff für mehr Brain-Power, ein strammer Spaziergang bringt es auf ein Plus von 100 %!

➤ **6** Die Stresshormone Adrenalin und Noradrenalin tun das, wozu sie erfunden wurden: Geist und Kreativität laufen zu Hochform auf. Die Ideen kommen wie von selbst, die Motivation verleiht Ihnen Flügel.

➤ **7** Sport schult die Koordinationsfähigkeit – ein hervorragendes Gehirntraining ganz ohne Extra-Aufwand.

Ausdauersport macht schön

➤ **8** Ihre Fettverbrennung wird sich im Laufe der nächsten Wochen von untrainierten 35 % auf sage und schreibe 75 % hochschrauben. Ihre Fettpolster machen sich dünne! Auch wenn die Waage nicht weniger anzeigt: Die Hose rutscht, und der Rock hält nur noch auf den Hüftknochen, denn was jetzt wiegt, sind Muskeln und nicht Fett.

➤ **9** Ihre Körpersilhouette verändert sich, die Haltung wird aufrecht und straff, der Gang beschwingt und elastisch.

➤ **10** Ausgeschlafen, heiteres Lächeln, strahlende Augen – wer so auftritt, gewinnt alle Herzen!

Ausdauersport macht gesund

Jetzt kommt es ganz dicke:

➤ **11** Ausdauersport beugt Herzinfarkt und Schlaganfall vor, indem er den Blutdruck senkt, erhöhte Blutfettwerte normalisiert und die Blutgerinnung herabsetzt. Die Herzleistung wird verbessert, es kommt mit einer geringeren Schlagzahl aus. Das entlastet unsere treue Pumpe ungemein.

➤ **12** Da Sport überschüssiges Fett und Übergewicht abbaut, ist er die beste Versicherung gegen chronische Krankheiten, Krebs und Schlafstörungen. Ein effektives, sicheres, zuverlässiges Mittel. Nebenwirkung: Glück und Selbstbewusstsein!

➤ **13** Bewegung senkt den Blutzuckerspiegel und verbessert die Empfänglichkeit der Körperzellen für Insulin. Das beste Training gegen Altersdiabetes.

➤ **14** Die intensivere Atmung verbessert die Lungenfunktion: Mehr Sauerstoff wird aufgenommen, die Durchblutung der Lunge gesteigert. Auch die hintersten Winkel bekommen frischen Wind. Das beugt Infektionen vor. Die Atemmuskulatur verstärkt sich – das schafft mehr Power für den langen Atem. Auch im Sitzen haben Sie nun viel Sauerstoff zur Verfügung – Vorsprung zum schnelleren Denken.

➤ **15** Erkältung? Was ist das? Das Immunsystem verbessert seine Leistungsfähigkeit.

➤ **16** Rückenschmerzen verschwinden, denn die Rückenmuskulatur ist locker und gut durchblutet, strafft sich und hält Wirbelkörper und Bandscheiben da, wo sie hingehören.

➤ **17** Gewebeflüssigkeit wird durch Muskelbewegungen einfach wegmassiert und in den Kreislauf zurückgepumpt. Dicke Füße und Knöchel, das erste Symptom der Venenschwäche, verschwinden.

➤ **18** Eine gestärkte Muskulatur ist die beste Vorbeugung gegen schmerzhafte Haltungsschäden und Gelenkverschleiß.

➤ **19** Körperliche Bewegung fördert den Einbau von Mineralien in die Knochen. Das Risiko der gefürchteten Osteoporose im Alter wird schon früh gesenkt.

➤ **20** Sie schlafen schneller ein, erholen sich besser und kommen mit weniger Schlaf aus. Denn Sport stimuliert die Freisetzung eines körpereigenen Jungbrunnens: das Wachstumshormon, das in der Nacht seinen Heinzelmännchendienst tut und alles regeneriert, was wir an einem turbulenten Tag an Geweben und Zellen verschlissen haben.

Ausdauersport heißt das Zauberwort

Die Definition für Ausdauersportarten lautet: Sie bewegen sich mindestens 30 Minuten lang mit der Energie Ihrer größten Muskeln (Oberschenkel und Gesäß). Das ist der Fall bei Jogging, Walking, zügigem Spazierengehen, Radfahren, Schwimmen, Inline-Skating, Aerobic, Tennis (lange Ballwechsel ohne Wettkampf), Tanz (z.B. Jazz, Disco, Salsa), Gesellschaftstanz, Wandern, Skilanglauf, Bewegung auf dem Laufband, auf dem Heimtrainer, auf dem Stepper. Da ist doch eine Sportart für Sie dabei, oder?

Welcher Ausdauersport für wen?

Gartenarbeit, Hausarbeit oder Kinderbetreuung gehören leider nicht in den Bereich des Ausdauertrainings. Die Bewegung findet dabei in einem Stop-and-go-Rhythmus und nicht als gleichmäßiges Training statt. Doch gerade diese Tätigkeiten profitieren enorm davon, dass regelmäßiges Ausdauertraining Kondition, Stimmung und Energie nach oben puscht!

Versuchen Sie's einfach: Eine halbe Stunde Bewegung im Park, und der Tag ist ein anderer.

➤ **Dauersitzer** haben oft Rücken- und Gewichtsprobleme, können sich schlecht aufraffen und brauchen anfänglich viel Motivation. Geeignete Sportarten: Walking, Radfahren (auch im Studio auf dem Ergometer oder zu Hause auf dem Heimtrainer mit TV oder Zeitungslektüre) und gezieltes Krafttraining gegen Rückenprobleme. Haben Sie mehr Spaß in der Gruppe? Lieben Sie Musik? Dann sind die neuen Ausdauertrainings wie Salsa-Aerobic das Richtige für Sie.

➤ **Dauersteher** haben abends Rückenschmerzen und geschwollene Füße. Sie würden am liebsten die Beine hochlegen und gar nichts mehr tun. Doch das verschlimmert die Probleme garantiert. Geeignete Sportarten: Walking, Radfahren (Ergometer, Heimtrainer), Rückentraining, dazu entstauende Beingymnastik (z.B. Bauch-Beine-Po-Programm im Studio).

➤ **Rumsauser** mit Dauerstress haben im Job keine Ruhe und sind den ganzen Tag auf den Beinen. Abends tun die Füße weh – nur nicht mehr laufen! Geeignete Sportarten: Schwimmen (entspannt), sanftes Krafttraining als Ausgleich.

Fangen Sie einfach an

Sie haben noch nie in Ihrem Leben Sport getrieben? Auch kein Problem. Beginnen Sie einfach – am besten gleich heute!

➤ Kaufen Sie sich ein Paar bequeme Sportschuhe passend für Ihre Sportart (getragene Schuhe mitnehmen und vorzeigen, dann bekommen Sie Schuhe mit Stabilisierung an den richtigen Stellen), und auf geht's in den nächsten Stadtpark, in den Wald oder ins Studio.

- Nein, nicht losjoggen! Erst einmal gehen. Ganz normal spazieren gehen. Geben Sie Ihren Muskeln und Gelenken Zeit zum Aufwärmen. Schließlich haben die schon lange das Gefühl, dass sie nicht mehr so richtig gebraucht werden, und wundern sich, was gerade mit ihnen passiert. Nach ca. 10 Minuten sind auch die verschlafensten Muskelfasern wach geworden und spüren, dass ein anderer Wind weht.
- Das beste Trainingsmittel für Untrainierte ist ein flotter Spaziergang von 1 Stunde. Die Geschwindigkeit richtet sich nach Ihrem Atemgefühl.
- Dasselbe gilt natürlich auch für alle Kurse, die Sie im Fitness-Studio belegen können. Wenn es Ihnen zu anstrengend wird, einfach ein paar Minuten das Tempo zurückfahren. Stellen Sie sich anfangs in eine hintere Reihe, dann fällt es nicht so auf. Das Training ist schließlich für Sie da, nicht Sie fürs Training.

Weniger ist mehr!

Prof. Rost von der Deutschen Sporthochschule in Köln pflegte zu sagen: »Breitensport heißt so, weil die meisten durch Sport in der Breite etwas wegnehmen wollen.« Denn was Sie sich wünschen, ist eine ordentliche Fettverbrennung. Doch Fett verbrennt leider nur, wenn genug Sauerstoff geliefert wird. Das bedeutet, Sie müssen beim Training im so genannten aeroben Bereich bleiben.

Wenn Ihr Herz zu schnell schlägt und nicht genügend Sauerstoff nachkommt, schaltet Ihr Körper auf die so genannte anaerobe Kohlenhydratverbrennung – und das Fett bleibt, wo es ist. Deshalb lieber langsamer, ausdauernder und moderater trainieren. Das gilt fürs Laufen, aber natürlich auch für alle anderen Ausdauersportarten. Also dran denken: Weniger ist mehr!

energy-Tipp

Bevor Sie loslegen

Sind Sie sicher, dass Sie gesund und belastbar sind? Besonders wenn Sie über 35 Jahre alt sind und lange keinen Sport mehr getrieben haben, ist ein Gesundheitscheck beim Arzt ein guter Trainingsstart.

Das sollten Sie checken lassen:

- Blutdruck und Puls
- Ruhe- und Belastungs-EKG
- Standard-Laborwerte
- Belastbarkeit und Funktionsfähigkeit der Gelenke (Knöchel, Knie, Hüfte, Wirbelsäule, Schulter)
- Einfluss von Sport auf regelmäßige Medikamenteneinnahme.

Alles o.k.? Dann viel Spaß!

Laufen ohne zu schnaufen

- Wenn Sie etwa drei Sätze zusammenhängend sprechen können, ohne außer Atem zu kommen, ist Ihre Geschwindigkeit richtig. Egal ob im Wald oder auf dem Rad, auf dem Laufband, Heimtrainer oder Stepper. Zwischendurch immer mal wieder testen. Wird's knapp mit der Luft, sind Sie zu schnell! Und auch beim Wandern am Berg gilt: einen Gang runter!
- Atmen Sie rhythmisch und gleichmäßig, z.B. beim Laufen während der Dauer von drei Schritten ein und während der folgenden drei Schritte aus. Dann haben Sie genug Sauerstoff zur Verfügung.

Ruhepuls und Trainingspuls

Je mehr Sie sich anstrengen, desto mehr Sauerstoff brauchen die Muskeln, desto schneller muss das Herz schlagen. Um den Körper nicht zu überlasten und im optimalen – aeroben – Bereich zu trainieren, brauchen Sie die Kontolle Ihres Pulsschlags. Sie messen ihn am Handgelenk oder mit einer Pulsuhr.

- Der Ruhepuls wird im Bett direkt nach dem Aufwachen gemessen. Das Herz der meisten Menschen schlägt in Ruhe etwa 60- bis 80-mal in der Minute.
- Den für Sie richtigen Trainingspuls finden Sie mit der Lagerstrøm-Formel. Durch einen Faktor X wird dabei Ihr persönlicher Trainingszustand mit berücksichtigt. Dieser Faktor ist für
  Leistungssportler: X = 0,75
  Ausdauertrainierte: X = 0,7
  Mittelmäßig Trainierte: X = 0,65
  Untrainierte: X = 0,6.

energy-Info

Ihr optimaler Trainingspuls

Rechnen Sie Ihren Trainingspuls nach folgender Formel aus (Werte für X siehe oben).

Walken oder Laufen:
(220 – 3/4 Alter – Ruhepuls) · X + Ruhepuls
Radfahren:
(220 – Alter – Ruhepuls) · X + Ruhepuls
Schwimmen und Inliner:
Vom Laufpuls 15 Schläge abziehen

Beispiel: Ein 36-jähriger mäßig trainierter Läufer mit einem Ruhepuls von 70 hat einen Trainingspuls von
(220 – 27 – 70) · 0,65 + 70 = 150

Der Laktattest

Die genaueste Methode zur Bestimmung Ihrer aktuell richtigen Trainingsintensität ist ein Laktattest (Milchsäuretest) bei einem Sportmediziner. Während Sie mit zunehmender Belastung trainieren, wird mehrmals hintereinander der Laktatgehalt Ihres Blutes aus dem Ohrläppchen bestimmt und der Puls registriert.
Der Milchsäuregehalt ist ein Maß dafür, ob Sie im richtigen Fettverbrennungsbereich trainieren. Trainieren Sie zu intensiv, reicht der momentan angebotene Sauerstoff nicht aus, um die Power zu erzeugen, die Sie Ihren Muskeln gerade abverlangen. Sie weichen automatisch auf den sauerstofffreien (anaeroben) Kohlenhydratstoffwechsel aus, bei dem vermehrt Milchsäure gebildet wird.
Der Laktatwert in Ruhe beträgt 1 mmol/l, ab 4 mmol/l schaden Sie Ihrem Körper, optimal für ein Training im aeroben Bereich ist ein Wert von 2–3 mmol/l.
Als Ergebnis der Untersuchung beim Sportmediziner erhalten Sie die Empfehlung, in den nächsten 6 bis 8 Wochen mit einer bestimmten Geschwindigkeit bei einem bestimmten Pulswert zu trainieren.

Wie oft und wann trainieren?

Die wichtigste Erkenntnis lautet: Nach jedem Training immer 1 bis 2 Tage Pause machen. Warum? Der Körper braucht Zeit, Energiedepots und Enzyme wieder aufzubauen und Gewebeverschleiß auszugleichen. Das dauert je nach Belastungsintensität 1 bis 2 Tage. Sportmediziner nennen diese Zeit die Regenerationsphase. Am Ende haben Sie Ihre Belastbarkeit und Leistungsfähigkeit wieder auf den ursprünglichen Level angehoben.

Die Superkompensation

Nun aber kommt eine fantastische Reaktion der Natur! Sie möchte, dass Ihr Körper sich niemals mehr so verausgabt fühlt wie gestern oder vorgestern nach dem Training. Sie beginnt, alle Systeme zu verstärken, und alle segensreichen Trainingseffekte werden im Körper angeregt – das nennt man die Superkompensation. Sie sind für 3 bis 4 Tage fitter als jemals zuvor.

Wenn Sie genau in dieser Zeit Ihr nächstes Training absolvieren, beginnt der Regenerationsprozess mit der anschließenden Superkompensation bereits auf einem viel höheren Niveau. Und nach wiederum 2 bis 3 Tagen hat sich Ihre Fitness noch einmal gesteigert.

- Der schnellste Weg nach oben heißt deshalb: innerhalb einer Woche 3-mal etwa 60 Minuten Ausdauersport! Also an jedem Wochenende und noch einmal mittwochs oder donnerstags. Das müsste doch zu schaffen sein, oder brauchen Sie einen Kurs in Zeitmanagement?
- Wer immer nur ein Viertelstündchen mit dem Hund in den Park geht, ist natürlich relativ schnell regeneriert, baut aber seine Leistungsfähigkeit auch nicht aus.
- Ausdauersport 1-mal pro Woche schenkt Ihnen nach 2 Tagen eine Bombenkondition. Sie wird aber wieder zurückgenommen, wenn Sie innerhalb der Superkompensationsphase nichts tun. Beim nächsten Mal fangen Sie wieder von vorne an.
- Wer jedoch denkt »Viel hilft viel« und täglich eine ordentliche Trainingseinheit hinlegt, hat nach einer Woche die Nase voll und stellt fest: Das ist nichts für mich! Also auch hier: Weniger ist mehr!

Fühlen Sie den Puls mit drei Fingern an Ihrem Handgelenk. Dabei sehen Sie auf die Uhr und zählen die Schläge innerhalb einer Minute.

energy-Tipp

Probleme beim Sport?

Muskelkrämpfe entstehen durch Wasser- und Mineralstoffmangel.
Tipps: sanfte Dehnung der Muskulatur, Mineralwasser mit Magnesiumbrause trinken, Apfelschorle trinken (Kalium und Magnesium), Kalziumdepots regelmäßig mit Milchprodukten oder Brausetabletten auffüllen.

Muskelkater entsteht spätestens 12 Stunden nach übermäßiger Belastung des Muskels; kleinste Risse der Muskelfasern und deren Entzündung sind die Ursache.
Tipps: Wärme, leichte Bewegung, Massage und alles, was die Durchblutung anregt; das hilft, zerstörtes Gewebe ab- und neues aufzubauen.

Seitenstechen entsteht durch Sauerstoffmangel im Zwerchfell.
Tipps: langsamer trainieren, dabei gut durchatmen, vor dem Training nichts essen.

energy-Info

So entstehen Rückenschmerzen

Die häufigste Ursache von Rückenschmerzen sind muskuläre Ungleichgewichte (Dysbalancen) durch untrainierte Muskeln.

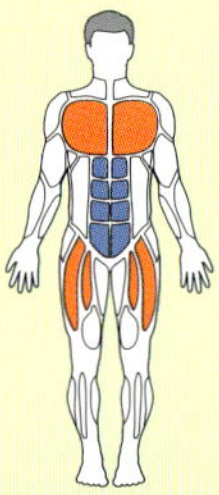

Auf der **Vorderseite** des Körpers neigen die Brustmuskeln, die Hüftbeuger und der Oberschenkelmuskel zur Verkürzung, die Bauchmuskulatur dagegen zur Erschlaffung.

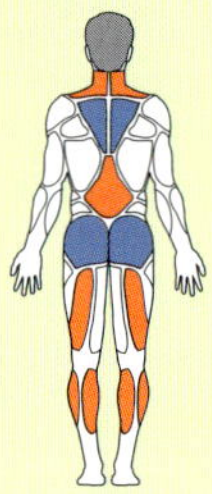

Auf der **Rückseite** verkürzen sich die Nackenmuskeln, die Rückenlängsstränge unten, die Oberschenkel- und die Wadenmuskulatur. Die oberen Rückenmuskeln und der Gesäßmuskel erschlaffen.

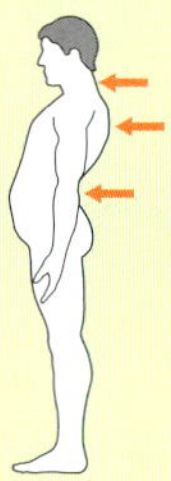

Fehlender Halt durch erschlaffte Muskeln und Verkürzungen auf der Gegenseite: Das Ergebnis sind Rundrücken, Hohlkreuz und Schmerzen.

Richtige Haltung bei ausgeglichener, trainierter Muskelfunktion: Sie sieht gut aus und schützt vor Schmerzen.

Morgens? Mittags? Abends?

Das Allerwichtigste ist, dass Sie überhaupt trainieren! Überlegen Sie sich, wann es am besten in Ihren Tagesplan hineinpasst, und bleiben Sie eine Weile dabei.

- Morgens macht Sie das Training so richtig putzmunter, und der Schwung trägt Sie locker durch den ganzen Tag.
- Beim leichten Training in der Mittagspause holen Sie sich eine Hand voll Turbo-Power für alles, was jetzt noch kommt.
- Nach der Arbeit bauen Sie freigesetzte Fette, Zucker und Stresshormone auf die natürlichste Art und Weise ab. Danach können Sie sich entspannt Ihren Abendvergnügungen widmen.

Muskeln halten jung

Zu Ihrem Body-Tuning-Programm sollte aber nicht nur Ausdauertraining gehören, das die Leistungsfähigkeit Ihres Körpers in ungeahnte Höhen treibt, sondern auch das Kräftigen und Dehnen der Muskulatur.

Gebrauchen Sie Ihre Muskeln

Wie wichtig die Muskeln sind, wird Ihnen spätestens dann klar, wenn es mal wieder so weit ist und sich der Rücken meldet. Rückenschmerzen hat jeder: Statistisch gesehen ist jeder mindestens einmal in seinem Leben von einer stärkeren Schmerzattacke getroffen. Warum ist das so?

Weil wir unsere Muskeln den ganzen Tag über viel zu wenig bewegen. Weil wir ungesunde Zwangshaltungen einnehmen, oft über viele Stunden am Tag, und nichts für unsere Muskeln tun. Das nehmen sie übel! Einige von ihnen verkürzen sich, andere erschlaffen. Und heraus kommt die typische Figur des modernen Menschen: Kopf vorgestreckt, Schultern hängen, Hohlkreuz und dicke Wampe.

Die häufigste Ursache von Rückenschmerzen sind nicht der Bandscheibenvorfall oder gleitende Wirbel. Es ist der ganz normale Alltagsstress, die angespannte Muskulatur, die eigentlich darauf programmiert ist, sofort loszulaufen und mit viel Energie Probleme zu lösen. Doch sie darf sich nicht rühren. Sie klemmt in den unmöglichsten Positionen fest auf dem Bürostuhl, hinter der Kasse, auf dem Fahrersitz!

energy-Tipp

Fünf gute Gründe, sich um seine Muskeln zu kümmern

1 **Muskeln machen attraktiv:** Sie verbessern Silhouette und Haltung und schenken einen jugendlich-dynamischen Gang.

2 **Muskeln machen schlank:** Je mehr Muskulatur Sie haben, desto mehr können Sie essen, ohne zuzunehmen. Denn jedes Kilogramm Muskeln verbrennt allein in Ruhe täglich 40 kcal mehr. Wenn Sie zusätzlich noch die Ausdauerleistung (Fettverbrennungskapazität) Ihrer Muskeln trainieren, kann Ihnen nichts mehr passieren.

3 **Muskeln machen munter:** Muskeltraining regt die Bildung der Power-Hormone Testosteron und Wachstumshormon an.

4 **Muskeln machen gesund:** Eine kräftige, gut geschulte Muskulatur schützt die Gelenke vor vorzeitigem Verschleiß und sorgt für sichere Bewegungen. Das senkt die Verletzungs- und Unfallgefahr.

5 **Wenn Sie nichts tun,** machen sich die Muskeln dünne: Pro Jahrzehnt ohne Training verlieren Sie 4 % Ihrer Muskelmasse.

Schauen Sie sich einmal in einem Büro oder morgens in der Bahn um. Wie die Menschen dasitzen. Dabei wäre die einfachste Rückenübung der Welt schlichtes Geradesitzen.

Bei Anruf Sport!

Nehmen Sie die Bewegungs- und Trainingsgelegenheiten, die der Alltag Ihnen bietet, so oft wie möglich wahr. Es gibt immer mal ein paar Minuten zwischendurch, in denen Sie sich strecken können. Und wenn Sie sowieso gerade aufstehen, hängen Sie doch ein paar Übungen dran.

Beispiel Telefon

Sobald das Telefon klingelt, stehen Sie auf und recken den ganzen Körper. Haben Sie ein schnurloses Gerät? Prima. Dann können Sie gleich ein paar Schritte auf und ab gehen. Bringt 25 % mehr Sauerstoff. Sofort denkt sich's leichter!

Verknüpfen Sie in Ihrem Gehirn einfach dies wohltuende Strecken mit einer so häufig vorkommenden Tätigkeit wie dem Telefonieren. Sobald »telefonieren« startet, wird automatisch »aufstehen« mit aktiviert. Sie brauchen gar nicht mehr darüber nachzudenken. Sie tun es einfach.

Das energy-Muskelprogramm

Mit den Übungen auf den nächsten Seiten können Sie täglich im Büro oder zu Hause etwas tun, um Ihre wichtigsten Muskelgruppen zu kräftigen und zu dehnen.

- Führen Sie die Übungen langsam, konzentriert und mit viel Spannung aus.
- Kontrollieren Sie immer wieder, ob Ihre Position korrekt ist und Sie alle geforderten Partien auch gut stabilisieren.
- Und vergessen Sie nicht, zu atmen.

Das ganze Programm dauert etwa 15 Minuten. Mit schönen Grüßen an Ihre Muskeln!

Das energy-Muskelprogramm

1

➤ 1 *Luftkarate*

Beginnen Sie mit dieser kleinen Übung. Sie kräftigt die erschlaffte obere Rückenmuskulatur und besonders die vielen kleinen Muskeln der Wirbelsäule. Außerdem hebt sie die Laune.

So geht's

Stabil und aufrecht stehen, Bauch und Po anspannen. Jetzt mit gestreckten Armen vor der Brust kurz und kräftig in die Luft hacken. Dabei die Arme bis über den Kopf führen und langsam wieder vor die Brust zurückkehren. 3-mal hoch und wieder runter. Immer gut durchatmen.

2

➤ 2 *Umarmung*

Dehnt die nach langem Sitzen verkrampfte Schulter- und Rückenmuskulatur.

So geht's

Umarmen Sie sich selbst, so dass die Hände Ihre Schulterblätter berühren. Runden Sie den oberen Rücken und ziehen Sie die Schultern ganz nach vorne. 20 Sekunden intensiv halten, dann lockerlassen.

3

➤ 3 *Halbmond*

Lockert angespannte Nackenmuskeln, kräftigt erschlaffte Schulterblattanzieher – das tut gut nach längerem Arbeiten am Computer.

So geht's

Stabil und aufrecht stehen. Schultern zu den Ohren ziehen, die Arme herunterhängen lassen, einatmen. Dann die Schultern langsam so weit wie möglich nach hinten, anschließend ganz nach unten führen. Dabei ausatmen. 3- bis 5-mal wiederholen, bis Sie die Muskeln zwischen den Schulterblättern spüren.

➤ 4 *Adler*

Dies ist eine gute Multiübung. Sie dehnt die durch viel vorgebeugtes Sitzen verkürzte Brustmuskulatur und kräftigt die erschlaffte Rückenmuskulatur.

So geht's

Stabil und aufrecht stehen, Bauch und Po anspannen. Arme U-förmig anheben und langsam so weit wie möglich nach hinten führen. 3 Atemzüge lang Arme, Bauch und Po gespannt halten, dann Spannung lösen, Arme fallen lassen und lockern. 5-mal wiederholen.

4

➤ 5 *Katzenbuckel*

Ebenfalls eine Übung für Schreibtischtäter, die zu einer wohltuenden Dehnung der verspannten unteren Rückenmuskeln führt.

So geht's

Setzen Sie sich auf den vorderen Teil Ihres Stuhls und stellen Sie die Beine leicht geöffnet auf. Lassen Sie den Oberkörper nun vornüber nach unten hängen und atmen dabei genüsslich aus. Legen Sie die Stirn erst auf dem linken Knie, dann auf dem rechten Knie ab. Lassen Sie die Schultern dabei locker und atmen Sie jeweils bis tief in die Taille hinein.

5

➤ 6 *Liegestuhl*

Das kräftigt gezielt Ihre lasche Bauchmuskulatur.

So geht's

Setzen Sie sich auf den vorderen Teil Ihres Stuhls, stellen Sie die Beine leicht geöffnet auf und ziehen Sie die Zehen hoch, so dass nur die Fersen den Boden berühren. Rücken gerade, Arme vor der Brust verschränken und die Bauchmuskeln anspannen. Langsam so weit es geht nach hinten lehnen, ohne an der Lehne anzustoßen, und dabei tief durchatmen. Nicht ins Hohlkreuz gehen. Wieder aufrichten, 3- bis 5-mal wiederholen.

6

7

8

9

7 *Der heiße Stuhl*

Bleiben Sie gleich sitzen, es geht weiter mit einer Übung für Po und Oberschenkel.

So geht's

Setzen Sie sich auf den vorderen Teil Ihres Stuhls und stellen Sie die Beine leicht geöffnet auf. Oberkörper gerade nach vorne beugen, dabei kontrollieren, ob der Bauch angespannt und der Rücken gerade ist. Gut weiteratmen. Jetzt mit viel Kraft aus den Beinen und dem Po langsam aufstehen. Langsam wieder hinsetzen, aber nur für 1 Sekunde, als wäre der Stuhl heiß! 3- bis 5-mal wiederholen.

8 *Beinstretch*

Damit dehnen Sie die verkürzten Oberschenkel- und Wadenmuskeln.

So geht's

Stellen Sie sich vor Ihren Stuhl und legen Sie das linke Bein darauf. Das rechte Bein leicht beugen und sich mit den Händen darauf abstützen. Den Oberkörper nach vorne neigen, bis Sie die Dehnung auf der Rückseite des linken Oberschenkels spüren. Dann zusätzlich die linke Fußspitze anziehen und die Dehnung der Wade spüren. 20 Sekunden halten, dann das Bein wechseln.

9 *Chickenwings*

Zum Schluss die Armmuskeln nicht vergessen!

So geht's

Gehen Sie vor einem Stuhl oder einem niedrigen Tisch in die Hocke, Rücken zur Stuhl- oder Tischkante. Die Hände so auf der Kante aufsetzen, dass die Fingerspitzen nach vorne zeigen, die Ellenbogen parallel nach hinten. Den Körper aus der Kraft der Arme hochstemmen und langsam wieder absinken lassen. Dabei gut atmen. 5- bis 10-mal wiederholen.

Sich bewusst zu entspannen ist eine wunderbare Methode, um schnell wieder Kraft zu tanken.

IN DER RUHE LIEGT DIE KRAFT

»Ich kann mich nicht entspannen!« Stimmt nicht. Denken Sie nur an den letzten Diaabend oder den Fachvortrag im abgedunkelten Saal. Jeder kann sich entspannen. Jeder sollte sogar lernen, sich quasi auf Knopfdruck entspannen zu können. Denn es gibt kein effektiveres und praktischeres Mittel, sich schnell, zuverlässig, drogenfrei und preiswert mit frischer Energie zu versorgen!

Vielleicht gehören Sie ja zu denen, die den Sekundenschlaf beherrschen, immer und überall, wo Sie wollen? Prima! Dann können Sie sich das folgende Entspannungstraining schenken, Sie können schon alles.

Entspannung will gelernt sein

Entspannungstraining heißt nämlich Training, weil man es eine Weile (etwa 3 Wochen lang am Stück) trainieren muss. Genauer gesagt, Sie trainieren den Steinzeitmenschen Wilma oder Fred. Die beiden kleinen Unruhegeister toben ja noch immer in unseren Köpfen herum und meinen, sie müssten uns bei jeder Kleinigkeit auf die Piste schicken.

Wenn Sie ihnen mitten im Eifer des Gefechtes sagen, sie sollten sich nicht so anstellen und Sie in Ruhe lassen, werden Sie nur Unverständnis ernten statt Entspannung. Die beiden also in den Griff zu bekommen ist Entspannungstraining.

Regeneration auf Knopfdruck

Sie lernen, sich auf Ihr eigenes Kommando hin tatsächlich abzuregen, was immer auch gerade geschehen ist. Diesen Prozess der langsamen Domestizierung nennt man »Konditionieren«.

Sie kommen schneller zum Ziel, wenn Sie während der ersten Wochen Trainingszeit bestimmte Regeln einhalten. Trainieren Sie nach Möglichkeit immer

- in demselben Raum
- in derselben Haltung
- mit derselben Musik
- mit derselben Übungsfolge.

Das erleichtert Wilma und Fred zu erkennen, dass jetzt tatsächlich Entspannung statt Herumtoben angesagt ist und dass Sie es ernst damit meinen.
Einschränkung: Bitte sprechen Sie mit Ihrem Arzt, ob Entspannungstraining für Sie geeignet ist, wenn Sie ernsthafte psychische Probleme haben (Depressionen, Angststörungen) oder wenn Sie völlig erschöpft sind.

Mein Power-Programm

Ich unterrichte am liebsten die »Progressive Muskelentspannung nach Jacobson«, weil sie im Gegensatz zum Autogenen Training bei den meisten Menschen sofort funktioniert und sehr einfach zu erlernen ist. Die beste Übungszeit zum Einstieg ist die Mittagspause, wenn Körper und Geist sowieso im Mittagstief durchhängen.

Progressive Muskelentspannung

Bevor es losgeht, ist es hilfreich, ein paar Minuten Bewegung einzuschieben, damit der Körper Gelegenheit hat, Muskelverkrampfungen abzubauen: den ganzen Körper ausschütteln, ein wenig stretchen, etwas herumgehen oder, wenn Zeit genug ist, sogar ein kleines Trainingsprogramm absolvieren.

Im Liegen oder Sitzen

Progressive Muskelentspannung kann man im Liegen, aber genauso gut im Sitzen üben – sie lässt sich also auch tagsüber im Büro durchführen. Die Augen sind während der ganzen Übungssequenz geschlossen.

Progressive Muskelentspannung lässt sich leicht erlernen. Sie können sie im Sitzen oder Liegen ausführen – wie es Ihnen angenehmer ist.

Ganz ohne Leistungsdruck

Versuchen Sie nicht, irgendetwas besonders gut zu machen, also keine Gedanken mehr zu haben oder ganz tief und ruhig zu atmen oder dabei etwas Besonderes zu erleben. Das erzeugt nur Leistungsdruck. Bei dieser Technik ist es völlig egal, was Sie wahrnehmen oder erleben, was Sie denken oder fühlen. Alles ist willkommen. Hauptsache, Sie spüren sich selbst und genießen sich.
Lassen Sie die Atmung völlig in Ruhe. Sie reguliert sich ganz von alleine nach den Bedürfnissen des Körpers. Musik ja oder nein? Wie Sie wollen. Manche finden Musik hilfreich. Es geht aber auch ohne.
Auf den Seiten 60 bis 62 sehen Sie die einzelnen Schritte zum Nachmachen.

Kurz loslassen und wieder fit sein

Sobald Sie das Programm beendet haben, bleiben Sie noch ein paar Minuten sitzen und genießen die Entspannung. Dann rückwärts von 10 bis 1 zählen, tief durchatmen und aufstehen. Nun den ganzen Körper durchstretchen, ein wenig herumlaufen, ein Glas Wasser trinken, und schon geht's weiter.
Am Anfang kann das Programm 15 bis 20 Minuten dauern, später geht es wahrscheinlich schneller. Ziel ist es, sich einmal komplett anzuspannen, loszulassen, kurz einzuschlafen und wieder voll da zu sein. Wer glaubt, er verschläft, stellt sich einen Wecker.

Tiefenentspannung im Liegen

Wenn Sie zu Hause sind und Zeit und Lust haben, können Sie am Ende des Programms eine Reise durch den Körper anschließen, die die Entspannung noch verstärkt.

- Legen Sie sich auf den Boden oder eine Liege mit einem festen Kissen unter dem Kopf. Wer Rückenprobleme hat, kann unter die Kniekehlen eine Rolle oder ein kleines Kissen legen.

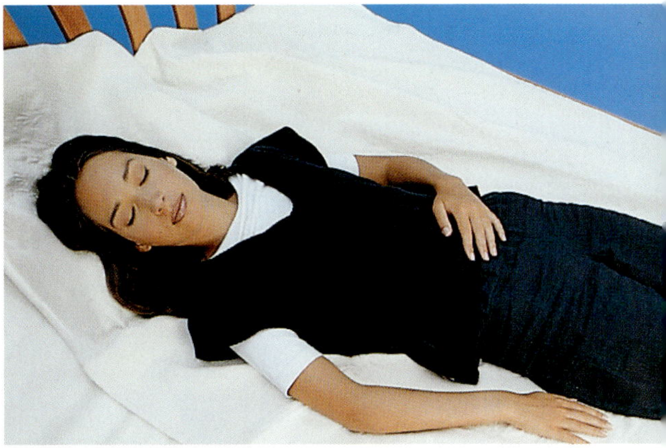

Bei der Tiefenentspannung begeben Sie sich auf eine gedankliche Reise durch Ihren Körper.

- Jetzt gehen Sie in Gedanken langsam Ihren Körper partienweise durch, spüren Sie den einzelnen Teilen genau nach.
- Beginnen Sie mit dem rechten Fuß, wandern Sie das Bein hinauf, dann den linken Fuß und das Bein, Becken, Bauch, Brust, rechte Schulter und Arm bis zu den Fingerspitzen, linker Arm ebenso, Nacken, Hals, Unter- und Oberkiefer, rechtes und linkes Auge und zum Schluss die Stirn.
- Wenn Sie dort angekommen sind, lassen Sie bewusst das ganze Gesicht locker hängen. Wenn Sie das Gefühl haben, unendlich blöde auszusehen, ist es genau richtig! Bleiben Sie eine Weile entspannt so liegen.
- Wenn Sie wieder wach werden wollen, zählen Sie rückwärts von 10 bis 1. Dann räkeln, atmen, strecken und aktivieren.
- Bitte langsam aufstehen. Der Blutdruck kann stark gesunken sein, dann schwindelt es Sie bei zu schnellem Aufstehen.

Je nachdem wie tief Sie entspannt waren, kann es eine Weile dauern, bis eine gewisse Benommenheit verflogen ist. Nehmen Sie sich ein wenig Zeit und steigen Sie nicht sofort ins Auto.

Progressive Muskelentspannung

➤ 1 *Vorbereitung*

Lockern Sie zu Beginn Ihren ganzen Körper ein wenig, um Verspannungen zu lösen. Damit schütteln Sie schon mal einen Teil Ihres Arbeitstages von sich ab. Beginnen Sie auf diese Weise jedes Mal das Programm, dann ist Ihr Körper bald »konditioniert« darauf, dass nun die Übungen folgen.

So geht's

Stellen Sie sich aufrecht hin und schütteln Sie den ganzen Körper aus: Arme schütteln, Beine schütteln, Schultern lockern und kreisen lassen.

➤ 2 *Beine anspannen und entspannen*

Setzen Sie sich aufrecht auf einen Stuhl und schließen Sie die Augen. Spüren Sie, ob Sie einen Unterschied zwischen Anspannung und Entspannung feststellen können. Das schult die Körperwahrnehmung.

So geht's

Das rechte Bein waagerecht nach vorne ausstrecken, Fußspitze Richtung Körper ziehen. Alle Muskeln des Beins so fest wie möglich anspannen, ohne dass es schmerzt. Dabei einfach weiteratmen und bis 5 zählen. Das Bein langsam entspannen und sinken lassen. Die Anspannung des rechten Beins wiederholen. Dann dasselbe 2-mal mit dem Linken.

➤ 3 *Arme anspannen und entspannen*

Achten Sie darauf, dass Sie immer nur einen Körperteil anspannen, in diesem Fall den Arm, und nicht den Bauch oder die Schultern dazu. Kiefermuskeln auch locker lassen.

So geht's

Rechten Arm waagerecht nach vorne ausstrecken, Hand zur Faust ballen. Die Schulter nach vorne drücken und den ganzen Arm anspannen. Weiteratmen, bis 5 zählen und loslassen. Den Unterschied spüren, wenn er vorhanden ist. Wenn nicht, kein Problem. Die Anspannung des rechten Arms wiederholen. Dasselbe 2-mal mit dem linken Arm.

➤ 4 *Den ganzen Körper anspannen und entspannen*

Die Schlussanspannung gilt nicht nur beiden Beinen und beiden Armen, sondern auch dem ganzen restlichen Körper.

So geht's

Beide Beine und beide Arme ausstrecken und anspannen. Dabei die Schultern an die Ohren ziehen und eine feste Grimasse machen. Trotz der Ganzkörper-Anspannung bewusst weiteratmen, auch wenn es schwer fällt. Bis 5 zählen und dann in Zeitlupe den ganzen Körper locker lassen und entspannen.

Progressive Muskelentspannung

➤ 5 *Alles loslassen*

Dies ist die Phase des vollständigen Loslassens. Es ist egal, was Sie jetzt denken und wahrnehmen, Hauptsache Sie genießen das Gefühl, wenn die Spannung aus Ihrem Körper herausläuft.

So geht's

Bleiben Sie einfach still und locker auf Ihrem Stuhl sitzen, lassen Sie auch das Gesicht ganz locker. Genießen Sie die Entspannung eine Weile. Wenn Sie dabei kurz einnicken oder innerlich abdriften, ist es genau richtig. Wenn Sie diesen Zustand beenden möchten, zählen Sie langsam rückwärts von 10 bis 1.

➤ 6 *Aktivierung*

Wenn Sie aus der Entspannung auftauchen, ist Ihr Blutdruck gesunken, und Sie sind vielleicht ein wenig benommen.

So geht's

Stehen Sie langsam auf, damit Ihnen nicht schwindlig wird. Recken und strecken Sie sich, um sich wieder zu aktivieren. Sie werden sehen, Sie sind erfrischt wie nach einem kurzen Schlaf und für den Rest des Tages wieder voll da.

Auftanken im Schlaf

Was gibt es Schöneres, als nach einer ruhigen Nacht frisch und ausgeruht voller Elan in einen neuen Tag zu starten! Doch viele Menschen erleben das Gegenteil: Durch Schlafstörungen fühlen sie sich matt, eh der Tag überhaupt begonnen hat.

Was genau in der Nacht alles passiert, weiß bisher niemand mit letzter Sicherheit. Schlafstörungen rauben uns alle Energie, machen vergesslich und löschen den mühsam angelesenen Prüfungsstoff. Und wer gar nicht schläft, stirbt – an Infektionen. Denn in der Nacht ist das Immunsystem am Werk und schlägt eine stille Abwehrschlacht gegen eingedrungene Erreger, verbrauchte und defekte Zellen, auch gegen Krebszellen.

Erholung nach Plan

Hormone und Botenstoffe sorgen dabei für die Organisation und die nötige Ruhe. Das Wachstumshormon veranlasst beim Erwachsenen, dass sich die Zellen der Organe erneuern. Ein biochemischer Jungbrunnen, der nach einem strengen Zeitplan nur in den ersten Tiefschlafphasen sprudelt.

Noch deutlicher als am Tag zeigt sich in der Nacht, dass wir nach einer inneren Uhr ticken. Alle 90 Minuten tauchen wir in die tiefen Schlafphasen ein, steigen langsam wieder an den Rand des Bewusstseins, um kurz darauf wieder hinabzusinken. Im Laufe der Nacht werden die Tiefschlafphasen immer kürzer und der Schlaf leichter. Gegen Morgen wachen wir deshalb relativ häufig auf.

Werden die inneren Rhythmen durcheinander gebracht, z.B. durch Schichtarbeit oder ein »bewegtes« Leben, leidet die Regeneration und damit Energie, Stimmung und Wohlbefinden. Hormonsystem und Stoffwechsel geraten durcheinander, Alterungsprozesse beschleunigen sich, die Unfallgefahr steigt. Auch beim Schlafen bevorzugt unser Körper also mal wieder das Normale, Gleichmäßige – eben den goldenen Mittelweg.

Jungbrunnen im Tiefschlaf

Das Wachstumshormon ist eine der Schlüsselsubstanzen im Alterungsprozess. Bei Kindern ist es für die schnelle Zellteilung in der Wachstumsphase verantwortlich. Bei Erwachsenen regeneriert es über Nacht die Körperzellen. Wachstumshormon wird in der Tiefschlafphase der ersten Nachthälfte und bei Hunger (gesunkenem Blutzuckerspiegel) ausgeschüttet.

Leider nimmt die Menge an Wachstumshormon mit zunehmendem Alter ab – ein Grund, weshalb die Regeneration der Organe nachlässt und der Körper Alterserscheinungen zeigt. Deshalb lassen immer mehr Menschen, vor allem in den USA, den Hormonmangel vom Arzt mit entsprechenden Präparaten ausgleichen. Nicht ganz ungefährlich, denn das Hormon lässt nicht nur Muskeln und Hautzellen wachsen, sondern

energy-Info

Die Schlafphasen

- **Tiefschlafphasen:** vor allem in der ersten Nachthälfte. Sie dienen der Regeneration des Körpers, der Immunabwehr, dem Verankern von Gelerntem im Gedächtnis. Also: vor Prüfungen und wichtigen Terminen früh ins Bett!
- **REM-Schlaf** (Rapid Eye Movement): vor allem in der zweiten Nachthälfte. In dieser Phase verankern und verarbeiten wir emotionale Gedächtnisinhalte.

Checkliste

Was stört Ihren Schlaf?

Oft sind es die kleinen Dinge im Leben, die es einem schwer machen. Überprüfen Sie, ob es eine nahe liegende Ursache gibt, die sich vielleicht einfach abstellen lässt.

- ❑ Zu viel und zu spät gegessen
- ❑ Zu viel Flüssigkeit getrunken (Druck auf die Blase)
- ❑ Zu spät Kaffee oder Tee getrunken (Koffein wirkt 5 bis 7 Stunden)
- ❑ Zu viel Alkohol (unterdrückt den REM-Schlaf, steigert Herzschlag und Blutdruck)
- ❑ Zu viel Nikotin
- ❑ Hunger (löst Aktivierung aus)
- ❑ Zu viel, zu spät, zu intensiv Sport am Abend
- ❑ Kalte Füße
- ❑ Schlafzimmer zu warm oder zu kalt
- ❑ Decke zu schwer oder zu warm
- ❑ Matratze unbequem
- ❑ Zu helles Licht
- ❑ Geräusche (Schnarchen des Partners, Nachbarn, Kinder)
- ❑ Intensive Gerüche (Blumen, Parfums, Zigarettenrauch, Ausdünstungen von Möbeln oder Teppichen)
- ❑ Schmerzen
- ❑ Medikamente, die anregen, z.B. Schmerz- und Grippemittel mit Koffein, Asthmamittel mit Theophyllin (wirkt wie Koffein), durchblutungsfördernde und konzentrationssteigernde Mittel
- ❑ Nicht abschalten können
- ❑ Unregelmäßiger Schlaf-wach-Rhythmus (besonders nach einem Wochenende mit langen Abenden)

auch vorhandene Krebszellen und innere Organe. Da ist es wesentlich besser, auf die natürlichen Mechanismen zurückzugreifen und das Wachstumshormon selbst zu produzieren: die Muskeln trainieren, 2-mal in der Woche das Abendessen ausfallen lassen und regelmäßig früh zu Bett gehen. Der Schlaf vor Mitternacht ist eben doch der beste!

Ich kann nicht abschalten

Wer abends schlecht abschalten kann, ist mit den Aufgaben, Pflichten und Zielen des Tages noch zu sehr beschäftigt. Das ist vom Unterbewusstsein gut gemeint, doch führt es meistens nicht zu produktiven Ergebnissen.
Wer müde ist, braucht eine Pause, dann geht es am nächsten Tag umso besser weiter. Das müssen Sie sich ganz deutlich klar machen! Körper, Gefühle und Gedanken sollen zur Ruhe kommen. Stellen Sie sich ganz bewusst darauf ein, dass das, was Sie jetzt tun, das Ende eines Tages signalisiert, und erlauben Sie sich selbst, anschließend frei von allen Verpflichtungen zu sein.

Die besten Methoden zum Abschalten

- ➤ Ein Abendspaziergang entspannt Körper, Gefühle und Geist und bringt oft noch gute Ideen
- ➤ Leichter Sport, aber nicht zu viel
- ➤ Sauna, aber nur, wenn Sie sich dadurch entspannt fühlen
- ➤ Ein warmes Bad mit entspannenden Zusätzen wie Melisse, Baldrian, Hopfen; nicht länger als 10 Minuten, Temperatur nicht zu heiß; oder eine warme Dusche
- ➤ Tagebuch schreiben: Was hat mich belastet? Was habe ich gut gemacht? Was ist Schönes passiert? Das bringt emotionale Entlastung
- ➤ Checkliste für den nächsten Tag aufstellen; das entlastet von dem Gefühl, dass Sie etwas Wichtiges vergessen könnten

- Sex und/oder Kuscheln
- Entspannungsübungen
- Lesen, etwas über ein erfreuliches Thema
- Musik hören.

Ich kann nicht schlafen

Wenn Sie ganz und gar nicht schlafen können, gehen Sie es paradox an: aufstehen statt rumwälzen. Bleiben Sie absichtlich wach und lösen Sie sich von der Angst, morgens nicht fit zu sein.

Lesen Sie oder tun Sie etwas Produktives, das Ihre Mitmenschen nicht stört, z.B. im Nebenzimmer aufräumen, bügeln, Dinge reparieren, Sachen in Ordnung bringen, Pläne aufstellen. Schaffen Sie sich dadurch ein kleines Erfolgserlebnis. Je weniger Sie den Schlaf erzwingen wollen, desto besser werden Sie nach einer Weile einschlafen.

energy-Info

Schnarcht hier jemand?

Schnarchende Ehemänner gehören ins Schlaflabor und nicht ins Ehebett, denn erstens ruinieren sie Liebe, Gesundheit und Lebensfreude der Gattin, und zweitens leiden Schnarcher häufig unter nächtlichen Atemstillständen, ohne es selbst zu bemerken. (Schlafapnoesyndrom, 100 bis 500 Atemstillstände pro Nacht, führt zu Sauerstoffmangel.)

- Übergewicht, Rauchen und Alkoholkonsum begünstigen das Schnarchen. Müdigkeit, Konzentrationsstörungen, Depressionen und sexuelle Unlust sind die Folge.
- Die Therapie ist jedoch einfach: gesund leben, abnehmen und schlimmstenfalls nachts eine Atemmaske tragen.

Gönnen Sie sich am Abend ganz bewusst etwas Angenehmes. Damit schließen Sie den Arbeitstag ab und kommen auf andere Gedanken.

Vorsicht Schlafmittel

Rezeptpflichtige Schlaf- und Beruhigungsmittel sollten nur im äußersten Notfall eingenommen werden, wenn alle anderen Methoden versagen. Und dann niemals länger als 2 Wochen hintereinander, denn sie können abhängig machen.

Wenn es schon sehr spät geworden ist und Sie morgens früh rausmüssen, nehmen Sie besser nur die halbe Dosis, sonst gefährden Sie sich im Verkehr und bei der Arbeit durch den gefürchteten »Hangover« – das Nachwirken des Schlafmittels. Besonders dann, wenn Sie es vor der Tablette schon mit ein paar Gläsern Alkohol versucht haben.

Die Schlafmittel der Natur

Besser und meist ohne Nebenwirkungen sind die Schlafmittel, die die Natur uns bietet. Probieren Sie aus, was Ihnen hilft:

- Schlaf- und Abendteemischungen mit Melisse, Hopfen, Passionsblume, Lavendel oder Johanniskraut.
- Baldrian, als Tropfen oder Dragees.
- Ein Glas warme Milch mit Honig lenkt die Aminosäure Tryptophan ins Gehirn, das aus ihr den Glücksstoff Serotonin und das Schlafhormon Melatonin herstellt.

energy-Info

Schlafstörungen ernst nehmen

Wissenschaftler der TU Dresden wollten es mal genau wissen: Wie viele Menschen haben Schlafstörungen? Was sind die Gründe, und was wird von ärztlicher Seite dagegen getan?

Alle Personen, die an einem bestimmten Tag zum Arzt gingen, wurden über ihr Schlafverhalten befragt. Die Ergebnisse lassen aufhorchen: 22 % der Männer und 30 % der Frauen haben Schlafstörungen. Sie können schlecht einschlafen und nicht durchschlafen. Und das zum Teil schon monatelang.

Doch nur bei der Hälfte dieser Patienten wurde nach den Ursachen geforscht. Nach weiteren Untersuchungen kam heraus, dass die meisten, auch jüngere und besonders Männer, an chronischen Erkrankungen leiden. Fazit: Bei Schlafstörungen, die länger als 4 Wochen dauern und keinen aktuellen Grund (zu viel Stress, Aufregung, Störungen durch Lärm etc.) haben, ist der Arztbesuch der erste Weg zur Besserung.

- Die gleiche Wirkung hat ein kleiner Snack aus fettarmem Eiweiß mit etwas Süßem: Zwei Esslöffel Quark mit Marmelade oder Banane, eine halbe Scheibe Brot mit Frischkäse, ein Fruchtjoghurt.
- Die Aminosäure Tryptophan und das Hormon Melatonin können Sie sich auch in der Apotheke kaufen oder von Ihrem Arzt verschreiben lassen. Allerdings ersetzen die Krankenkassen die Kosten nicht. Nehmen Sie nur die angegebenen Mengen ein. Beide Substanzen machen nicht abhängig, werden im Körper schnell abgebaut und verursachen deshalb auch keinen Hangover. 20 % der Menschen sollen allerdings auf Melatonin nicht reagieren.
- Der Tagesbedarf an Magnesium liegt bei etwa 400 Milligramm. Bei starkem Stress, viel Bewegung und Schwitzen brauchen Sie noch einmal 300 bis 400 Milligramm zusätzlich. Diese Dosis können Sie auch abends einnehmen, das fördert das Einschlafen. Bei Nierenerkrankungen oder zu niedrigem Puls (unter 60) bitte erst den Arzt fragen.
- Johanniskraut-Dragees, über einen längeren Zeitraum eingenommen, helfen gegen depressive Unruhe und Sorgen. Aber Vorsicht, wenn Sie andere Medikamente einnehmen: Die Mikropille kann versagen; in Kombination mit Mitteln gegen Herzschwäche (Digitalis) oder antiviralen Medikamenten gegen Aids sind unerwünschte Wechselwirkungen aufgetreten.
- Die Südseewurzel Kava-Kava, auch Rauschpfeffer genannt, hilft ebenfalls gegen ängstliche Unruhe und Anspannung. Leider ist diese ansonsten gut verträgliche und seelisch ausgleichende Natursubstanz in der jüngsten Zeit durch Fälle von akutem Leberversagen in Verruf geraten. Deshalb bitte vorher mit Ihrem Arzt sprechen. Menschen mit Lebererkrankungen sollten Kava-Kava unter keinen Umständen einnehmen.

Wie leistungsfähig, gut gelaunt und gesund Sie sind, hängt nicht zuletzt von Ihrer Ernährung ab – Sie haben es in der Hand.

ENERGIE KANN MAN ESSEN

Der Mensch ist, was er isst – wie wahr! Schauen Sie an einem normalen Samstag an der Supermarktkasse doch einmal in die Einkaufswagen, und Sie wissen sofort, warum es bei uns 30 % Übergewichtige gibt. Und was liegt in Ihrem Einkaufswagen? Obst und Gemüse? Vollkornflocken, Eier und Magerjoghurt? Nudeln, Kartoffeln, Reis, Hüttenkäse, Olivenöl und frische Kräuter? Geflügel, Fisch und zum Probieren mal ein Blöckchen Tofu? Prima. Dann haben Sie sicher zu Hause auch ein italienisches, griechisches oder türkisches Kochbuch, ein paar Kästen Mineralwasser und für die besonderen Gelegenheiten ein oder zwei Fläschchen Rotwein.

Wer braucht wie viel?

Diese Lebensmittel sind eigentlich schon alles, was Sie brauchen, um jederzeit voller Energie, Konzentration und Tatendrang zu sein. Der berühmte einfache, aber goldene Mittelweg – mal wieder.

➤ Gut ist also eine ganz normale Mischkost, in der Sie lediglich mit Zucker und unserem liebsten Energiekiller, dem Fett, geizen.

➤ 4 bis 5 leichte Mahlzeiten am Tag sind optimal und ersparen Ihnen die Heißhungerattacken, bei denen Sie regelmäßig alle guten Vorsätze in den Wind schlagen.

➤ Seien Sie mit dem Fett sehr sparsam und schlagen Sie sich auch sonst den Bauch nicht übermäßig voll.

➤ Nehmen Sie zur Abrundung ein gutes Multivitamin- und Mineralstoffpräparat. So kommen Sie auf die Vitalstoffmengen, die Sie für Ihr Power-Leben brauchen. Es sei denn, Sie essen täglich Unmengen an Gemüse und Obst, alles frisch vom Biohof.

- Dass Sie insgesamt nicht mehr als 2000 bis 2400 kcal als Frau und 2500 bis 2900 kcal als Mann am Tag essen sollten, hat sich sicher schon herumgesprochen. Je kleiner und leichter Sie sind, desto weniger Kalorien brauchen Sie.
- Einige Fitness-Studios, Sportmediziner und Krankenkassen bieten eine Bestimmung des Wasser-, Fett- und Muskelanteils im Körper nach der Bio-Impedanz-Methode an. Damit können Sie Ihren genauen Kalorienbedarf (Grundumsatz) errechnen lassen.
- Alles was an Bewegung (Arbeitsumsatz) dazukommt, erhöht den Kalorienbedarf.
- Falls Sie tatsächlich schwere Arbeit als Bauarbeiter verrichten oder Leistungssportler sind, brauchen Sie natürlich entsprechend mehr, etwa 3000 bis 4000 kcal täglich.

energy-Info

Ihr täglicher Energiebedarf

Die Berechnung ist abhängig vom Alter, vom Körpergewicht und der körperlichen Aktivität.

Grundumsatz

18–30 Jahre:	14,7 × Gewicht + 496 kcal
31–60 Jahre:	8,7 × Gewicht + 829 kcal

Körperliche Aktivität

- Sitzende oder stehende Tätigkeit und wenig Sport: Grundumsatz × 1,4
- Leichte körperliche Tätigkeit und sportlich aktive Freizeit: Grundumsatz × 1,7
- Anstrengende Berufsarbeit und mindestens 4 Sporteinheiten pro Woche: Grundumsatz × 2,0

Kohlenhydrate sind Energielieferanten

Fangen wir oben beim Kopf an. Um tagtäglich seine Arbeit verrichten zu können, braucht das Gehirn Eiweiß, Wasser, Sauerstoff und den einzigen Brennstoff, den es nutzen kann: Zucker. Ständig holt es sich diesen in Form von Glukose aus dem Blut: 140 Gramm am Tag. Ist nicht genug davon vorhanden, lässt die Konzentration nach, und wir werden müde und schlecht gelaunt.

Es gibt nur zwei Zuckerspeicher im Körper: In der Leber stehen etwa 70 Gramm Glukose als Nachschub zur Verfügung; in den Muskeln sind es 300 bis 400 Gramm, doch die geben nichts her, weil sie gerüstet sein wollen, falls Sie gleich einen schnellen Sprint hinlegen müssen.

Der Blutzuckerspiegel hat alles im Griff

Der Körper ist bestrebt, den Zuckerspiegel im Blut konstant zu halten: Sorgen Sie mit Brot oder Schokolade für neue Nährstoffe, so wird aus den Kohlenhydraten erst einmal Glukose gemacht. Dann tritt sofort das Hormon Insulin aus der Bauchspeicheldrüse auf den Plan, das den höchst wertvollen Blutzucker umgehend verteilt. Muskulatur und Leber nehmen sich, was sie können, aber insgesamt ist das nicht besonders viel. Alles, was jetzt noch an Zucker zu viel im Blut herumschwimmt, wird für schlechte Zeiten ins Unterhautfettgewebe geschickt.

Dort verwandeln sich die feinen Zuckerteilchen in dicke Fetttropfen. Doch von dort können sie leider nicht mehr zurück, denn aus Fett wird nicht so einfach wieder Zucker gemacht. Sie wissen ja: Ein Stück Schokolade bleibt 1 Minute im Mund, 1 Stunde im Magen und 100 Jahre auf der Hüfte!

Sackt der Blutzuckerspiegel später unter einen bestimmten Wert ab, dann schlägt das Gehirn Alarm, denn ohne Treibstoff ist es zu nichts mehr in der Lage. Sie werden nervös und denken nur noch das eine: Hunger!

Schnelle und langsame Kohlenhydrate

So unterschiedliche Lebensmittel wie Obst Vollkornbrot und Schokoriegel enthalten Kohlenhydrate. Der Körper bastelt sich daraus Glukose – das Zuckermolekül, aus dem er Energie gewinnen kann. Je nachdem wie schnell und hoch die Kohlenhydrate den Blutzuckerspiegel ansteigen lassen, stehen sie für den aktuellen Energieverbrauch zur Verfügung oder kurbeln die Fettspeicherung an – das, was wir nicht wollen.

Deshalb ist es wichtig, was Sie essen, wenn die Botschaft kommt: »Brauche sofort Nachschub!« Wenn Sie Obst und Vollkornbrot wählen, die den Blutzucker nur langsam steigen lassen, wird aller Zucker stetig verbraucht, und nichts muss in Fettröllchen angelegt werden. Das hat außerdem den Effekt, dass Sie eine ganze Weile satt bleiben.

Futtern Sie stattdessen Schokoriegel, erschrickt das Hormon Insulin über den so plötzlichen hohen Anstieg des Blutzuckerspiegels, schickt alles schnell in die Körperzellen – und schon haben Sie wieder Heißhunger auf Süßes! Ein ständig sich weiter hochschraubender Kreislauf.

Dickmacher-Hormon Insulin

Was übrigens noch so schade ist an der Süßigkeitenfutterei – an dieser Stelle fangen die Frauen in meinen Seminaren meistens an

energy-Info

Kaloriengehalt der Nährstoffe

Eiweiß 1 g: 0,004 kcal
Kohlenhydrate 1 g: 4 kcal
Fett 1 g: 9 kcal
Alkohol 1 g: 7 kcal

Schokolade macht für einen Augenblick glücklich – aber dann? Sie wandert vom Mund leider auf direktem Weg in die Fettpölsterchen.

zu weinen –, die Bauchspeicheldrüse stellt sich darauf ein, dass Sie so viele Süßigkeiten essen, und steht immer schon mit hohen Insulinspiegeln im Blut parat. Wenn Sie jetzt anfangen mit Ihrem Bewegungsprogramm, das die gelben Fetttröpfchen in die Muskelzellen zur Verbrennung locken soll, funktioniert das nicht richtig. Insulin ist nämlich der Wächter an der Tür des Fettgewebes. Es lässt keinen raus. Dumm gelaufen.

Also als Erstes: Den Insulinspiegel im Blut absenken, indem Sie viele der »langsamen« Kohlenhydrate essen und die anderen für den absoluten Notfall aufheben. Hat sich der Insulinspiegel normalisiert, bekommt auch die ersehnte Fettverbrennung beim Ausdauersport ihre Chance.

Glykämischer Index

Die »langsamen« heißen eigentlich »komplexe« Kohlenhydrate, weil sie aus vielen verzweigten Molekülketten bestehen und es im Verdauungsprozess länger dauert, bis sie im Blut als Zucker auftauchen.

energy-Info

Glykämischer Index

Hoher glykämischer Index

Diese Kohlenhydrate gehen schnell ins Blut:

Traubenzucker	100
Gezuckerte Fruchtsäfte	85
Cornflakes	85
Honig, Zucker	75
Vollmilchschokolade	70
Marmelade	70
Croissant	70
Weißbrot	70
Weizenmehl	70
Weißer Reis	70
Rosinen	65
Couscous	60
Weiße Nudeln	60

Niedriger glykämischer Index

Diese Kohlenhydrate gehen nur langsam ins Blut:

Gemüsesaft	15
Frisches Gemüse	15
Sojabohnen	15
Naturjoghurt (ohne Zucker)	15
Pilze	15
Grapefruit	25
Kirschen	25
Magermilch	30
Trockenbohnen	30
Kichererbsen	30
Vollkornnudeln	30
Schrotbrot	35
Grüne Bohnen	40
Roggenvollkornbrot	40
Pumpernickel	40
Haferflocken	40
Naturreis	50

➤ Alle stärkehaltigen Nahrungsmittel gehören dazu; sie haben relativ wenige Kalorien und sättigen gut: Reis, Mais, alle vollwertigen Getreidepodukte, alle vollwertigen Brotsorten, Grieß, Getreideflocken, Müsli, Vollwertnudeln, Kartoffeln, Hülsenfrüchte.

➤ Obst gehört dazu, denn es enthält Fruchtzucker. Das Fruchtzuckermolekül hat eine andere Struktur als Glukose und muss erst in diese umgewandelt werden – das dauert.

Der amerikanische Wissenschaftler Prof. Crapo ordnete vor etwa 25 Jahren die Kohlenhydrate nach ihrem »Glykämischen Index«. Er will damit die Unterschiede hinsichtlich ihrer blutzuckersteigernden Wirkung aufzeigen. Die Anstiegsgeschwindigkeit und -höhe hängt jedoch auch von der Menge der gleichzeitig gegessenen Eiweiße und Fette ab. Daher kann der glykämische Index nur eine grobe Orientierung sein.

Als Faustregel kann man sich merken: Je naturbelassener ein Lebensmittel ist und je weniger weißen Zucker es enthält, desto langsamer wird es verdaut, desto länger sättigt es und hält den Blutzuckerspiegel konstant.

Sinnvoll kombinieren

Wenn Sie schon Kohlenhydrate mit hohem glykämischen Index essen, dann tun Sie dies immer in Kombination mit etwas Eiweiß (Brötchen mit Käse, Weißbrot mit Ei, Kompott mit Quark oder Hüttenkäse).

➤ Das verzögert die Aufspaltung und die Aufnahme als Glukose ins Blut. Der Zuckerspiegel steigt langsamer an. Sie haben länger Energie im Gehirn zur Verfügung.

➤ Kohlenhydrate locken Insulin, und das fördert auch die Aufnahme von Eiweißbausteinen in die Muskulatur – dort, wo sie zum Aufbau der Muskelmasse gebraucht werden.

➤ Die Aminosäure Tryptophan aus dem Eiweiß steht zur Bildung des Stimmungsmachers Serotonin im Gehirn zur Verfügung.

Mein Tipp

Joghurt macht Helden

Die ideale Zwischenmahlzeit für den Kopfarbeiter ist eine große Portion weißer Magerjoghurt (mit etwas Obst). Puuhhh, da schüttelt es so manchen Leberkäsesemmelfutterer! Doch wenn Sie das schaffen, gehören Sie zu den Helden des Alltags! Feuerlaufen und Bungee-Springen können Sie sich schenken – weißer Joghurt ist die größere Herausforderung!

➤ Wird genug Serotonin im Gehirn gebildet, hört der dick machende Süßhunger auf! Dieser segensreiche Mechanismus funktioniert jedoch nur, wenn nicht durch ein ständig zu hohes Zuckerangebot die Insulinregulation gestört ist.

Fett weg durch Fett weg!

Zu viel Fett macht dick, träge und krank. Doch wie viel können Sie unbesorgt essen? Schauen Sie rechts in der kleinen Tabelle nach. Der Fettkonsum richtet sich nach Ihrem täglichen Kalorienbedarf. Wenn Sie jedoch auf Dauer etwas Körperfett verlieren wollen, aktivieren Sie regelmäßig Ihre Muskeln und bieten Sie den Fettdepots 20 Gramm am Tag weniger an.

Fett sparen – ganz einfach

»Da kann man ja bald gar nichts mehr essen« – ein typischer Einwand! Natürlich essen Sie alles, und alles, was Ihnen schmeckt. Sie lassen nur das viele Fett und den vielen Zucker weg. Und wenn es doch mal sein soll, dann genießen Sie die kleinen Mengen besonders intensiv. Man muss nicht unbedingt zwei Scheiben Gouda aufs Brot legen oder drei dicke Stücke Lachs in Sahnesauce essen. Die Hälfte schmeckt auch!

Sie sollen selbstverständlich Ihren Spaß am Leben haben und nicht ständig darüber nachdenken müssen, was Sie alles nicht dürfen. Geben Sie Ihrem Körper etwas Zeit, sich an die kleineren Fettmengen zu gewöhnen. Fettreiche Mahlzeiten scheinen den Appetit auf Fett noch zu steigern. Unterbrechen Sie diesen Mechanismus: Wenn das Verlangen kommt, trinken Sie ein Glas Wasser, lenken sich ab, essen etwas Obst oder bewegen sich. Nach einer Woche haben Sie es geschafft!

Wenn Fett, dann welches?

Kleine Quizfrage: Was macht dicker – eine Tasse Schweineschmalz oder eine Tasse Olivenöl? »Eine Tasse Schweineschmalz, natürlich!« sagen meine Seminarteilnehmer. »Reingefallen!« sage ich, denn vom Dickmachfaktor unterscheiden sich die beiden Fettmengen nicht. Wohl aber von ihrem gesundheitlichen Wert.

Ihr Fettbedarf

Bei einem täglichen Energiebedarf von	ist Ihr Fettbedarf, damit Sie bleiben, wie Sie sind	ist Ihr Fettbedarf, wenn Sie abnehmen wollen
1000 kcal	35–40 g	15–20 g
1500 kcal	50–60 g	30–40 g
2000 kcal	70–80 g	50–60 g
2500 kcal	85–100 g	65–80 g
3000 kcal	100–120g	80–100 g

Fett weg durch Fett weg

STATT:	GRAMM FETT (in 100 g)	BESSER:	GRAMM FETT (in 100 g)	GESPART (GRAMM FETT)
Lachs	13,6	Seelachs, paniert	7,9	5,7
Räucheraal	28,5	Forellenfilet, geräuchert	4,5	24,0
Matjeshering	22,6	Rollmops	15,0	7,6
Mayo (80%, 1 EL)	21,0	Ketchup (1 EL)	0,2	20,8
Fleischsalat mit Mayo	37,0	Kartoffelsalat mit Mayo	5,0	32,0
Müsli mit Nüssen	11,7	Müsli mit Trockenfrüchten	5,4	6,3
Bratkartoffeln	8,0	Salzkartoffeln	0,1	7,9
Kroketten	18,0	Kartoffelklöße	0,7	17,3
Milchspeiseeis	4,2	Fruchteis	1,8	2,4
Nuss-Nougat-Creme (1 EL)	6,2	Honig (1 EL)	0,0	6,2
Vollmilchschokolade	31,5	Gummibärchen	0,0	31,5
Vollmilch	3,5	Halbfettmilch	1,5	2,0
Milchschnitte	26,0	Müsliriegel	19,1	6,9
Sahnequark	11,0	Magerquark	0,2	10,8
Frischkäse (40%)	11,0	Hüttenkäse	4,3	6,7
Lammkotelett	32,0	Lammrücken	13,2	18,8
Ziegenkäse (45%)	22,0	Schafskäse (30%)	16,0	6,0
Schweinehack	11,0	Rinderhack	9,0	2,0
Hähnchenschenkel	11,2	Putenbrust	1,0	10,2
Bratwurst	31,0	Frikadelle	13,0	18,0
Leberkäse	26,0	Rindergulasch	13,6	12,4
Rindersteak mit Kräuterbutter	26,5	Rumpsteak pur	15,5	11,0
Leberwurst	29,2	Lachsschinken	3,5	25,7
Salami	33,0	Gekochter Schinken	3,3	29,7

Gesundes und ungesundes Fett

Vor Fett muss man sich nicht fürchten. Wir brauchen es, um die fettlöslichen Vitamine aufzunehmen, Energie herzustellen, unsere Organe und Nerven zu polstern, die Haut vor dem Austrocknen zu schützen und Botenstoffe und Zellwände zu bauen.
Pflanzliche Fette enthalten ungesättigte Fettsäuren in großen Mengen. Da wir sie nicht selbst bilden können, ist ihre Aufnahme lebenswichtig für uns.

- Einfach ungesättigte Fettsäuren, wie im Olivenöl, sind uneingeschränkt gesund.
- Unter den mehrfach ungesättigten Fettsäuren sind die Omega-3-Fettsäuren (Fischöle, Leinöl) die Favoriten der Ernährungswissenschaftler. Sie bekämpfen chronische Entzündungen wie Rheuma, setzen die Blutgerinnung herab, beugen damit dem Herzinfarkt vor und senken den Blutdruck.
- Doch nicht alle mehrfach ungesättigten Fettsäuren sind so optimal. Omega-6-Fettsäuren bieten an den ungesättigten Stellen freien Radikalen einen Angriffspunkt. Die so oxidierten Fettsäuren lagern sich dann in den Blutgefäßen ab. Doch eine gewisse Menge dieser Fettsäuren ist nötig. So profitieren Menschen mit Neurodermitis von ihren entzündungshemmenden Eigenschaften.

Tierische Fette enthalten große Mengen gesättigte Fettsäuren und Cholesterin. Cholesterin ist der Ausgangsstoff für unsere Zellwände, für Gallensalze und viele Hormone. Es ist zwar wichtig, doch brauchen wir es nicht zu essen, denn unser Körper kann es in den benötigten Mengen leicht selbst herstellen. Man unterscheidet zwei Formen: das schützende HDL- und das bedenkliche LDL-Cholesterin (Blutfette, Seite 89).

Empfehlung für Ihre Ernährung

- Weniger Fleisch (enthält gesättigte Fettsäuren und Cholesterin)
- Mehr Fisch (enthält Omega-3-Fettsäuren)
- Mehr Olivenöl (enthält einfach ungesättigte Fettsäuren)
- Etwas Maiskeim-, Raps-, Soja- und Distelöl (enthalten Omega-6-Fettsäuren)
- Finger weg von allen gehärteten Fetten: Gehärtet heißt chemisch verändert, also unbedingt aufs Etikett schauen.

Eiweiß – Bausteine des Lebens

Letztendlich besteht unser Körper – neben Wasser und Fett – aus Eiweiß, den Proteinen. Eiweiß liefert die Grundbausteine (Aminosäuren) für alle Zellen, Hormone, Enzyme, Muskeln und Bindegewebe, Immun- und Botenstoffe. 8 der insgesamt 20 Aminosäuren können vom Körper nicht aus anderen Bausteinen hergestellt werden. Sie sind essenziell und müssen daher mit der Nahrung aufgenommen werden.

energy-Tipp

Die besten Fett-weg-Techniken

- Fettreduzierte Lebensmittel kaufen
- Fettränder abschneiden (Fleisch, Wurst)
- Fett von Suppen und Saucen abschöpfen
- Beschichtete Pfanne zum fettarmen Garen und Braten benutzen
- Gemüse fettfrei dünsten, zum Schluss 1 TL Butter oder Olivenöl dazugeben
- Saucen statt mit Fett mit püriertem Gemüse binden
- Fertige Salatsaucen mit Wasser, Brühe, Zitrone oder Magerjoghurt verdünnen
- Fettaufstrich auf dem Brot weglassen oder nur »kratzen«
- Wurst und Käse dünn schneiden lassen

energy-Info

Wie viel Eiweiß ist wo drin?

20 Gramm Eiweiß bekommen Sie mit

3	Hühnereiern (ganz)	252 kcal
65 g	Schinken (ohne Fettrand)	94 kcal
105 g	gekochtem Schinken	296 kcal
80 g	Hühner-/Putenbrust	84 kcal
80 g	magerem Schweinefleisch	84 kcal
97 g	Kalbskeule	94 kcal
95 g	Rindfleisch	141 kcal
110 g	Makrele	244 kcal
130 g	Lachs	262 kcal
103 g	Forelle	105 kcal
119 g	Hering	278 kcal
115 g	Kabeljau	87 kcal
109 g	Seelachs	87 kcal

10 Gramm Eiweiß bekommen Sie mit

3	Eiklar	48 kcal
300 ml	Buttermilch (1,5%)	100 kcal
300 ml	Milch (3,5%)	200 kcal
260 g	Joghurt (1,5%)	175 kcal
72 g	Hüttenkäse (20%)	77 kcal
74 g	Magerquark	57 kcal
46 g	Camembert (30%)	98 kcal
54 g	Camembert (45%)	154 kcal
89 g	Doppelrahmfrischkäse	301 kcal
39 g	Gouda	150 kcal
143 g	Tofu (Sojakäse)	109 kcal
80 g	Haferflocken (Vollkorn)	283 kcal
68 g	Amaranth	248 kcal
72 g	Quinoa	246 kcal
100 g	Knäckebrot	318 kcal
125 g	Weizenschrotbrot	255 kcal
185 g	Erbsen	126 kcal
43 g	Linsen	135 kcal
59 g	Kichererbsen	137 kcal
45 g	Weißen Bohnen	118 kcal
230 g	Grünkohl, Rosenkohl	85 kcal

Da nicht alle Eiweißquellen das gleiche Mischungsverhältnis an Aminosäuren aufweisen, gibt es ein Maß für die optimale Kombination, die so genannte biologische Wertigkeit. Bezugswert ist das ganze Hühnerei, das eine optimale Aminosäurenkomposition enthält. Seine biologische Wertigkeit ist 100.

Sinnvoll kombinieren

Grundsätzlich ist es vernünftig, verschiedene Eiweißquellen zu mischen, um möglichst alle benötigten Bausteine im richtigen Verhältnis zu bekommen.

Durch geschicktes Kombinieren lassen sich Mahlzeiten von hoher biologischer Wertigkeit zusammenstellen, meist in der Zusammenstellung von tierischem und pflanzlichem Eiweiß:

- Brot (Getreide) und Milch
- Brot (Getreide) und Fleisch
- Mais und Soja
- Mais und Bohnen
- Eier und Kartoffeln oder Hülsenfrüchte
- Kartoffeln und Milchprodukte
- Hülsenfrüchte und Milchprodukte
- Hülsenfrüchte und Getreide.

Ihr Eiweißbedarf

Pro Tag brauchen Sie 0,8 Gramm Eiweiß pro 1 Kilogramm Körpergewicht. Wenn Sie 55 Kilogramm wiegen, brauchen Sie also 44 Gramm, bei 60 Kilogramm 48 Gramm und so weiter.

Es gibt nur einen einzigen Weg, wie Sie herausfinden, ob Ihre tägliche Eiweißration stimmt. Sie müssen ein paar Tage lang Ihre Ernährung notieren und die Eiweißwerte in einer Ernährungstabelle nachsehen. Alles andere ist zu ungenau.

Die amtlichen Statistiken stellen fest, dass die meisten Menschen viel zu viel Eiweiß – nämlich als Durchschnittsdeutscher 100 Gramm am Tag – verdrücken. Die Diät haltende

weibliche Jugend dagegen ist absolut unterversorgt, Bodybuilder tun sowieso zu viel des Guten, und irgendwo dazwischen stehen Sie. Wenn Sie zu wenig Eiweiß essen, machen die Antikörper Ihres Immunsystems schlapp, Sie fühlen sich ohne Energie, und Ihre mühsam antrainierten Muskeln werden langsam weggeknabbert.

Zu viel Eiweiß wird zwar zur Energiegewinnung verbrannt, dabei entsteht aber der harnpflichtige Stickstoff – eine zusätzliche Belastung für die Niere. Menschen mit Gicht können bestimmte Bestandteile, die Purine, gar nicht verarbeiten und futtern sich dann von einem Gichtanfall zum nächsten. Doch zu viel Eiweiß ist auf keinen Fall »giftig«, wie manchmal behauptet wird.

Mein Tipp: energy-Protein-Snack

Völlig fettfrei und ohne Cholesterin – also die ideale Eiweißquelle für Gesundheitsbewusste – ist das reine Eiklar aus dem Hühnerei. Es enthält 3,6 Gramm Eiweiß.

Machen Sie sich daraus eine Zutat, mit der Sie Salate, Suppen oder ein Sandwich zum *energy*-Protein-Snack aufwerten können.

So geht's

➤ **1** Schlagen Sie 2 bis 3 Eier über einer großen Tasse auf und trennen Sie Eiweiß und Eigelb. Das Eigelb enthält viel Cholesterin und Fett, deshalb werfen Sie es weg oder benutzen es für Ihre Bio-Haarkur.

➤ **2** Die Tasse mit dem Eiweiß mit einer Untertasse abdecken und in die Mikrowelle stellen, dann 2-mal hintereinander je 1 Minute bei 600 Watt stocken lassen. Zwischendrin Tür aufmachen und Deckel hochheben, damit der Wasserdampf entweichen kann. (Nicht 2 Minuten auf einmal, sonst fliegt es Ihnen um die Ohren.) Tasseninhalt auf die Untertasse stürzen.

➤ **3** Jetzt können Sie das feste Eiweiß in Würfel schneiden und damit nach Geschmack die verschiedensten Gerichte zum Power-Food machen.

Der Vorteil einer Mikrowelle ist, dass Sie keine Pfanne oder irgendein Besteck mit angebratenem Eiweiß reinigen müssen. Alternative zur Mikrowelle: Eiweiß in ein Glas geben und im heißen Wasserbad stocken lassen. Die Eiweißmasse kann man dann ebenfalls in Würfel schneiden.

Rezeptvorschläge

➤ Salat mit *energy*-Ei: Saure Saucen sind besonders delikat zum geschmacksneutralen Eiweiß

➤ *energy*-Ei mit Couscous, Möhren und Currysauce

➤ *energy*-Ei asiatisch: mit Sojasauce, Chinagemüse und Reis

➤ *energy*-Ei Mexiko: mit Bohnen und Chilisauce

➤ Borschtsch mit saurer Sahne und *energy*-Ei-Würfeln

➤ Sandwich mit Salat, Tomaten und *energy*-Ei in Scheiben

➤ Brot mit Frischkäse, *energy*-Ei-Würfeln und Kresse obendrauf.

Energiequelle Vitamine

VITAMIN	TAGESBEDARF (laut DGE)	TAGESBEDARF ENTHALTEN IN	FUNKTION IM KÖRPER	ÜBERDOSIERUNG
A (Retinol) und seine Vorstufe Beta-Carotin	0,8–0,9 mg (w) 1,0–1,1 mg (m) 2–4 mg	80 g Möhren, 110 g Spinat, 100 g Grünkohl, 200 g Kopfsalat, 300 g Mozzarella	Schützt die Augen, regeneriert die Haut, stärkt das Immunsystem	Ab 3 mg pro Tag nur auf Rezept; Vorsicht in der Schwangerschaft!
B_1 (Thiamin)	1,1 mg (w) 1,3 mg (m)	150 g Sojabohnen, 200 g Hühnerbrust, 200 g Naturreis,	Kohlenhydratstoffwechsel, Nervensystem	Erhöhter Bedarf bei intensivem Sport
B_2 (Riboflavin)	1,5 mg (w) 1,7 mg (m)	50 g Rinderleber, 60 g Hefeflocken, 80 g Cornflakes	Beteiligt am gesamten Stoffwechsel	Erhöhter Bedarf bei Alkoholkonsum
B_6 (Pyridoxin)	1,6–1,8 mg (w) 1,8–2,1 mg (m)	100 g Roggenkeime, 45 g Weizenkeime, 1 große Banane	Coenzym im Eiweißstoffwechsel, Nervensystem	Ab 100–300 mg Nervenschäden
B_{12} (Cobalamin)	2 µg	500 ml Milch, 100 g Seelachs, 100 g Rinderfilet, 5 g Leber	Bildung der roten Blutkörperchen, Nervenbahnen	Nicht bekannt
Biotin (früher H)	30–100 µg	2 Eier, 100 g Bierhefe, 100 g Rinderleber, 165 g Sojabohnen	Nerven, Blutbildung, Zellwachstum (Haut, Haare)	Nicht bekannt
C	75–100 mg (w) 75–100 mg (m)	50 g Kiwi, 50 g rohe Paprika , 0,2 l Orangensaft, 60 g Brokkoli, 60 g Rosenkohl	Schützt vor freien Radikalen, verbessert die Eisenaufnahme, stärkt das Immunsystem	Ab 5–40 g Durchfall, Nierensteine, Herzmuskelschäden
D (Calciferol)	5 µg	100 g Thunfisch, 50 g Hering, 50 g Bückling, 150 g Pilze	Kalzium-Stoffwechsel, für Knochen und Zähne	Ab 500 µg Erbrechen und Schwindel
E (Tocopherol)	12 mg	1 EL Weizenkeimöl, 3 EL Sonnenblumenöl, 100 g Erdnüsse	Schützt Zellen vor Zerstörung durch Oxidation	Magen-Darm-Störungen
Folsäure	300 µg (in Deutschland Mangelvitamin)	20 g Bäckerhefe, 50 g Weizenkeime, 70 g Sojabohnen, 250 g Gemüse	Zellstoffwechsel, Erneuerung von Blutzellen, Schutz vor Herzinfarkt	Nicht bekannt
K	60–65 µg (w) 70–80 µg (m)	60 g Sellerie, 120 g Kartoffeln, 100 g Sauerkraut roh	Blutgerinnung, Knochenstoffwechsel	Nicht bekannt
Niacin	15–16 mg (w) 18–20 mg (m)	15 g Erdnüsse, 250 g Erbsen 250 g Lachs, 200 g Heilbutt	Für alle Energie liefernden Stoffwechselprozesse	Hautrötungen, Juckreiz
Pantothensäure	6 mg	100 g Leber, 200 g Steinpilze, 300 g Champignons, 4 Eier	Auf- und Abbau von Fetten, Kohlenhydraten und Eiweiß	Nicht bekannt

Energiequelle Mineralstoffe

MINERAL-STOFF	TAGESBEDARF (laut DGE)	TAGESBEDARF ENTHALTEN IN	FUNKTION IM KÖRPER	ÜBERDOSIERUNG
Kalzium	900–1200 mg	1 l Milch, 300 g Mozzarella, 100 g Hartkäse, 300 g Sojabohnen, 400 g Grünkohl	Aufbau von Knochen und Zähnen, Kontraktion der Muskulatur	Erhöhter Bedarf bei Jugendlichen, nach den Wechseljahren
Magnesium	350 mg	200 g Nüsse, 250 g Haferflocken, 190 g Naturreis	Alle Stoffwechselprozesse, für Muskeln und Nerven	Vorsicht bei niedrigem Puls unter 60
Kalium	2000 mg	500 g Kartoffeln, 500 g Rosenkohl, 250 g Linsen	Reguliert den Wasserhaushalt, für Muskeln und Nerven	Herzrhythmusstörungen
Eisen	15 mg (w) 10 mg (m)	750 g Fleisch, 200 g Hülsenfrüchte, 220 g Haferflocken	Sauerstofftransport, Bildung der roten Blutkörperchen	Selten
Jod	200 µg (Deutschland Mangelgebiet)	48 g Schellfisch, 104 g Scholle, 76 g Seelachs, 166 g Kabeljau	Bildung der Schilddrüsenhormone	Vorsicht bei Schilddrüsenüberfunktion!
Fluor	2 mg (Deutschland Mangelgebiet)	200 g Sojabohnen, 1 kg Kartoffeln, 800 g Spinat	Zahnschmelz, Knochenaufbau	Störungen am Zahnschmelz
Selen	100 µg (Deutschland Mangelgebiet)	15 g Sesam, 20 g Kokosnuss, 70 g Hering, 100 g Paranüsse	Immunsystem, Antioxidans, Bestandteil vieler Enzyme	Ab 400 µg knoblauchartiger Atem
Zink	15 mg	23 g Austern, 75 g Roggenflocken, 280 g Hartkäse	Immunsystem, Antioxidans, Wundheilung	Stört Eisen- und Kupferversorgung
Kupfer	1,5–3 mg	50 g Bierhefe, 50 g Nüsse, 75 g Miesmuscheln, 100 g Austern, 100 g Weizenkeime	Funktion des Bindegewebes, schützt vor erhöhtem Cholesterinspiegel	Selten
Mangan	2–5 mg	50 g Haferflocken, 150 g Hülsenfrüchte, 100 g Sojabohnen	Aktiviert Enzyme, wichtig für Knochen und Bindegewebe	Nicht bekannt
Molybdän	75–250 µg	250 g Getreide, 75 g Hülsenfrüchte, 350 g Kartoffeln	Aktiviert Enzyme	Nicht bekannt
Chrom	50–200 µg	80 g Weizenkeime, 200 g Vollkornbrot, 400 g Gemüse, 500 g Bohnen	Schützt möglicherweise vor Insulinresistenz und damit vor Altersdiabetes	Selten

Viel trinken macht schön und hält den Kopf fit. Trinken Sie vor allem Mineralwasser, verdünnte Fruchtsäfte und Früchtetees.

Vitamine und Mineralstoffe – das ABC des Lebens

Vitamine und Mineralstoffe sind an allen Stoffwechselreaktionen des Körpers beteiligt, ihnen verdanken wir, dass aus den Nährstoffen Eiweiß, Fett und Kohlenhydraten überhaupt Energie werden kann. Die meisten Vitamine und alle Mineralstoffe sind essenziell, das heißt, wir müssen sie mit der Nahrung aufnehmen. Wie viel Sie wovon brauchen, steht in der Tabelle auf Seite 76 und 77. Paradoxerweise gibt es bei uns zwar alle Lebensmittel im Überfluss, trotzdem leiden viele Menschen unter Vitaminmangel. Überprüfen Sie, ob Ihre Ernährung genügend Vitalstoffe bietet oder ob Sie als Ergänzung auf ein gutes Vitamin- und Mineralstoffpräparat zurückgreifen sollten.

Lebenselixier Wasser

Wasser ist das einfachste Fitnessmittel überhaupt! Ein Wunder, dass es von vielen Menschen so vernachlässigt wird: Flüssigkeitsmangel ist der häufigste Ernährungsfehler in der Bevölkerung.

Schiefe Flüssigkeitsbilanz

Durchschnittlich trinkt jeder Deutsche im Jahr 160 Liter Bohnenkaffee und 102 Liter Mineralwasser. Ist doch in Ordnung, werden Sie vielleicht denken. Aber der Kaffee hat – wie alle koffeinhaltigen und alkoholischen Getränke – einen Haken: Er regt die Nierenfunktion an. Die Niere scheidet unter dem Einfluss von Alkohol und Koffein vermehrt Flüssigkeit aus. Daher der Nachdurst am Morgen nach einer heftigen Party.
Von den zwei Tassen Kaffee zum Frühstück bleibt leider nichts im Körper. Dabei ist gerade morgens das Trinken so wichtig. In der Nacht sind über die Atmung und den Schweiß bis zu 2 Liter Flüssigkeit verloren gegangen. Deshalb freuen Sie sich morgens auf der Waage über Ihr geringeres Gewicht. Doch diese 2 Liter sollten schnell wieder dazukommen, denn Flüssigkeitsmangel rächt sich.

Wassermangel macht träge

Unser Körper besteht zu 60 bis 70 % aus Wasser. Bereits ein Wasserverlust von 2 % (1 bis 1,5 Liter) führt bei Sportlern zu einer Leistungseinbuße von 20 % (den Wettkampf können Sie vergessen). Auch bei normalen Kopfarbeitern ist das nicht anders:

- das Kurzzeitgedächtnis nimmt ab
- das Lernen wird erschwert
- das Durchhaltevermögen bei geistigen Aufgaben sinkt
- der Überblick geht verloren
- Unbehagen, Ungeduld und Müdigkeit stellen sich ein.

Ein Großteil des Wassers im Körper fließt in den Blutgefäßen, dem Wasserspeicher des Organismus, aus dem sich die Gewebe bei Bedarf bedienen. Bei geringer Flüssigkeitszufuhr wird das Blut eingedickt: Aus einer flüssigen, leichten Tomatensuppe wird dicker, zäher Ketchup. Und der quält sich mühsam durch die haarfeinen Blutgefäße. Die Versorgung mit Nährstoffen, Sauerstoff und der Abtransport verbrauchter Stoffe sind reduziert; das macht träge, verdirbt die Laune und schwächt die Konzentration.
Sobald es draußen warm wird, geben 2 Millionen Schweißdrüsen 100 Milliliter Wasser pro Stunde ab, bei einer Wanderung etwa 700 Milliliter, bei intensivem Sport 1 bis 1,5 Liter in der Stunde. Also nichts wie ran an die Flaschen, und zwar, bevor sich der Durst meldet. Denn der springt erst an, wenn bereits ein Defizit von 1 Liter entstanden ist!

energy-Test

Trinken Sie über den Durst!

Art der Flüssigkeit	Menge bitte eintragen
1 Neutrale Getränke: Milch, Wasser, Säfte, Apfelschorle, Soft-Drinks ohne Koffein, Früchte- und Kräutertees	.... ml
2 In der festen Nahrung ist auch Flüssigkeit enthalten, und im Körper wird Wasser gebildet. Sie dürfen 1000 ml dazurechnen.	1000 ml
3 Essen Sie viel Obst und Gemüse? Wenn es 3 oder mehr Portionen am Tag sind, dürfen Sie noch einmal 500 ml dazurechnen. Essen Sie weniger, dann nichts!	.... ml
4 Kaffee, schwarzer oder grüner Tee, Mate, Cola, koffeinhaltige Soft-Drinks, alkoholische Getränke (auch Bier)	.... ml
5 Bilden Sie die Zwischensumme: 2500 ml sollten es täglich mindestens sein. Zufrieden?	.... ml
6 Jetzt kommt der Lerneffekt: Leider müssen Sie die Menge, die Sie unter Nummer 4 eingetragen haben, wieder abziehen! Denn koffein- und alkoholhaltige Getränke entziehen dem Körper Flüssigkeit, sie zählen nicht. Pech! Jetzt haben Sie das tatsächliche Ergebnis: **Netto-Flüssigkeitsaufnahme**	.... ml

Kleine Hilfe zur Bestimmung der Flüssigkeitsmengen:
1 Liter = 1000 ml, Kaffeetasse ca. 150 ml, Kaffeebecher ca. 200 ml
Suppenteller ca. 200 ml, kleines Wasserglas ca. 150 ml
großes Wasserglas ca. 200 ml, Weinglas 200 ml, Schoppen 250 ml
Bier: Kölsch/Alt 200 ml, Pils 300 ml, Halbe 500 ml, Maß 1000 ml

(Auswertung auf Seite 80)

➤ *Auswertung des energy-Tests*

♦ **2500 ml:** Mit dieser Netto-Flüssigkeitsaufnahme liegen Sie genau richtig. Bei normalen Temperaturen und ohne sportliche Tätigkeit wird diese Menge pro Tag empfohlen.

♦ **Über 2500 ml:** Prima! Flüssigkeit ist das einfachste, beste und billigste Fitnessmittel. Das Blut bleibt flüssig und kann alle Organsysteme gut versorgen, Konzentration, Frische und Leistungsfähigkeit sind optimal! Ernähren Sie sich mineralstoffreich und halten Sie Ihre Muskeln fit, dann kann die Flüssigkeit im Körper gut gespeichert werden.

♦ **Unter 2500 ml:** Wie ein Kamel in der Wüste! Unser Körper kann sich zwar auf eine zu geringe Flüssigkeitzufuhr einstellen. Aber wer zu wenig trinkt, riskiert Kreislaufschwäche, Leistungsknick und schlechte Laune. Wer noch dazu nach dem Motto: »Wenig trinken heißt wenig wiegen« an Flüssigkeit spart, lügt sich selbst in die Tasche und riskiert sogar Nierensteine.
Es gibt wirklich etwas Besseres und Gesünderes – also her mit dem Wasser! Faustregel: Mindestens 8 Gläser (je 200 ml) über den Tag verteilt trinken. Zu Beginn werden Sie häufiger zur Toilette müssen, nehmen Sie es als willkommene Bewegungspausen gelassen hin. Ein Tipp: Stellen Sie sich immer eine Flasche Wasser vor die Nase, damit Sie das Trinken nicht vergessen!

Was wann trinken?

Der Tagesbedarf liegt unter normalen Bedingungen wie gesagt bei 2,5 bis 3 Liter Flüssigkeit über den Tag verteilt.

➤ Mit der Nahrung nehmen wir auch Flüssigkeit auf, beispielsweise mit Obst und Gemüse: 3 Stück frisches Obst bringen es auf bis zu 500 Milliliter!

➤ An Getränken eignet sich alles ohne Koffein, Alkohol und Zucker. Mate-Tee, grüner und schwarzer Tee enthalten leider auch Koffein, können also nicht mitgezählt werden.

➤ Sportler schwören auf Apfelsaftschorle: mineralstoffreich und mit etwas Fruchtzucker für den schnellen Energieausgleich.

➤ Niemand will Ihnen den Spaß verderben: Natürlich dürfen Sie Kaffee, Tee, auch Cola, Bier und Wein in angemessenen Mengen trinken. Nur vorher und nachher oder wann immer Sie möchten sollten Sie genug Wasser dazu trinken. In südlichen Ländern bekommen Sie automatisch zum Kaffee ein Glas Wasser – jetzt wissen Sie, warum. Aus dem gleichen Grund steht am Abend zum Wein eine Karaffe Wasser auf dem Tisch.

➤ Ob Sie nun stilles oder kohlensäurehaltiges Mineralwasser, einfaches oder mit dem Streamer aufgesprudeltes Leitungswasser trinken, ist Geschmackssache. Mineralwässer haben den Vorteil, dass Sie Ihnen zusätzlich die Mineralstoffe Kalium, Kalzium, Magnesium, Fluorid und Natrium liefern. Nicht gerade in großen Mengen, doch immerhin mehr als Leitungswasser.

energy-Info

Natrium oder nicht?

Natriumchlorid (Kochsalz) ist in vielen Mineralwässern in recht großen Mengen enthalten. Bei natriumempfindlichen Menschen steigert es den Blutdruck und belastet ein schon schwaches Herz.

Ganz anders jedoch Natriumbicarbonat (z.B. in Sportlerdrinks): Es senkt erhöhten Blutdruck! Dem Sportler hilft es, den pH-Wert des Blutes im Training und Wettkampf konstant zu halten.

Brain-Food für Denker

Stellen Sie sich vor: Konzentration kann man essen! Während Sie diese Zeilen mit plötzlich erwachtem Interesse und erhöhter Aufmerksamkeit lesen, steigern diejenigen Nervenzellen, die bei Ihnen für Konzentration und Gedächtnisleistung zuständig sind, den Output eines Botenstoffes namens Acetylcholin.

Wach mit Lezithin

Für Acetylcholin benötigen Sie große Mengen an Cholin, einem Bestandteil des Lezithins. Und je mehr Sie davon im Blut haben, desto besser können die Gehirnzellen ihre Leistung ankurbeln.
Lezithin ist in so großen Mengen im Eigelb enthalten, dass es sogar seinen Namen daher bezog: »Lekithos« kommt aus dem Griechischen und heißt Dotter. Die klassische lezithinreiche Mahlzeit ist daher: Leber mit zwei Spiegeleiern. Auch das Öl der Sojabohne enthält große Mengen an Lezithin, ebenso Rapssamen und Sonnenblumenkerne.
Lezithin als Kapseln oder Tabletten gibt's im Reformhaus oder in der Apotheke: praktisch, fettarm und hilfreich. Empfohlene Dosis: 1 bis 5 Gramm Lezithin pro Tag.

Mit Magnesium die Ruhe selbst

Fehlt dem Körper Magnesium, merkt man sofort, dass der »Stoßdämpfer des Nervensystems« ausgefallen ist: Nervosität und Konzentrationsschwäche, Herzklopfen, Muskelkrämpfe, hochschießender Blutdruck und Migräne sind die Folgen.
Zugegeben, für Nerven wie Drahtseile reicht Magnesium allein nicht aus. Doch mindestens 300 Milligramm pro Tag sind in normalen Zeiten ein Muss, unter Turbo-Power das Doppelte! Wer daneben noch sportlich aktiv ist und viel schwitzt, trinkt und ausscheidet, hat schnell zu wenig.

Die optimale leichte Mahlzeit: mageres Fleisch, Vollkornbrot, Salat und ein Glas Apfelschorle.

Magnesium nicht zusammen mit Kalzium einnehmen: Die Mineralien verbinden sich zu unlöslichen Komplexen und werden ungenutzt ausgeschieden. Überdosierung kommt nur bei Menschen mit Nierenstörungen vor, die kein Magnesium ausscheiden können.

Schneller denken durch richtiges Essen

Botenstoffe wie Serotonin, Adrenalin und Noradrenalin halten Sie während eines langen Arbeitstages wach und gut gelaunt. Versorgen Sie sich deshalb regelmäßig mit den richtigen Bausteinen. Vier bis fünf leichte Mahlzeiten sind besser als zwei große unter Heißhunger heruntergeschlungene und dann meist auch zu fette Mahlzeiten.
Optimal für Ihr Gehirn ist eine Kombination aus fettarmem Eiweiß, komplexen Kohlenhydraten, einem kleinen Schuss Pflanzenöl und einer ordentlichen Menge an Vitaminen – ein ganz normales kleines Essen also mit ein wenig Fleisch oder Fisch, vollwertigen Beilagen und Salat. Dazu noch viel Wasser und vielleicht einen Kaffee mit einem winzig kleinen Zucker-Starter. Dann läuft alles wieder wie von selbst!

Gönnen Sie sich nach jeder Hochleistungsphase eine entsprechend lange und gründliche Erholung. Ihr Körper wird es Ihnen danken.

DIE POWER-SYSTEME DES KÖRPERS PFLEGEN

Eigentlich ist es gar nicht viel, was man wissen muss, um den Körper sachgerecht zu behandeln. Denn er hat am liebsten alles ganz normal – im Gleichgewicht. Extreme kann er vorübergehend ausgleichen, doch nicht auf die Dauer.

Normal fit ist mehr als genug

Leider sind alle unsere Körpersysteme einem gewissen Verschleiß ausgesetzt – dem Altern. Sie können sich nicht mehr ganz so schnell von ihren Aufgaben erholen, werden einfach träger und schwächer. Die Muskulatur verliert an Masse, die Knochenfestigkeit schwindet unmerklich, die Hormondrüsen stellen schleichend ihre Produktion ein – alles lässt mit der Zeit nach.
Doch viele Zeitgenossen geben sich schon in jungen Jahren mit einem viel zu niedrigen Funktionsniveau zufrieden, weil sie die Forderungen ihres Körpers schlichtweg ignorieren. Für die meisten, die daran etwas ändern wollen, gilt: erst einmal den Energie-Level herstellen, der für sie eigentlich normal wäre. Viele Menschen, die in meine Seminare kommen, wollen von einem Leistungsstand von minus 50 sofort auf einen Stand von plus 100 kommen. Dabei wäre ihnen mit Normalnull schon mehr als geholfen!

Wartung und Pflege

Nutzen Sie die kostenlos angebotenen Vorsorgeuntersuchungen für Ihre Altersgruppe und gehen Sie ab 35 regelmäßig zu den Check-ups beim Hausarzt.
Es ist sinnvoll, wenn Sie sich vor einem Arzttermin schon mal überlegen, was Ihnen in letzter Zeit an sich selbst aufgefallen ist oder

was Sie immer schon mal fragen wollten. Im Eifer (und vor allem im Zeitdruck) des Arztgespräches wird schnell einiges vergessen. Als Gedächtnisstütze dient die nebenstehende Zusammenstellung.

Das Nervensystem

Das Nervensystem ist im Gleichgewicht, wenn sich Energiefreisetzung und Energieaufnahme regelmäßig abwechseln. Dann befinden Sie sich im Normal-Stress-Muster – wohlgemerkt in dem Bereich, in dem alles wunderbar läuft. Denn die Stressreaktion ist das Programm des Nervensystems, das genau die Menge an Energie freisetzt, die Sie für eine Herausforderung brauchen. Und danach sorgt es dafür, dass Sie hungrig und müde werden, damit Sie die Verluste ausgleichen und sich erholen können.

Auf Hochleistung folgt Erholung – oder?

Alle Organsysteme bekommen die notwendigen Informationen geliefert: per Kabel über die Nervenfasern und per Funk über die Stresshormone. Die Hormone Adrenalin und Noradrenalin machen Körper und Seele wach, agil, leistungsfähig. Cortisol macht die Brennöfchen in der Muskulatur fit, damit Sie genug Energie bekommen.

Im Wechselspiel von Sympathikus und Parasympathikus (Seite 20), von Leistung und Erholung, erledigt Ihr Nervensystem das ganz von selbst. Ihre Stressreaktion steuert Sie für eine ganze Weile in den Hochleistungsbereich. Das ist genau das, was Sie brauchen: maximale Power, Konzentration, Motivation und ein Lächeln auf den Lippen.

Danach sollte eine entsprechend lange und gründliche Erholung folgen. Und das ist sehr oft der wunde Punkt! Alles rausholen aus dem Körper – ja. Aber nichts dafür geben. Keine Pausen, kein Sport, keine Entspan-

Checkliste

Was ist wichtig beim ärztlichen Check-up?

Darüber sprechen Sie mit dem Arzt

Gewicht, Schlaf, Schnarchen, Verdauung, Wasserlassen, Husten, Erkältungen, Sexualität, Unverträglichkeiten und Allergien, Alkohol, Nikotin, Leistungsfähigkeit, Stimmung, Beweglichkeit, Schmerzen, Medikamenteneinnahme.

Das untersucht der Arzt

Mund und Rachen, Herz und Lunge, Blutdruck und Puls, Leber und Bauchorgane, Lymphknoten (Hals, Achseln, Leiste), Schwellungen an Unterschenkeln oder Knöcheln, Krampfadern, Ruhe-EKG.
Bei Bedarf: Belastungs-EKG, Ultraschall (Oberbauch, Schilddrüse, Herz, Blutgefäße), Röntgen (Brustkorb), Lungenfunktion.

Laboruntersuchungen

Blutsenkung, Blutzucker, Blutfette, Harnsäure, Urin
Bei Bedarf: Blutgerinnung, Blutbild (Zellen), Eiweiße und Antikörper, Mineralstoffe, Leberwerte, Bauchspeicheldrüsenenzyme, Nierenfunktionswerte, Schilddrüsenwerte, Rheumafaktoren, Hormonstatus.

Vorsorgeuntersuchungen

- Zähne 1- bis 2-mal jährlich
- Augen (Sehtest, Dämmerungssehen, Augeninnendruck, Augenhintergrund)
- Prostata bei Männern ab 45 (Tastuntersuchung, Ultraschall)
- Gebärmutter und Brust bei Frauen ab 35
- Haut (Veränderungen an Pigmentflecken)
- Stuhluntersuchung (Hämoccult-Testbriefchen) jährlich.

nung, kein Kraftfutter. Eine Weile geht das gut, das System ist sehr anpassungsfähig. Doch dann kommt irgendwann der Absturz.

Die häufigsten Störungen des Nervensystems

Stress ist prima, solange der Organismus seine eigene Turbo-Power aushalten und nutzen kann. Doch zu viel ist zu viel: Zu viel Adrenalin macht ängstlich und verspannt, zu viel Noradrenalin schürt Ärger und Feindseligkeit, hohe Cortisolspiegel machen auf Dauer depressiv und vergesslich.
Das Ergebnis: Nervosität, Konzentrationsstörungen, Stimmungsschwankungen, Leistungseinbruch, Schlafstörungen, Erschöpfung, psychische Störungen.

Risikofaktoren

- Zu hohe Stressbelastung: Die Anforderungen sind unmenschlich hoch oder unmenschlich lang oder können einfach nicht zum Erfolg führen (z.B. bei unlösbaren Konflikten)
- Zu schwache Widerstandskräfte durch fehlendes Body-Tuning: Körper, Gefühle und Gedanken geben zu wenig Energie
- Schlechtes Stressmanagement: zu wenig Selbstdisziplin, zu viel Unordnung, mangelndes Wissen.

Das tut dem Nervensystem gut

- Regelmäßige, auch kleine, Pausen (Tipps im Notfallkoffer, Seite 152)
- Ausreichend Schlaf und Entspannung
- Ausreichend Vitalstoffe, die regulierend wirken: Magnesium, Vitamin-B-Komplex
- Die richtigen Power-Stoffe zur richtigen Zeit: Eiweiß, langsame Kohlenhydrate und wenige, aber gute Fette (Seite 67)
- Gute Selbstorganisation (Seite 122)
- Erfolgserlebnisse und positive menschliche Begegnungen (Seite 171).

Das Immunsystem

Das Immunsystem ist ein Allround-Genie: Es funktioniert gleichzeitig als Schutztruppe und Fernmeldeteam. Seine Aufgaben: Abwehr von eingedrungenen Fremdlebewesen, Abfangen von fehlerhaften und zerstörten Zellen (Krebszellen, funktionsgestörte, infizierte oder verletzte Zellen) und Weiterleitung von Informationen. Dabei arbeitet das Immunsystem sehr eng mit dem Nerven-

energy-Tipp

Erkältung? Nein danke!

Sie haben gerade geniest? Es kribbelt in der Nase, und morgen wird es Ihnen wahrscheinlich im Hals kratzen? Sofort handeln! Keine Ausreden!

- Nasendusche: Gefäß mit lauwarmem Wasser füllen, 1 Messerspitze Kochsalz dazu (gibt es in der Apotheke)
- Vitamin C: 1 g über den Tag verteilt
- Ingwertee: 1 EL frischen geriebenen Ingwer in 300 ml Wasser aufkochen, abgießen, auf Trinktemperatur abkühlen, 1 TL Honig zum Süßen, 1–2 Tassen trinken
- Zink: 2-mal täglich 2 Tabletten = 40 mg (keine Brausetabletten, erzeugen Metallgeschmack und Übelkeit)
- 1 Aspirin-plus-C-Brause trinken (Achtung, nur wenn Sie kein Asthma und einen stabilen Magen haben!)
- Früh ins Bett, Comedy-Show ansehen, lustiges Buch lesen, mit witzigen Leuten telefonieren
- Am nächsten Morgen ist alles vorbei (wenn Sie nicht zu lange gewartet haben)
- Bei Bedarf wiederholen

system zusammen. Unter der Sympathikus-(Power-)Steuerung bekommt es die Anweisung, sofort einen Spähtrupp auszusenden, der feindliche Elemente kurzerhand erledigt: die schnelle Immunstimulation.
Bei länger dauerndem Gefecht müssen sich jedoch alle Truppen in ihre Lymphknoten zurückziehen. Es ist zu gefährlich draußen, das Stresshormon Cortisol scheucht sie davon: Der Körper ist infektanfällig.
Ist das Immunsystem anschließend mit einer heftigen Abwehrschlacht beschäftigt, wie bei einer ordentlichen Grippe, produziert es Botenstoffe, die im Gehirn das Selbstbewusstsein in die Knie zwingen und nur noch einen Wunsch erzeugen: Ab ins Bett!

Die häufigsten Störungen des Immunsystems

Infektionsanfälligkeit, Allergien, Unverträglichkeitsreaktionen (z.B. bei bestimmten Nahrungsmitteln).

Risikofaktoren

➤ Zu viel Stress
➤ Zu intensives sportliches Training
➤ Erbliche Veranlagung für bestimmte Erkrankungen, die dann unter Stressbelastung ausbrechen oder sich verschlimmern: Rheuma, Neurodermitis, Schuppenflechte, Asthma.

Das stärkt das Immunsystem

➤ Regelmäßiger leichter Ausdauersport: Er produziert immer einen leichten Schaden an den Geweben und ruft damit die Immunzellen zur Arbeit. Ist das Training richtig dosiert, haben die Immunzellen genug Kapazitäten frei, um auch Bakterien, Viren und Krebszellen mit einzusammeln. Bei sportlicher Überdosierung sind die Immunzellen überfordert, es bleibt viel an eingedrungenen Erregern liegen, die Infektanfälligkeit steigt.

Spaziergänge können bei jedem Wetter Spaß machen – und sie trainieren das Immunsystem.

➤ Abhärtung: durch Wechselduschen, Sauna und Spaziergänge bei jedem Wetter. Das trainiert die Thermoregulation des Körpers, und gleichmäßige Temperatur heißt gute Immunabwehr.
➤ Vitamin- und mineralstoffreiche Ernährung: besonders Vitamin C (maximal 1 g über den Tag verteilt), Zink (20–50 mg pro Tag), Selen (100 µg pro Tag). Immunzellen brauchen diese Stoffe, um gut arbeiten zu können (Seite 76).
➤ Wenig Fett: Fett im Blut behindert die Arbeit der Immunzellen.
➤ Sonnenhutpräparate (Echinacea) bei Infektionsgefahr: Sie stimulieren das Immunsystem. (Achtung, nicht für Allergiker!)
➤ Positive Erlebnisse und Lachen: 10 Minuten herzhaftes Lachen erhöht die Zahl der Antikörper im Nasen- und Rachensekret. Sie bilden die Abwehr an den Eintrittspforten für Erkältungsviren.
➤ Gutes Stressmanagement: Das reduziert den Cortisolspiegel im Blut; Cortisol ist der stärkste Feind der Immunabwehr.

Hormone für Jugend und Dynamik

HORMONE	FUNKTION IM KÖRPER	STÖRUNG	STRESSEINFLÜSSE
Melatonin	Steuert den Schlaf-Wach-Rhythmus	Abnahme im Alter führt zu Schlafstörungen	Zu viel Stress vermindert vermutlich die Melatonin-ausschüttung
Wachstums-hormon (auch: STH)	Hormon der »Jugendlichkeit«: fördert die Muskelbildung, die Immunfunktionen, regeneriert die Gewebe, verbessert Stimmung, Hautbild und Knochendichte, reduziert Fettgewebe; wird besonders im Tiefschlaf, im Hungerzustand und beim Sport freigesetzt	Konzentration nimmt ab 30 Jahren langsam ab; Verminderung auch durch Schlafmangel	Ausschüttung wird durch Stress leicht stimuliert
Adrenalin	Das Power-Hormon bei Stress: setzt Energielieferanten frei, steigert Puls und Blutdruck, kurzfristig verbessert sich die Immunantwort	Power- und Brain-Food (Kaffee, Tee, Schokolade, Bananen) erzeugen hohe Adrenalinspiegel, ebenso Unterzuckerung und Alkoholgenuss. Nachteil: Jetzt reagiert man leicht nervös, unkonzentriert und macht Fehler!	Stress verbunden mit Angst setzt viel Adrenalin frei, bei Männern stärker als bei Frauen. Folgen: Unruhe, Nervosität, Unkonzentriertheit und Schlafstörungen
Noradrenalin	Sobald ein Stressreiz das Gehirn erreicht, wird Noradrenalin freigesetzt: Alle Organe, die für »Kampf und Flucht« gebraucht werden, arbeiten auf Hochtouren		Bei Stress verbunden mit Ärger wird besonders viel Noradrenalin freigesetzt. Folge: schlechte Stimmung und Gereiztheit
Cortisol	Unterstützt die Stresshormone bei der Bereitstellung von Energie, hemmt die Entzündungsreaktion des Immunsystems		Bei Dauerstress: Überproduktion; Folgen: macht infektionsanfällig, schwächt die Knochensubstanz, fördert Depression, stört Gedächtnis und Kreativität
DHEA (Dehydroepi-androsteron)	Vorläufersubstanz der Geschlechtshormone; wird als Anti-Aging-Medikament verschrieben; wirkt besonders gut bei Frauen, steigert Wohlbefinden, Leistungsfähigkeit und Libido; bei Männern nur schwache Effekte	Abnahme im Alter	Unter Dauerstress wird DHEA vermutlich reduziert

HORMONE	FUNKTION IM KÖRPER	STÖRUNG	STRESSEINFLÜSSE
Östrogen beim Mann	Das Fettgewebe bildet aus dem männlichen Testosteron das Östrogen; schützt vor Herzinfarkt und Osteoporose und stabilisiert die Stimmung	Männer mit Übergewicht und/ oder hohem Alkoholkonsum bilden mehr Östrogen, als sie brauchen; Folge: weibliche Körperformen und Libidoverlust	
Östrogen bei der Frau	Verantwortlich für die weiblichen Funktionen des Körpers, dämpft die Ausschüttung von Stresshormonen bei seelischem Stress	Östrogenmangel führt zu den typischen Wechseljahresbeschwerden	Dauerstress und Magersucht drosseln die Östrogenproduktion
Gestagen	Bereitet die Gebärmutter auf die Einnistung des Embryos vor; entwässert das Bindegewebe und erhöht die Spannkraft der Venen	Gestagenmangel führt zu Zyklusstörungen und PMS	Dauerstress reduziert den Gestagenspiegel
Testosteron	Das »Siegerhormon«: erzeugt im Gehirn Antrieb, Motivation und Konzentration; verantwortlich für männliche Geschlechtsmerkmale, Libido und Muskelbildung; auch Frauen brauchen einen gewissen Testosteronspiegel	Dauerstress und zu viel Sport strafen mit Mattigkeit, Libidoverlust und Leistungsknick; denselben Effekt haben Übergewicht, Alkoholmissbrauch – und manchmal auch das Älterwerden	Testosteronspiegel schnellt in die Höhe bei kurzfristigem Stress, moderatem Ausdauersport, Sex und Erfolgserlebnissen nach körperlicher und seelischer Anstrengung

Das Hormonsystem

Ohne Hormone läuft in unserem Körper überhaupt nichts. Sie regulieren alle wichtigen Vorgänge (Sexualität und Psyche, Stoffwechsel, Wachstum und Schlaf, Stress und Regeneration) und bestimmen damit den Energie-Level. Sie stimmen Organfunktionen aufeinander ab und passen sie den augenblicklichen Bedürfnissen des Systems an. Leider werden besonders die Hormone für die schönsten Dinge im Leben bei zu viel Stress heruntergeregelt. Und auch das Alter setzt ihnen zuweilen zu.

Veränderungen des Hormonspiegels

Bei Frauen wie bei Männern nimmt die Produktion der Geschlechtshormone, des Melatonins und des DHEA unter Dauerstress merklich ab. Sie fühlen sich dann weniger leistungsfähig, haben keinen Antrieb mehr, schlechte Stimmung, schlafen nicht gut und haben nicht mehr viel Lust auf Liebe.
Über altersbedingte Veränderungen schafft ein Hormonstatus beim Spezialisten (Endokrinologen) Klarheit. Die fehlende Hormonmenge kann ergänzt werden, genauso wie bei fehlendem Insulin oder Schilddrüsenhormon. Wenn keine medizinischen Bedenken bestehen, versteht sich.

Was hält die Hormone im Gleichgewicht?

Die Antwort ist kurz: Gesund leben! Denn alles, was den Körper aus dem Gleichgewicht bringt, irritiert auch den Hormonhaushalt. Dazu ausreichend Eiweiß und Vitalstoffe essen, damit genügend Grundbausteine für die Hormonproduktion vorhanden sind.

Das Herz-Kreislauf-System

Unser Herz-Kreislauf-System ist der Haupt-Transportweg im Körper. Angetrieben von einem nie ruhenden Herzmuskel, versorgt es alle Organe mit Nährstoffen und Sauerstoff.

Die häufigsten Störungen

Arteriosklerose

Die Gefäße müssen alles transportieren, was dem Blutstrom zugesetzt wird, und haben keine Chance, sich zu wehren. Hoher Blutdruck verletzt ihre Innenwände, macht sie rau und anfällig für eine Menge »Unrat«, der im Blut herumschwimmt: Ranzig gewordene Cholesterinteilchen, Fettsäuren, ein paar Zuckerstückchen, kontaktfreudige Blutplättchen und Immunzellen geben sich an einer verletzten Stelle gerne ein Stelldichein. Und wo schon einige sind, kommen gerne ein paar mehr dazu. Bis das Blutgefäß eng und steif geworden ist – verkalkt! Jetzt schießt das Blut mit noch höherem Druck durch den engen Abschnitt, neue Gefahrenstellen entstehen!

Ausdauersportarten sind die beste Vorbeugung gegen alle Herz-Kreislauf-Erkrankungen.

Koronare Herzkrankheit (KHK)

Verengte Arterien am Herzen verhindern, dass der Herzmuskel mit ausreichend Blut versorgt wird. Wann immer er besonders gefordert ist – bei körperlicher Anstrengung oder Aufregung –, schmerzt das Herz infolge von Sauerstoffmangel. Die Schmerzen können sich brennend, stechend und ziehend bemerkbar machen und mit einem Engegefühl verbunden sein. Manchmal strahlen sie auch in den Arm, die Magengegend, den Unterkiefer oder den Rücken aus.
Achtung! Bei Frauen sehen die Beschwerden oft anders aus: Sie haben Atemnot, Erschöpfung, Schmerzen, die in den Oberbauch ausstrahlen, Übelkeit und Erbrechen. Die KHK wird deshalb häufig bei ihnen übersehen!

Herzinfarkt, Hirninfarkt

Eines Tages reißt so eine verkalkte Stelle ein, und der ganze Schamott verstopft die Bahn. Der Blutfluss steht. Eifrige Blutplättchen bilden lebensbedrohende Gerinnsel: Ein Infarkt hat sich gebildet. Im Herzen oder – noch schlimmer – im Gehirn.

Sie können etwas dagegen tun

Wenn Sie eine erbliche Belastung in Ihren Genen haben, seien Sie froh, dass Sie es wissen. Denn die gute Nachricht heißt: Gegen alle Risikofaktoren kann man etwas tun – wenn man sie kennt!

Der Blutdruck

Hoher Blutdruck ist weit verbreitet. Das Tückische: Außer wenn er sich in kritischer Höhe befindet (ab 190/110 mmHg), bemerkt man ihn meistens nicht! Hoher Blutdruck ist gefährlich, denn er schädigt Blutgefäße und Nieren, Schlaganfall und Herzinfarkt drohen. Im jüngeren und mittleren Alter ist ein Wert von 130/85 mmHg ideal. Ältere Menschen dürfen 140/90 mmHg haben. Wer dau-

erhaft etwas darüber liegt, hat bereits Hochdruck und muss zum Arzt! Ab 160/95 mmHg ist eine Hochdrucktherapie nötig.
Der Arzt verschreibt zunächst Medikamente, die auch bei gebesserten Werten niemals selbstständig abgesetzt werden dürfen! Die weitere Therapie unter medikamentösem Schutz: Stress reduzieren, Übergewicht abbauen, salzarm essen und sich regelmäßig bewegen. Ausdauersport ist besser als Kraftsport, bei dem es durch falsche Atmung (Pressatmung) leicht zu Blutdruckspitzen kommen kann.

Die Blutfette

➤ Das Gesamtcholesterin besteht aus zwei Werten, dem Schutzfaktor HDL und dem schädlichen Anteil LDL. Ein erhöhtes Gesamtcholesterin im Blut (Werte von über 200 mg/dl) muss immer genau unter die Lupe genommen, und die Einzelwerte von HDL und LDL bestimmt werden.
➤ HDL ist der berühmte Schutzfaktor gegen den Herzinfarkt. Denn HDL fördert den Abbau des schädlichen Cholesterins in der Leber. Ein HDL-Wert von 35–45 mg/dl bei Männern ist ideal, bei Frauen sollte er über 45 mg/dl liegen. Regelmäßiger, aber mäßiger Ausdauersport ist die beste Methode, sich mit ausreichend HDL zu versorgen!
➤ Das LDL ist deshalb ungünstig, weil es sich besonders gerne in den Gefäßen ablagert. Ein LDL-Anteil im Blut bis zu 165 mg/dl ist normal, ideal wären nur 100 mg/dl.
➤ Der Quotient LDL/HDL ist das Zünglein an der Waage zur Beurteilung der Blutfettwerte. Idealerweise liegt er unter 3,5.
➤ Was tun bei erhöhten Blutfetten? Meiden Sie cholesterinreiche Lebensmittel wie Innereien, Butter, Butterschmalz, fette Wurst. Stattdessen Fisch, Olivenöl, Ballaststoffe essen. Zusätzlich leichten, aber regelmäßigen Ausdauersport treiben.
➤ Erhöhte Triglyceride (Neutralfette) im Blut kann man sich anfuttern und vor allem antrinken. Alkohol und Süßigkeiten lassen diesen Wert in die Höhe schnellen. Hohe Triglyceridwerte fördern Ablagerungen in den Gefäßen. Bis zu 200 mg/dl sind normal, idealerweise liegt man bei 150 mg/dl.

Der Blutzucker

Ein zu hoher Blutzuckerspiegel fördert ebenfalls die Ablagerungen in den Gefäßen. Bei Diabetes ist das ein zusätzlicher Risikofaktor. Bis 110 mg/dl nüchtern sind normal, über 125 mg/dl liegt Zuckerkrankheit vor.

Die Blutgerinnung

Bei Verletzungen ist die Blutgerinnung eine nützliche Sache: Sie verschließt Wunden und schützt so vor Blutverlust und Infektionen. Doch eine verstärkte Blutgerinnung (normal: Fibrinogen 1,5–4,0 g/l) kann gefährlich werden. In einem durch Ablagerungen verengten Blutgefäß kann sie schnell zum Verschluss führen. Intensive, kurze körperliche Belastungen steigern die Blutgerinnung, regelmäßiger Ausdauersport jedoch senkt sie. Eine besonders gefährliche Kombination sind Rauchen und »die Pille«. Frauen, die dazu noch ein stressiges Leben führen, sind dadurch herzinfarktgefährdet.

Der Homocysteinwert – ein neu entdeckter Risikofaktor

Homocystein ist ein notwendiger Eiweißbaustein (normal: 5–15 mmol/l). Doch zu viel davon schädigt die Innenwand der Blutgefäße, aktiviert die Blutgerinnung und veranlasst das LDL, sich verstärkt abzulagern. Ein erhöhter Homocysteinwert hat eine schlichte Ursache: Mangel an Vitamin B_6, B_{12} und Folsäure. Deshalb gibt es eine sehr einfache Therapie: Vitamintabletten einnehmen und vitaminreich essen (Seite 76).

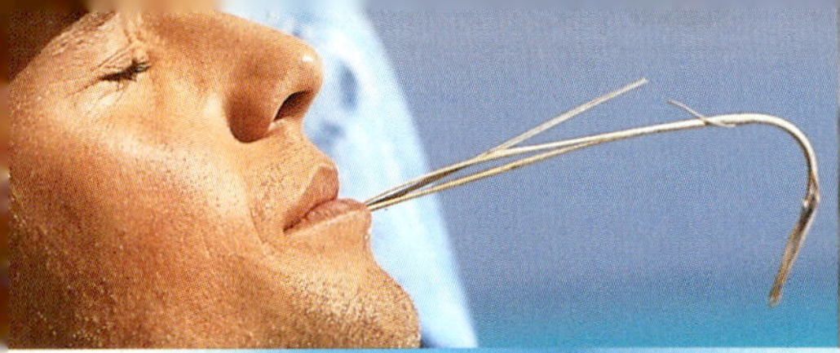

Die Macht Ihrer Gedanken

Das menschliche Gehirn – die Krone der Schöpfung. Die Gedanken darin – das mächtigste Instrument der Welt. Sie schaffen gigantischen technischen Fortschritt, doch was sie in der Innenwelt des Einzelnen bewirken, ist noch fantastischer: Gedanken setzen Emotionen frei, beeinflussen Bioprogramme, treffen weitreichende Entscheidungen und steuern uns im Leben auf unsere Ziele zu. Sie sind unsere mächtigste Energiequelle!

Bestimmen Sie Ihre persönlichen Ziele und finden Sie mit Hilfe der Gedanken den optimalen Weg zu ihrer Erfüllung.

GEDANKEN BESTIMMEN DAS LEBEN

Alles, was Sie heute sind und haben, ist ein Ergebnis Ihrer Gedanken. Ob Sie zufrieden und energiegeladen oder frustriert und abgespannt sind. Ob Sie einen Partner, einen Job, Kinder und ein Haus haben oder eben nicht. Denn was und wie Sie denken und die Entscheidungen, die Sie daraufhin treffen, daraus ergibt sich Ihr heutiges Leben.

Aus Erfahrungen werden Überzeugungen

Ihre Erlebnisse in der Vergangenheit, Ihre Gefühle, die dadurch entfesselt wurden, und die gedanklichen Schlüsse, die Sie aus Ihren Gefühlen gezogen haben, bilden Ihr emotionales Gedächtnis. Es sagt Ihnen, wie Sie eine Begebenheit im Licht Ihrer Erfahrungen zu bewerten haben.

Ihr emotionales Gedächtnis sagt Ihnen zum Beispiel, dass es ein schönes und wohliges Gefühl ist, den ganzen Tag Schokolade zu essen; deshalb tun Sie es, wann immer Sie können. Oder die Erfahrung sagt Ihnen, dass es sehr, sehr unbequem ist, Sport zu treiben, worauf Sie verkünden: »No sports!« und abends zu Hause bleiben, wenn Ihre Freunde ins Studio gehen.

Gedanken können einschränken

Gedankliche Bewertungen, Überzeugungen oder Vorurteile aus der Vergangenheit ermöglichen Ihnen entweder, in bestimmter Weise zu handeln, oder sie verbieten es Ihnen. »Heiraten? Niemals! Ich kann doch meine Mutter nicht im Stich lassen!« ist die Überzeugung eines hartnäckigen Junggesellen, bewusst oder unbewusst. Solange er mit seinem Leben zufrieden ist – kein Problem.

Wenn er sich aber gerne mal richtig verlieben würde und es mit einer dauerhaften Beziehung nie so richtig klappt, muss er schon ein bisschen Energie investieren, wenn er die Situation ändern will.

Viele Überzeugungen und Entscheidungen stammen aus den tiefen Schichten unseres Bewusstseins. Wenn man sich keine Mühe gibt, sie mal hervorzuholen und im Licht des bewussten Verstandes zu betrachten, um sich dann eventuell auch ganz von ihnen zu verabschieden, bleiben sie dort bis ans Lebensende – während unser Junggeselle sich fragt, warum er es nicht schafft, glücklich und zufrieden zu sein.

Entscheidungsfreiheit mit Grenzen

Nicht immer haben Sie den Luxus und die Freiheit, ganz im eigenen Interesse über Ihr Leben zu entscheiden. Es gibt ein paar Faktoren, die unsere Entscheidungsfreiheit einschränken:

- angeborene persönliche Eigenschaften wie Temperament, Intelligenz, gesundheitliche Stärken oder Schwächen
- schicksalhafte Ereignisse
- die Lebensumstände in der Kindheit
- das Gedankengut der Eltern, unserer Kultur, Religion und gesellschaftlicher Konventionen.

Aber von diesen Einschränkungen abgesehen, bleibt Ihnen noch ziemlich viel Spielraum, Ihre Entscheidungen selbstständig zu treffen und danach zu handeln.

Sehr erfolgreiche Leute machen es wie in der Regeltechnik; sie

- legen ihre Ziele fest
- handeln so, wie sie die Ziele ihrer Meinung nach am besten erreichen
- überprüfen, ob alles zur Zufriedenheit läuft
- passen ihr Handeln gegebenenfalls an.

Scheinbar die einfachste Sache der Welt!

Doch es gibt da ein paar Schwierigkeiten: Wissen wir immer genau, was wir wollen? Kennen wir den optimalen Weg oder benutzen wir gerne altbewährte Pfade? Sind wir flexibel genug, einen anderen Weg zu gehen, wenn wir in angemessener Zeit nicht angekommen sind? Können wir feststellen, wann ein Ziel erreicht ist?

Die eigenen Gedanken erkennen

Ich möchte mit Ihnen gemeinsam die Gedanken als Grundlagen Ihrer Entscheidungen etwas genauer betrachten. Denn wenn Sie Ihr Leben selbst steuern wollen, Ihre selbst gesteckten Ziele erreichen möchten, lohnt es sich, systematisch und analytisch vorzugehen.

Sich Ihrer selbst bewusst werden

In dem Augenblick, in dem Sie erkennen, woher Ihre Überzeugungen stammen, warum Sie sich für oder gegen etwas entscheiden, entsteht »Selbst-bewusst-sein«. Und mit gestärktem Selbstbewusstsein kommt die innere Freiheit, auch einmal etwas ganz Neues zu tun!

In diesem Augenblick entsteht aber auch Selbstverantwortung. Und das bedeutet unter Umständen ein bisschen Arbeit: überlegen, was man wirklich will, abwägen, was man bereit ist dafür zu tun und welches Risiko man eingehen möchte.

Das ist einigen Menschen leider schon zu viel. Sie lassen sich lieber treiben, nörgeln herum, schieben anderen die Schuld an ihrer Unzufriedenheit zu, machen sich möglichst keine Gedanken und haben es schön bequem – eine Weile jedenfalls.

Doch wir wollen alte Hemmschwellen überwinden und machen uns jetzt gemeinsam auf, Ihre Gedanken zu durchforsten:

➤ Welche Gedanken führen zu welchen Ergebnissen?
Überprüfen Sie, ob nicht einige Ihrer Einstellungen und Überzeugungen wenig zufriedenstellende Ergebnisse einbringen oder sogar Ihre Energie erschöpfen. Zum Beispiel hat die Einstellung »Erst die Arbeit, dann das Vergnügen« Ihnen vielleicht als Kind geholfen, Ihren Bewegungsdrang zu kanalisieren und eine ordentliche Schulbildung zu bekommen. Heute verhindert sie, dass Sie sich ausreichend entspannen und die Früchte Ihrer fleißigen Tätigkeit genießen.

➤ Gedanken als Energiefallen erkennen
Durchbrechen Sie alte Gewohnheiten! Zum Beispiel die, immer alles bis zur letzten Minute hinauszuschieben. Damit setzen Sie sich selbst unter Druck, bis Sie die ungeliebte Sache endlich erledigen. Vielleicht haben Sie gemerkt, dass Sie mit dieser Angewohnheit sich und Ihre Umgebung unnötig stressen, und möchten eine bessere Selbstorganisation entwickeln.

➤ Wann laufen Ihre Gedanken Amok?
Sie reagieren unkontrolliert und emotional, wenn Sie nicht mehr genug Energie haben, eine Aufgabe zu lösen, und erschöpft und frustriert sind. Dann kann es sein, dass in bestimmten Situationen schlechte Ergebnisse dabei herauskommen. Hier hilft Mentales Training weiter (Seite 107).

➤ Neue Gedanken durchsetzen
Alle positiven Veränderungen haben ein verändertes Denken zur Grundlage. Die neuen Gedanken und neuen Entschlüsse dann gegen den »inneren Schweinehund« durchzusetzen ist jeweils eine Sache von Millisekunden! Sie wollen zum Sport gehen, und er hat die tausendundeins besten Ausreden der Welt parat. Das Ergebnis kennen Sie! Falls Sie im entscheidenden Moment doch die Oberhand behalten wollen: Ich werde Ihnen ein Notfall-Set zusammenstellen, mit dem Sie gute Chancen haben, den Schweinehund in seine Schranken zu weisen.

Schlechte Laune und negative Gedanken wie »Keiner mag mich« sind oft ein Zeichen dafür, dass Sie Ihre Leistungsgrenze überschritten haben.

➤ Die positiven Energien entfachen
Setzen Sie positive Gedanken ganz bewusst ein: Viele Dinge in Ihrem Leben sind positiv, viele Eigenschaften und Fähigkeiten an Ihnen sind positiv. Sie zu sehen und zu nutzen setzt ungeheure Energien frei!

➤ Selbstorganisation verbessern
Ordnung ist das halbe Leben! Viele Dinge, die Sie belästigen, Gefühle verderben und Energie rauben, haben mit schlechter Selbstorganisation zu tun. Durch rationales Nachdenken und neue Entschlüsse können Sie Ihr Leben ordnen und damit eine Menge an neuer Energie gewinnen.

➤ Jetzt mach ich's einfach!
Wenn Sie bereit sind, die alten eingefahrenen Wege zu verlassen, werden Sie in Zukunft mit vielen Situationen besser umgehen können als bisher. Die konkreten Beispiele in diesem Kapitel zeigen Ihnen, wie's geht.

Bewährte Techniken

Die Techniken zur Veränderung von Gedanken, die wir hier anschließend besprechen werden, beruhen auf den so genannten »Kognitiven Therapie«. Sie leisten große Dienste bei vielen Störungen des seelischen Wohlbefindens, sind aber genauso geeignet, die inneren Bedingungen gesunder Menschen zu verbessern.
Das aus der Sportpsychologie hervorgegangene »Mentale Training« (Seite 107) ist im Zusammenhang mit den Entspannungstechniken von Seite 57 hervorragend geeignet, Ihnen für zukünftige Verhaltensänderungen den Rücken zu stärken.

Sie müssen nur wollen

Die Veränderung hemmender Gedankenmuster macht Ihr Leben energievoller, schöner, zufriedener, glücklicher und gesünder! Gefühle und Handlungen werden sich dadurch verändern. Auch wenn die Belastungen Ihres Alltags zeitweise groß sein mögen: Ihr Denken entscheidet, wie viel Energie Sie dafür haben und ob Sie zuletzt gestärkt, erfahren und gereift aus den Problemen hervorgehen werden!
Wie immer können nur Sie selbst die Voraussetzungen dafür schaffen:

- Sie geben sich die Erlaubnis, bestimmte Gedanken, Annahmen und Gewohnheiten zu verändern.
- Sie sind überzeugt, dass man konstruktive Gedanken trainieren kann wie Fahrradfahren.
- Sie wollen tatsächlich mit aller Kraft und Leidenschaft etwas verändern, und denken nicht nur: »Ach, wäre ganz nett, muss aber nicht unbedingt ...«
- Sie nehmen sich selbst wichtig genug, die Übungen auf den nächsten Seiten mit voller Energie anzugehen. Den einfachsten Weg zu mehr Energie kennen Sie ja schon: Body-Tuning (Seite 40).

Checkliste

Negative Gedanken

Was denken Sie, wenn Sie im »Turbo-Stress« Ihre Leistungsgrenze überschritten haben? Verallgemeinerungen (immer, alle, nie, keiner) geben einen Hinweis darauf, dass Sie nicht mehr realistisch denken:

- ❑ Immer muss ich alles alleine machen
- ❑ Keiner hilft mir
- ❑ Alle sind gegen mich
- ❑ Keiner mag mich
- ❑ Ich kann es alleine nicht schaffen
- ❑ Es ist alles ganz furchtbar
- ❑ Es wird nie aufhören
- ❑ Immer bleibt alles an mir hängen
- ❑ Immer muss mir so etwas passieren
- ❑ Nie kümmert sich mal jemand um mich
- ❑ Ich bin ein Versager
- ❑ Ich schaffe das nie
- ❑ Ich halt's nicht mehr aus
- ❑ Sie sollen mich alle in Ruhe lassen!

Hallo, wer spricht denn da?

Unser bester Ratgeber im Alltagsleben ist der gesunde Menschenverstand. Ohne großartig zu überlegen, handeln wir, wie wir es gewohnt sind, erledigen Routineaufgaben, und die normale Stressreaktion versorgt uns mit ausreichend Energie. Die Gedanken laufen als lockeres Geplauder im Hintergrund mit.

Positive Gedanken im Normalfall

Doch dann gibt es die besonderen Tage: die großen Herausforderungen. »Jetzt aber«, sagt der Verstand und wirft sich mächtig ins Zeug. Die Stressreaktion läuft zu Hochtouren auf: »Energie marsch!« Die Kreativität lässt ihre Funken sprühen, und wir freuen uns, dass alles so gut gelingt. »Hey prima, ich bin stolz auf dich!« sagt der Verstand, und das Gefühl grinst. Weiter so, sagen die Gedanken, hören aber nicht auf den Körper, der um ein kleines Päuschen bettelt.
Und dann passiert's – der Punkt der besten Leistungsfähigkeit ist überschritten. Der gesunde Menschenverstand verlässt uns, genau in dem Moment, wo wir ihn am nötigsten gebraucht hätten: nämlich mitten in der Präsentation, genau bei den kritischen Fragen; im Supermarkt an der Kasse, wenn alle auf dieses unerzogene Kind starren, das laut greinend das dritte Überraschungsei will.

Negative Gedanken bei Überlastung

Die gute Stressreaktion, die uns die Höchstleistung ermöglicht hat, denkt nun, wir wären noch in der Steinzeit und brauchten nur unseren Körper mit aller Kraft einzusetzen. Den Verstand schaltet sie vorsichtshalber aus, damit er nicht dazwischenfunkt, wenn wir wutentbrannt irgendeinem Angreifer in die Augen schauen.
Alles, was sich jetzt noch denken lässt, ist altes Zeug, von ganz hinten auf der Festplatte. Diese Gedanken sind überwiegend negativ und haben zur Folge, dass wir uns nur noch mehr in Schwierigkeiten bringen.
Negative Gedanken tauchen bei Überlastung auf – sie sind ein Stress-Signal! Deshalb bitte nicht wörtlich nehmen, sondern ganz bewusst etwas tun, wodurch Sie sich wohler fühlen (Seite 113). Dann verschwinden diese Gedanken von ganz alleine wieder!

Checkliste

Positive Gedanken

Der Normalfall ist eigentlich, dass wir unsere Handlungen mit positiven Bemerkungen kommentieren. Hören Sie sich einmal zu:

- ❑ Klasse, gut!
- ❑ Super, geschafft!
- ❑ Gut hingekriegt
- ❑ So habe ich mir das vorgestellt
- ❑ Läuft schon viel besser
- ❑ Du wirst das schon machen
- ❑ Alles halb so wild
- ❑ Wird schon werden
- ❑ Auf den kann ich mich verlassen
- ❑ Die ist richtig nett
- ❑ Das tut gut
- ❑ Schöner Tag heute
- ❑ Bin gut in Schwung
- ❑ Heute stimmt alles
- ❑ Heute fühle ich mich super

Positive Gedanken wie »Heute fühle ich mich prima!« sollten eigentlich der Normalfall sein. Wenn das nicht so ist: Tun Sie etwas dagegen!

Das Gehirn ist eine Videothek

Dem oberflächlichen Gedankenstrom bewusst zuzuhören ist ein wichtiges Instrument der Selbsterkenntnis und die Voraussetzung für die Veränderung des Denkens.

Jeder ist sich selbst der Nächste

Der Psychologe Sven Tönnies hat über einen längeren Zeitraum die Gedanken seiner Klienten analysiert. Falls Sie davon ausgehen, dass alle Menschen nur darauf aus sind, sich mit Ihnen und Ihren Fehlern zu beschäftigen, können Sie sich beruhigen. Denn 60 bis 70 % der Gedanken eines Menschen, so sein Ergebnis, beziehen sich auf die eigene Person, 15 % auf Sachinhalte und nur etwa 25 % auf andere Menschen.

Die zweite Überraschung seiner Analyse besteht darin, dass die meisten Menschen mehr Positives denken als Negatives. Sie fühlen sich allerdings von negativen Inhalten stark beeinträchtigt. Das ist kein Wunder, denn Gedanken kommen niemals allein, sie haben ja immer eine Emotion und eine körperliche Befindlichkeit im Schlepptau.

Gedanken sind Assoziationsfelder

Ein Gedanke ist wie das Etikett auf einem Videoband. Er fasst den Inhalt kurz zusammen, damit er im Verzeichnis aller Erinnerungsvideos gut auffindbar ist. Auf dem Band selbst sind viele zusätzliche Informationen gespeichert:

- der Gedanke als Sprachklang (Tonhöhe, Lautstärke, Emotion)
- Bilder, die mit dem Gedanken verbunden sind (Farbe, Licht, Bewegung, Geschwindigkeit)
- Gerüche, die die Szene durchziehen, eventuell auch Geschmack
- Körperempfindungen (Stärke, Schwäche, Körperspannung, Kälte, Wärme)
- Gefühle und Stimmungen
- ähnliche Szenen, in denen der gleiche Gedanke eine Rolle spielte.

Wir haben es bei jedem Gedanken also immer mit einem 7-Kanal-Super-Stereo-3D-Fühlvideo zu tun! Eine Fülle an Informationen wird aufgerufen und ins Bewusstsein eingespielt.

Die Bratkartoffel-Szene

Der schlichte Satz »Was bin ich wieder doof« – tausendmal gedacht oder gesprochen – kann eine beachtliche Wirkung haben.
Zum Beispiel sind Ihnen die Bratkartoffeln angebrannt. Natürlich nicht zum ersten Mal in Ihrem Leben. Jetzt kommt der Gedanke: »Was bin ich wieder doof!« Und nun geht es los: Sie hören sich selbst den Satz sprechen,

Sie erinnern sich schlagartig an das Theater aller vorherigen Bratkartoffel-Katastrophen. Wie ein Film im Zeitraffer laufen die Erinnerungen ab, in düsteren Farben und angespannter Stimmung.

Sofort spüren Sie den Ärger über die Mühe, die gleich auf Sie zukommt, wenn Sie alles wieder sauber machen müssen. Ihre Lieben werden sauer sein, weil es jetzt nichts zu essen gibt. Sie hören in Gedanken bereits das Gemecker, bevor die überhaupt den Mund aufgemacht haben. Sie riechen den fiesen Verbrennungsgeruch in der Küche, und schnell sausen Ihre Gedanken durch alle anderen Zimmer: Auch da wird es gleich stinken. Mal kurz probieren. Schmeckt wirklich scheußlich! Kann man nicht essen, schnell weg damit, schade um die guten Kartoffeln. Essen schmeißt man nicht weg – schlechtes Gewissen! Druck auf der Brust, Augenbrauen zusammengezogen. Jetzt sofort was Neues kochen. Hektik!

»Was bin ich wieder doof« macht aus einem alltäglichen Missgeschick durch Aktivierung der damit verbundenen negativen Assoziationen eine mittlere Katastrophe, an deren Ende Ihre Nerven blank liegen und Sie wahrscheinlich noch eine ganze Weile schlechte Laune haben.

Die Oma-Szene

Stellen Sie sich nun eine andere Variante vor. Dasselbe Missgeschick, und Sie denken: »Kann passieren, Schwamm drüber!« Sie kippen die Kartoffeln weg, weichen die Pfanne ein und machen stattdessen eine Dose Linsensuppe auf.

Noch einmal hören Sie innerlich den Satz: »Kann passieren, Schwamm drüber!« Da spricht aber jemand anders: Es ist Ihre Oma. Mit liebevollem Gesicht sagte sie das immer, wenn Ihnen als Kind irgendetwas passierte. Sie waren jedes Mal sehr erleichtert, dass Ihnen der Ärger erspart blieb. Gemeinsam räumten Sie den Schaden weg, und zum Trost gab es dann ein Stück Schokolade, hmm! Diese Szene sehen und erleben Sie ebenfalls im Schnelldurchlauf. Helles Licht und Sonne durchziehen das Bild. Ganz klar und liebevoll steht Omas Gesicht vor Ihrem inneren Auge. Es wird Ihnen warm ums Herz – Sie lächeln.

Das ist die Macht der Gedanken!

Aus ein und derselben Situation können Sie etwas Schlimmes oder etwas Nettes machen. Entscheidend ist nur, welchen Gedanken Sie dazu aufrufen. Denn jeder Gedanke ist ein Befehl an die große Videothek des Gedächtnisses, ein bestimmtes Video einzuspielen. Die Ereignisse und Tatsachen selbst bleiben unberührt. In beiden Varianten unserer Geschichte sind die Kartoffeln hin, und die Pfanne ist angebrannt. Doch Ihre Reaktion, Ihr emotionaler Zustand und Ihr Handeln unterscheiden sich erheblich.

So wirken positive Gedanken

Die Pioniere des NLP (Neurolinguistisches Programmieren), Richard Bandler und John Grinder, haben in jahrelangen Studien herausgefunden, welche Emotionen, Sinneseindrücke und Körperempfindungen mit positiven Gedanken und Erinnerungen verbunden sind.

Für die meisten Menschen gilt:

- Positive Sätze sind verbunden mit hellen Bildern in leuchtenden, transparenten Farben
- Die erinnerte Szene spielt sich in einiger Entfernung vor dem inneren Auge ab
- Die Körperempfindungen sind angenehm und warm
- Sie führen zu einem strömenden Gefühl in den Muskeln
- Die Körperhaltung wird aufrecht
- Die Atmung wird ruhig und kräftig.

Mit so manchen Denkgewohnheiten machen Sie sich selbst mehr Stress, als notwendig wäre.

GEDANKEN ALS ENERGIEFALLEN

Denkgewohnheiten erleichtern das alltägliche Leben sehr, denn wir brauchen das Rad nicht jedes Mal wieder neu zu erfinden. Sie machen das Handeln in den meisten Alltagssituationen effektiver, weil wir nicht von neuem nachdenken, ausprobieren und lernen müssen. Über Zähneputzen und Autofahren denken Sie genauso wenig nach wie über das Schreiben eines routinemäßigen Standardbriefes.

Durchbrechen Sie Ihre Gewohnheiten

Doch auch hier gilt: Die Dosis macht das Gift! Wer nur in Gewohnheiten lebt, erstarrt. Er wird sich nicht weiterentwickeln, kann keine neuen Ziele finden, wird ständig dasselbe erleben und sich auf Dauer sehr wahrscheinlich langweilen. Herausforderungen, Kicks und Glücksmomente fehlen.
Ganz fatal ist die Macht der Gedanken jedoch, wenn jemand an Denkgewohnheiten festhält, die jedes Mal wieder unangenehme Folgen haben. Negative Gedanken über sich selbst – wieder und wieder gedacht – verfestigen sich zu Überzeugungen. Alles, was über diese selbst aufgestellten Schranken hinausgeht, ist undenkbar. Geht nicht, gibt es nicht, kommt nicht in Frage! Die Überzeugungen werden zu strengen Handlungsanweisungen.

Ja und Nein als Energiequellen

Es gibt zwei Arten von Motivation: Die »Von-etwas-weg«-Motivation und die »Auf-etwas-zu«-Motivation. Die Von-weg-Motivation benutzt das Wort »Nein« als Kraftquelle. An dem »Nein« hängen Bilder, Erinnerungen und Gefühle von unangenehmen, Angst erzeugenden oder erschreckenden Konsequenzen. Die Gefühle sind so stark, dass die ganze Energie, die sie freisetzen, benutzt werden kann, um die drohende Situation auf jeden Fall zu vermeiden.

Checkliste

Hemmende Überzeugungen

Überprüfen Sie, welche Überzeugungen Ihnen Freude, Entspannung, Wohlbefinden, Weiterentwicklung und Spaß verderben.

- ❑ **Ich muss immer ... sein**
  perfekt, pünktlich, Vorbild, der Beste, die Erste, die Schönste, der Schnellste, die Fleißigste, der Beliebteste.

- ❑ **Ich darf nicht ...**
  entspannen, bevor alles fertig ist, meine Pflichten vernachlässigen, mich gehen lassen, so viel trinken, so viel essen, so faul sein, schwach sein, nachgeben, über die Stränge schlagen, besser sein als andere, egoistisch sein, stolz sein.

- ❑ **Ich bin zu ...**
  jung, alt, dick, schlecht, schwach, unerfahren, flippig, weiblich, männlich.

- ❑ **Ich kann nicht ...**
  Nein sagen, anderen wehtun, sehen, wenn etwas herumliegt, für mich alleine sorgen, mich durchsetzen, widerstehen, wenn mir etwas angeboten wird, streiten.

- ❑ **Es ist mein Schicksal, dass ich immer ...**
  Pech habe, an den Falschen gerate, zu spät komme, übersehen werde, benachteiligt werde, verliere.

Die Unannehmlichkeiten, die die geforderte Handlung mit sich bringt, sind nichts verglichen mit der Katastrophe, die hereinbrechen würde, wenn man nichts täte. »Wenn du nicht lernst (ordentlich bist, pünktlich nach Hause kommst, aufhörst zu lügen), dann musst du ins Internat (sag ich es dem Vater, gibt es Prügel, kommst du in die Hölle etc.)!« Diese Erziehungsmethode kennen Sie, sie wirkt bis heute nach.
Bei der Auf-zu-Motivation heißt der Zündknopf für die Energie »Ja«. Damit verbunden sind Assoziationen über wünschenswerte Ziele, die mit einiger Anstrengung auch erreicht werden können. Die Aussicht auf Erfolg ist so verlockend, dass die Mühen des Weges gerne angenommen werden. Welche Art der Motivation bevorzugen Sie?

Den Denkgewohnheiten auf der Spur

Nehmen wir uns die drei häufigsten Denkgewohnheiten vor. Sie führen bei den meisten Menschen dazu, dass sie mehr Stress erleben, als eigentlich nötig wäre:

- Nicht Nein sagen können
- Sich regelmäßig zu viel vornehmen
- Immer perfekt sein wollen.

Ich vermute, bei Ihnen ist es genauso wie bei den meisten meiner Seminarteilnehmer. Die oben genannten Denkgewohnheiten sind auch bei Ihnen der Renner, und dabei halsen Sie sich die ganze Last selbst auf. Wenn ich frage, wie lange sie das schon so machen, antworten die meisten: »Mindestens schon 10 Jahre – wenn nicht länger.« Und warum hören Sie nicht einfach damit auf? »Tja ...«

Bitte genau hinsehen

Die Wurzeln dieser Überzeugungen liegen oft tief in der Kindheit. Wer im Einzelnen dazu beigetragen hat, sie fest und unverrückbar werden zu lassen, ist oft gar nicht mehr nachvollziehbar. Das ist auch nicht

wichtig. Entscheidend ist jetzt, dass Sie exakt diagnostizieren, welche Überzeugungen Ihnen am meisten Ärger bereiten. Und diese sollten Sie anschließend genau unter die Lupe nehmen.
Beim genauen Hinsehen werden Sie feststellen, dass feste Überzeugungen zwei Seiten haben: Sie haben auch etwas Gutes, wenn man es nicht übertreibt. Sie sollten jedoch Vor- und Nachteile gegeneinander abwägen: Was Ihnen Ihre Überzeugungen einbringen und ab wann sie Ergebnisse produzieren, die Sie nicht mehr wollen.

Beispiel: Ich kann schlecht Nein sagen

»Wie oft habe ich mir schon vorgenommen, mich nicht von meinem Chef überrumpeln zu lassen, wenn er kurz vor Büroschluss noch mit einem neuen Projekt ankommt. Am meisten ärgere ich mich über mich selbst.«

Nein sagen ist nicht so einfach, etwa wenn Ihr Chef Sie kurz vor Büroschluss noch bittet, ihm zu helfen.

Die Befürchtungen

Warum sagen Sie dann nicht: »Nein, leider geht es heute nicht«? Was könnte denn passieren? Eine Menge Befürchtungen tauchen plötzlich auf. Einige davon sind realistisch: »Wenn ich ihm das abschlage, ist er verärgert.« Die meisten sind jedoch völlig unrealistisch: »Dann wird er mich schlecht behandeln, mich rausschmeißen, dann finde ich keinen Job mehr, dann verlassen mich alle Freunde ...«

Die Erwartungen

Versprechen Sie sich etwas davon, wenn Sie Ja sagen? Was wollen Sie erreichen? Es gibt viele Antworten. Prüfen Sie ehrlich, welches dieser Motive bei Ihnen zutrifft:

- Ich mache mich beliebt, werde geschätzt und gebraucht.
- Ich kann mich kompetent, wichtig und leistungsstark fühlen.
- Ich erspare mir eine Auseinandersetzung, warum ich es nicht tun möchte.
- Ich fühle mich gut, weil ich mich als barmherziger Samariter oder Mutter Teresa sehen kann.
- Ich kann eine Gegenleistung nach dem Motto »Eine Hand wäscht die andere« erwarten.

Das Ergebnis

Tritt denn nun wirklich all das ein, was Sie befürchten oder erwarten? Nein – im Gegenteil. Aber warum hören Sie nicht einfach damit auf? Sie glauben, zu viel aufs Spiel zu setzen, und dadurch entsteht zusätzlicher Stress: Herzklopfen, Angstgefühle. Schon ist die Falltür wieder einmal zugeschlagen, und Sie sind gefangen in der alten Gewohnheit. Die Strafe: Ärger über sich selbst, Niedergeschlagenheit und dazu noch die Arbeit, die Sie sich haben aufhalsen lassen. Die Rechnung geht fast nie auf, nur der Stress wächst.

energy-TEST

HABEN SIE SCHLECHTE DENKGEWOHNHEITEN?

Bitte überlegen Sie, welche Denkgewohnheiten auf Sie zutreffen. Es sind nicht Verhaltensmuster gemeint, die Sie gelegentlich an den Tag legen, sondern Gewohnheiten, über die Sie sich schon oft selbst geärgert haben und die Sie regelmäßig in Teufels Küche bringen. Rechnen Sie genau nach, was für Sie überwiegt: Vorteil oder Nachteil?

➤ 1 *Ich sage sehr oft nicht, was ich denke. (Falsche Rücksichtnahme)*

♦ Vorteil: Ich setze mich nicht in die Nesseln; ich kann meine Meinung immer noch ändern, ohne dass es auffällt; ich fühle mich überlegen, weil andere über meine Meinung im Unklaren bleiben.

♦ Nachteil: Wenig Selbstbewusstsein; andere können einen nicht einschätzen; man gilt leicht als jemand »ohne Rückgrat«.

➤ 2 *Ich mache lieber schnell alles selbst, bevor ich lange darüber rede. (Nicht delegieren können)*

♦ Vorteil: Ich spare mir lange Erklärungen; ich mache es so, wie ich es für richtig halte; ich schone die anderen und zeige meine Leistungsfähigkeit; ich werte andere ab und mich auf; ich glaube, dass nur ich in der Lage bin, die Aufgabe richtig zu lösen.

♦ Nachteil: Viel Arbeit; verhindert Teamwork; andere denken nicht mehr mit; soziale Isolation.

➤ 3 *Ich will alles schaffen, nehme mir aber immer zu viel vor. (Zu hohe Ansprüche an sich selbst)*

♦ Vorteil: Ich zeige, dass ich mich im Griff habe; ich beweise meine Leistungsfähigkeit; ich erspare mir mögliche Vorwürfe von anderen (faul oder egoistisch zu sein); ich fühle mich sehr dynamisch; ich bin für andere ein Vorbild; ich verliere keine Zeit mit »nutzlosen« Dingen; ich bin perfekt.

♦ Nachteil: Permanente Selbstüberforderung; keine Ruhephasen; schlechtes Gewissen und Versagensgefühle, wenn man das Pensum mal nicht schafft.

➤ 4 *Wenn Neues auf mich zukommt, denke ich: »Das geht schief.« (Wenig Selbstvertrauen)*

♦ Vorteil: Wenn es schief geht, bin ich nicht enttäuscht; ich fange gar nicht erst an, es wird ja doch nicht klappen; ich animiere andere, mir zu helfen; ich übernehme keine Verantwortung und kann daher nicht haftbar gemacht werden.

♦ Nachteil: Total blockierte Energie.

➤ 5 *Ich habe keine Lust, mich auf neue Aufgaben vorzubereiten. (Schlechte Planung)*

♦ Vorteil: Ich fühle mich spontan und spontan heißt: jugendlich, ungebunden, frei; ich fühle mich kompetent, denn ich kann ohne Planung arbeiten; ich erspare mir lange Vorbereitungen; ich brauche meine Ziele nicht festzulegen und kann sie jederzeit ändern.

♦ Nachteil: Chaos, Versagensängste und Stress; Ziele können nicht sicher erreicht werden.

➤ 6 *Ich tue vieles, damit andere sich ein Beispiel an mir nehmen. (Vorbild sein wollen)*

♦ Vorteil: Ich habe das Gefühl, stark zu sein; ich fühle mich überlegen und unentbehrlich; ich stehe im Mittelpunkt; andere behandeln mich mit Respekt.
♦ Nachteil: Das eigene System wird nicht hinterfragt; fehlende Flexibilität und Spontaneität; die Energie kann nicht frei fließen.

➤ 7 *Ich kann Streit nicht ertragen und versuche immer zu schlichten. (Großes Harmoniebedürfnis)*

♦ Vorteil: Als Schlichter stehe ich über den Streitenden; ich übe Macht aus, denn ich bin derjenige, von dem der Friede abhängt.
♦ Nachteil: Man gerät zwischen die Fronten; hoher Energieverschleiß bei unsicherem Ausgang; eigene Konflikte bleiben ungelöst.

➤ 8 *Ich verhalte mich so, dass niemand etwas an mir auszusetzen hat. (Everybody's Darling)*

♦ Vorteil: Ich bekomme Anerkennung und werde von vielen geliebt; ich vermeide Risiken; ich fühle mich dadurch sicher.
♦ Nachteil: Man kann es nie allen recht machen; eigene Ziele kommen zu kurz; sehr energiezehrend.

➤ 9 *Ich finde, dass ich ein schwereres Leben habe als andere. (Selbstmitleid)*

♦ Vorteil: Ich werde durch meine Klagen beachtet; andere wollen mir etwas Gutes tun; ich brauche mein Leben nicht zu verändern.
♦ Nachteil: Schlechte Stimmung; keine Weiterentwicklung; energiezehrend.

➤ 10 *Ich will immer alles gleichzeitig tun. (Keine Prioritäten setzen können)*

♦ Vorteil: Ich kann auf allen Hochzeiten gleichzeitig tanzen; ich fühle mich groß und stark; weil ich so viel zu tun habe, halte ich mir lästige Pflichten und persönliche Probleme vom Leib.
♦ Nachteil: Wenn die Energie verbraucht ist, folgt ein böses Erwachen; persönliche Ziele können nicht erreicht werden, denn es gibt immer etwas anderes zu tun.

➤ 11 *Ich arbeite mehr als andere und mache selten Pausen. (Märtyrer/-in)*

♦ Vorteil: Ich fühle mich sehr pflichtbewusst, leistungsfähig und verantwortungsvoll; ich schaffe tatsächlich sehr viel, das gibt mir ein Gefühl von Überlegenheit und Stärke; ich schinde mich für andere und verdiene damit Lob, Bewunderung oder Beförderung; ich brauche mich nicht mit mir selbst auseinander zu setzen und herauszufinden, was ich tatsächlich vom Leben will.
♦ Nachteil: Andere nutzen das aus; auf Dauer sehr anstrengend; die privaten Lebensziele bleiben auf der Strecke.

➤ 12 *Ich habe das Gefühl, was ich mache, ist nicht so toll. (Geringes Selbstwertgefühl)*

♦ Vorteil: Ich bin bescheiden, kein Angeber; ich habe es nicht nötig, zu prahlen; ich stehe damit moralisch höher als andere; meine Bescheidenheit zwingt andere, mich zu loben.
♦ Nachteil: Blockiert die eigene Energie; andere fühlen sich genötigt.

(Auswertung auf der nächsten Seite)

Auswertung des energy-Tests

Wenn Sie Ihre Gewohnheiten analysieren, werden Sie feststellen, dass es immer auf das Gleiche hinausläuft: auf den Wunsch, gute Gefühle zu gewinnen wie Stärke, Unabhängigkeit, Kompetenz und Überlegenheit.
Nachdem Sie nun einige Ihrer Denkgewohnheiten identifiziert haben und sich deren Grund – den möglichen Vorteil – angesehen haben, fängt die Arbeit an!

- Untersuchen Sie bitte mit buchhalterischer Genauigkeit, in welchem Verhältnis Aufwand und Nutzen für Sie in jedem einzelnen Fall stehen.
- Manchmal ist es durchaus gut, weiter so zu denken wie bisher. Und solange Sie das bekommen, was Sie möchten – kein Problem.
- Manchmal werden Sie jedoch merken: Es hat sich nicht gelohnt. Im Gegenteil: Es kommen Frust, Enttäuschung, viel zu viel Arbeit und Stress dabei heraus.
- Fassen Sie den Mut, das nächste Mal anders zu denken und zu handeln. Verschaffen Sie sich den Nutzen und Lohn woanders, wo Sie ihn leichter bekommen können!

Vorteile woanders suchen

Wenn Ihnen beispielsweise Ihr Perfektionismus vor allem Überlegenheit und Sicherheit einbringen soll, holen Sie sich diese Gefühle aus einem anderen Lebensbereich, etwa aus dem Sport. Sport stärkt Selbstbewusstsein und Selbstsicherheit, von den vielen anderen Vorteilen ganz zu schweigen (Seite 40)!
Oder wenn Sie sich gerne gehen lassen, weil Sie das Gefühl von Unabhängigkeit so sehr schätzen. Sorgen Sie in Zukunft für feste Zeiträume, in denen Sie absolut tun und lassen können, was Sie wollen, dann erreichen Sie trotzdem sicher Ihre Ziele. Mit neuen und effektiveren Verhaltensweisen können Sie sich die Vorteile erhalten und die Nachteile mit der Zeit abbauen.

Jede Menge Energiefallen

Was jetzt kommt, sind meine Lieblingsbeispiele, denn es gibt wirklich keine effektiveren Methoden, die eigene Energie systematisch zugrunde zu richten und sich dabei auch noch edel oder schlau vorzukommen!

Energiefalle: Schlechtes Gewissen

Ganz besonders perfide ist das schlechte Gewissen. Sobald es auftaucht, werden Sie bitte hellwach! Es signalisiert: Da will jemand zwei Dinge auf einmal, erspart sich eine eventuell schmerzliche Entscheidung, bestraft sich schon mal vorsichtshalber selber mit ein paar schlechten Gefühlen und nervt andere noch mit seinem Gejammer.

Entweder – oder

Manchmal ist es schwer sich zu entscheiden. Doch wenn Sie etwas richtig gut machen und den ganzen Lohn dafür einstreichen wollen (Flow, Seite 180), brauchen Sie volle Konzentration. Und die gibt es nur, wenn Sie sich entschieden haben.
Das schlechte Gewissen zeigt, dass der Entscheidungsprozess nicht abgeschlossen ist. Ständig wechseln die Gedanken von einer Seite zur anderen, die Gefühle und die Energien natürlich genauso. Sie selbst stehen zerrissen in der Mitte, außer einem miesen Gefühl bekommen Sie nichts. Weder können Sie richtig Mutter sein noch richtig berufstätig. Weder ein verlässlicher Ehemann noch ein streunender Kater.

Die Konsequenzen annehmen

Das einzige Mittel, das hilft, ist eine Entscheidung – sie muss ja nicht für alle Zeiten gelten. Akzeptieren Sie den Schmerz darüber, dass Sie vorläufig die andere Möglichkeit zurückstellen müssen, auch wenn sie Ihnen wichtig ist. Das Risiko, dass Konsequenzen auftauchen, die Sie nicht mögen, ist der Preis für

Klarheit und volle Energie! Natürlich kann es passieren, dass Ihre Kinder sich vernachlässigt fühlen und Unsinn machen, während Sie arbeiten. Genauso gut kann es sein, dass sie sich langweilen, während Sie die beste Mutter der Welt sind. Stehen Sie doch lieber zu Ihrer Entscheidung, genießen das, was Sie tun, in vollen Zügen und bezahlen Sie den Preis, wenn er fällig wird.

Energiefalle: Innerer Schweinehund

Kennen Sie den, der immer auf Ihrer linken Schulter sitzt und Ihnen schlaue Argumente ins Ohr flüstert, genau dann, wenn Sie eigentlich zum Sport gehen wollen? Der innere Schweinehund braucht nur anzufangen, und schon geben Sie nach: »O.k., du hast Recht, ich bleibe hier.« Nicht einmal den Versuch einer Diskussion unternehmen Sie.

Gegenargumente bereithalten

Schlaues Kerlchen! Lernen Sie von ihm! Bleiben Sie wachsam und lassen Sie sich nicht von ihm einlullen, wenn er Ihnen vorgaukelt, wie wunderbar kuschelig es vor dem Fernseher ist. Bereiten Sie sich vor und halten Sie mindestens genauso gute und so viele Gegenargumente bereit.

Sagen Sie ihm, wie belebend, vital und spritzig Sie sich fühlen, nachdem Sie nur ein Stündchen im Fitness-Studio waren. Wie selig Sie schlafen und wie frisch Sie am nächsten Morgen aus dem Bett springen werden. Das hat er nämlich nicht zu bieten. Machen Sie ihm klar, dass Sie besser wissen, was gut für Sie ist!

Überprüfen Sie, was Ihr innerer Schweinehund gewöhnlich an Argumenten bringt (Checkliste rechts) und wappnen Sie sich dagegen. Hier ein paar Vorschläge:

- Ich mache es trotzdem
- Was andere können, kann ich schon lange
- Wenn ich es geschafft habe, bin ich stolz

Checkliste

Was sagt Ihr innerer Schweinehund?

Sobald eines der folgenden Argumente auftaucht, werden Sie bitte hellwach und besinnen sich auf Ihr eigenes, besseres Wissen:

- ❑ Keine Zeit
- ❑ Zu müde, zu spät
- ❑ Zu anstrengend, zu viel Aufwand
- ❑ Das Wetter ist zu ... schlecht, gut, kalt, trocken, nass, dunkel
- ❑ Geht heute nicht, weil ... Einladung, Wochenende, Streit zu Hause, so schön zu Hause, viel Arbeit, wenig Arbeit
- ❑ Später, morgen, nächste Woche, im Urlaub
- ❑ Das bringt ja doch nichts
- ❑ Ich fühle mich auch so wohl
- ❑ Ich mache mich ja lächerlich
- ❑ Dafür bin ich zu alt
- ❑ Gönn dir was Gutes, sei faul
- ❑ Man gönnt sich ja sonst nichts
- ❑ Die anderen machen es auch so
- ❑ Das haben wir schon immer so gemacht
- ❑ Das haben wir noch nie so gemacht
- ❑ Was sollen die anderen sagen
- ❑ Das betrifft mich nicht
- ❑ Bisher ist nichts passiert
- ❑ Einmal ist keinmal
- ❑ Das kann man doch nicht machen
- ❑ So eilig wird's schon nicht sein

- Die Herausforderung nehme ich an
- Wenn ich es gleich mache, geht es mir gut
- Was ich heute noch mache, bringt mir morgen mehr Zeit
- Es hat schon oft geklappt, und diesmal wird's auch gut gehen
- Mit meinen Erfahrungen ist das doch ein Klacks.

Ziehen Sie ihn auf Ihre Seite

Eigentlich meint Ihr innerer Schweinehund es gut mit Ihnen. Er möchte Ihnen die Mühe und Arbeit von Veränderungen und neuen Gewohnheiten ersparen, Sie vor der Anstrengung des Sporttreibens und den Entbehrungen einer fettreduzierten Ernährung bewahren.

Machen Sie ihm deshalb bitte klar, dass Sie etwas noch viel Besseres vorhaben, das Ihnen mehr Wohlbefinden, Lebensfreude und Energie einbringt. Sie sind keine Feinde – Sie wollen beide dasselbe. Doch Sie haben jetzt die besseren Karten. Zeigen Sie ihm das durch einen klaren Entschluss!

Energiefalle: Ewige Bedenken

Manche Menschen haben eine ganz besondere Denkgewohnheit: Immer wenn ihnen etwas Nettes in den Sinn kommt, jemand einen neuen Vorschlag macht oder eine Veränderung ansteht, läuft ihr Gehirn schlagartig auf Hochtouren. Die gesamte Energie fließt in eine enorm kreative Produktion – von zahllosen Gründen, Rechtfertigungen, Ausreden, Vorwänden, Beschuldigungen und Entschuldigungen, warum das alles nicht geht, Gefahren birgt, zu kompliziert, zu teuer, zu schwer, zu leicht ist.

Bevor ein Gedankengerüst für einen neuen Plan überhaupt entstehen kann, wird alles niedergerissen. Die berufsmäßigen Bedenkenträger fühlen sich klug, zeigen Durchblick, Vorsicht und ein weitreichendes Verantwortungsgefühl. Leider sind sie aber auch für die mutlose und gedrückte Stimmung verantwortlich, die sie erzeugen. Allenfalls rufen sie einige Kämpfer auf den Plan, die sich herausgefordert fühlen, sie mit guten Argumenten zu schlagen.

Warum nicht andersherum? Erst aufbauen und dann korrigieren. Die ganze Energie einsetzen, um Gründe »dafür« zu finden, den Kopf zu öffnen für ungewöhnliche Ideen und am Ende die Schere der Vernunft anzusetzen und das schöne neue Gedankengebäude auf Realitätstauglichkeit zu trimmen. Sagen Sie statt: »Es geht nicht, weil...« besser: »Wie könnte es gehen?«

Energiefalle: Unentschlossenheit

»Ich kann mich nicht entscheiden!« Hin und her werden die Fürs und Widers gewälzt, und Sie kommen zu keinem Ergebnis. Der eigentliche Grund: Es fehlt der Mut zum Schritt in eine einzige Richtung. Lieber lassen Sie die Zeit mit Zaudern verstreichen, dann ist es am Ende für alles zu spät, und Sie haben sich wieder erfolgreich um eine Entscheidung gedrückt. Jemand anderes bestimmt, was passiert, Sie können loben oder meckern. Doch Ihre Energie ist dabei stecken geblieben!

Trainieren Sie, Entscheidungen zu fällen – schnell und ohne Reue. Nehmen Sie die vielen kleinen Anlässe des Alltags zur Übung:

- Pizza essen oder Kino?
- Blauer oder grüner Pulli?
- Schwimmbad oder Fahrrad?
- Sympathisch oder unsympathisch?
- Wer will den Kaugummi? Ich!
- Wer sitzt vorne? Du!

Lernen Sie auf Ihre Intuition zu hören und überprüfen Sie hinterher, ob Sie richtig gelegen haben. Wenn nicht, haben Sie was dazugelernt, und entscheiden sich beim nächsten Mal besser.

MENTALE STÄRKE ENTWICKELN

Stellen Sie sich vor, Sie haben einen festen Vorsatz: Beim nächsten Mal, wenn Ihr Chef Sie bittet, länger zu bleiben, sagen Sie freundlich »Nein«. Es kommt die Situation, Sie zögern zwei Sekunden und – »Ja, selbstverständlich«, haben Sie gesagt. Einen Moment lang glauben Sie noch, dass es vernünftig war, schließlich geht es um ein wichtiges Projekt, und Sie können sich dabei profilieren. Doch nach und nach dämmert Ihnen, was Sie gerade wieder aufgegeben haben. Den erholsamen Abend zu Hause mit Ihrer Freundin, den Abendspaziergang und – was am meisten schmerzt – Ihre Vorsätze. Sie sind wieder eingeknickt. Mist!

Was Sie das nächste Mal brauchen, ist mentale Stärke. Von Sportlern haben wir es schon oft gehört: Mental gut drauf zu sein ist das Wichtigste! Doch was soll das bedeuten und vor allem, wie erreicht man es?

Cool bleiben und weitermachen

Sobald die Emotionen das Kommando übernehmen und wir instinktiv, intuitiv oder gefühlsmäßig handeln, kann es sein, dass in bestimmten Situationen schlechte Ergebnisse dabei herauskommen.

Wenn Sie bei einem Spaziergang jemanden um Hilfe schreien hören, ohne nachzudenken hinrennen und eine junge Frau von einem allzu interessierten männlichen Wesen befreien, ist das völlig in Ordnung.

Wenn Sie als Arzt eine komplizierte Operation durchführen und sich über einen kleinen Fehler sehr ärgern, verlieren Sie die Kontrolle. Das ist nicht funktional, Sie laufen Gefahr etwas falsch zu machen und Ihren Patienten zu schädigen.

Hier ist mentale Stärke gefragt, genauso wie im Leistungssport. Der Athlet darf sich von seinen Schwächen nicht beeinträchtigen

Trainieren Sie Ihre Vorstellungskraft – dann können Sie jeden Tag aufs Meer blicken, egal wo Sie sind.

lassen. Dann verliert er die Nerven, seine mentale Stärke und den Wettkampf. Wer mentale Stärke besitzt, kann auch unter größtem Druck:

- seinen optimalen Leistungszustand lange aufrechterhalten
- positiv und realistisch denken und sinnvoll handeln
- innerlich ruhig bleiben und weiterhin freundlich und gelassen kommunizieren
- die Impulse zum Zurückweichen oder Aufgeben, zu emotionalen Ausbrüchen oder geistigem Durchdrehen unterbinden.

Kennzeichen mentaler Stärke

Die Voraussetzung für mentale Stärke ist sehr viel Selbstdisziplin. Sie geht mit bestimmten Fähigkeiten einher, die Sie trainieren können.

Krisensituationen richtig einschätzen

Wichtig ist, dass Sie Ihre eigenen Reaktionen gut kennen und sofort richtig interpretieren, wenn sie auftauchen. Klären Sie zum Beispiel folgende Fragen: Woran erkennen Sie, dass Sie anfangen sich zu ärgern? Welche Gedanken tauchen auf? Wird Ihnen heiß? Ballen Sie die Faust oder hören Sie auf zu atmen? Was sind die ersten Anzeichen für Angst oder Panikreaktionen?

Negative Emotionen zurückdrängen

Konzentrieren Sie sich im Krisenfall auf die Gegenwart und die unmittelbar bevorstehende Zukunft. Halten Sie sich mit einem Fehler oder Misslingen nicht unnötig lange auf: Sie sehen sich an, was passiert ist, ziehen Ihre Schlüsse daraus, minimieren den Schaden und entschuldigen sich. Stoppen Sie negative Selbstgespräche und Selbstvorwürfe sofort, denn Sie gewinnen nichts außer schlechter Laune und schlaflosen Nächten. Verzeihen Sie sich einfach selbst!

Kraftspendende Emotionen aktivieren

Sportler aktivieren positive Emotionen oft über den Körper. Diszipliniert straffen sie den Rücken nach einem verschlagenen Ball, nehmen einen entschlossenen Ausdruck an, schauen nach oben, bewahren Haltung und lassen keine Emotion nach außen dringen. Über den Körper erzeugen sie das Gefühl: Ich halte durch, ich behalte die Kontrolle!

Andere Sportler haben kleine Rituale erfunden, mit denen sie aktivierende Gefühle schnell wachrufen können: den Schläger auf eine besondere Art bewegen, den Ball spielerisch aufhüpfen lassen, etwas trinken. Finden Sie Ihre schnell aktivierbaren Kraftquellen (Tipps auf der rechten Seite).

Optimale Vorbereitung auf neue Herausforderungen

Es ist durchaus anstrengend, aus den gewohnten Denk- und Handlungsmustern auszusteigen und neuen Variante auszuprobieren. Ganz besonders wenn man unter zu viel Stress steht. Das ganze System möchte dann nach altbewährten Steinzeitmustern reagieren und tun, was Millionen von Jahren erfolgreich war: draufhauen oder weglaufen.

Was wir von Astronauten lernen können

Stellen Sie sich vor, Neil Armstrong, der erste Mensch, der je den Mond betreten hat, hätte sich erlaubt, in dieser ungeheuerlichen Situation den eigentlich angemessenen Stress zu empfinden! Sein Sauerstoffverbrauch wäre schlagartig so angestiegen, dass die Vorräte nicht gereicht hätten, und er hätte vielleicht Panik in seinem engen Raumanzug bekommen. Das durfte auf gar keinen Fall passieren – und man hatte dafür gesorgt, dass es nicht passiert. Als ihn seine Bodenstation fragte: »Neil, wie ist es denn da oben?«, antwortete er ganz gelassen: »Prima, wie im Training!«

energy-Tipp

Schnelle Kraftspender

Legen Sie sich für Krisensituationen ein paar schnelle Kraftspender zurecht, die Ihnen helfen, die Kontrolle zu bewahren. Üben Sie häufig mit diesen Bildern, damit Sie sich ihrer Wirkung sicher sind.

Gedanken

- Gleich vorbei
- Augen zu und durch
- Don't crack under pressure
- Ich schaffe es
- Ruhig Blut

Bilder

- Eine sehr positive Erinnerung
- Eine schöne Landschaft
- Ihr Partner/Ihre Partnerin
- Ihr Kind
- Ihr Haustier
- Ihr Lieblingsplatz
- Ihr größter Erfolg

Düfte

- Gerüche oder Aromen, die Sie an gute Zeiten erinnern

Musik

- Lieblingsmusik mit energievoller Wirkung

Körperempfindungen

- Sonne auf der Haut
- Angenehme Berührung
- Wind in den Haaren
- Tief durchatmen
- Straffe Körperhaltung
- Füße fest auf dem Boden spüren
- Kraftvolles Gehen
- Gesicht entspannen
- Schultern entspannen

Diese Situation war also nicht mehr neu für ihn. Viele, viele Male hatte er sie im Simulator schon erlebt.

Wenn Informationen in unserem Betriebssystem nicht vorgesehen sind, glaubt es zunächst mal, dass da etwas nicht stimmen kann. Also schlägt es Alarm. Genau darum geht es im so genannten Mentalen Training: sich vorzubereiten auf einen »Ernstfall«, in dem man körperlich, emotional und gedanklich nach einem anderen Muster reagieren muss als bisher üblich.

Dieses Muster wird vorher gründlich trainiert, und zwar nicht in der Realität, sondern in entspanntem Zustand im Geiste. Dann ist das Gehirn nämlich sehr viel besser in der Lage, Neues anzunehmen und auszuprobieren, denn Entspannung macht das Denken weit und die Gefühle positiv.

So will ich sein, wenn's zählt

Sicher haben Sie sich schon einmal auf eine brenzlige Situation vorbereitet, indem Sie sie vor dem Einschlafen in Gedanken durchgespielt haben: »Was sage ich, wenn ...?«

Im Mentalen Training wird das »mentale Probesprechen« erweitert zum »mentalen Probehandeln«. Zum Element Sprache kommen Bilder, Farben, Geschwindigkeiten, Körpergefühle, Bewegungsempfindungen, Emotionen und Gerüche hinzu. Sie sehen, hören, fühlen und empfinden sich in der erdachten Art und Weise wie in einem mehrdimensionalen Video.

Wenn Sie sich dieses Video so zusammenstellen, dass Sie einen Zustand trainieren, in dem Sie ruhig, sicher, gelassen, flexibel und reaktionsschnell sind, kann Ihnen später in der realen Situation fast nichts mehr passieren. Wie auch immer die Beteiligten sich verhalten werden, Ihre Vorbereitung garantiert größtmöglichen Erfolg. Allerdings hat der Name Mentales »Training« seinen Grund: Es

Mein Tipp

Mentale Stärke am Schreibtisch

Konzentrationsschwäche? Überblick verloren? Ein einfacher Trick hilft mir sofort, um auch am Schreibtisch mentale Stärke zu bewahren. Ich nehme einen sehr schönen Füller mit breiter Feder und mache mir einige Notizen in einer hübschen Mappe, in der meine ganzen To-do-Listen stehen. Dabei schreibe ich superordentlich und sehr schön. Bei dieser konzentrierten Tätigkeit ordnen sich meine Gedanken schnell wieder, und ich weiß nun, was mein nächster Schritt sein wird!

funktioniert nur, wenn Sie es trainieren! Sie sind gut vorbereitet, wenn Sie bereits eine Woche vor dem kritischen Ereignis regelmäßig und mit Engagement daran arbeiten.

Das Ziel genau festlegen

Stellen Sie sich vor, Sie kommen in Ihrem Urlaubshotel an und bestellen beim Zimmerservice etwas zu essen. »Bitte kein Rindfleisch!« sagen Sie nur und legen auf. Was soll der arme Kellner Ihnen nun bringen? Wann und wie viel? Mit dieser Bestellung kann er nichts anfangen. Damit Sie überhaupt etwas bekommen, sind präzisere Angaben nötig.

Genauso verhält es sich mit Ihrem Gehirn. Damit es ausführen kann, was Sie möchten, braucht es genaue Angaben. Einen Satz wie »Ich will mich nicht mehr aufregen!« kann es nicht umsetzen – im Gegenteil. Sobald Sie das Wort »aufregen« benutzen, wird natürlich Ihr schönstes Aufregungsvideo eingelegt. Und je häufiger ein Video gespielt wird, desto besser ist es in den entsprechenden Nervenbahnen verankert. Da Sie nicht gesagt haben, welches Video Sie stattdessen möchten – zum Beispiel »ruhig und gelassen« oder »liebevoll und nachsichtig« –, kann nichts neu programmiert werden. Und wenn die Situation das nächste Mal wieder kommt, bleibt alles beim Alten.

Positive Ziele zu formulieren ist eine besondere Herausforderung. Es macht etwas Mühe, genau zu überlegen, was man wirklich erreichen, haben oder sein möchte, statt einfach nur global abzulehnen, was einem nicht gefällt. Aber je präziser Sie formulieren, desto besser gelingt das Mentale Training.

- Statt: Ich will nicht mehr so viel Süßes essen. Besser: Ich esse nur noch ein Stück Schokolade am Tag.
- Statt: Ich will nicht mehr so spät ins Bett gehen. Besser: Ich will täglich um 22.15 Uhr ins Bett gehen ...
- Statt: Ich will nicht mehr so nachtragend sein. Besser: Ich werde Lissi bei ihrer

Ein schöner Füller, ein hübsches Notizbuch – kleine Hilfsmittel, um die Gedanken zu ordnen und die nächsten Ziele zu formulieren.

nächsten Bemerkung eine lustige Antwort geben und mein freundschaftliches Gefühl zu ihr stärken.
- Statt: Ich möchte mich nicht so angegriffen fühlen, wenn ich kritisiert werde. Besser: Beim nächsten Mal werde ich erst tief durchatmen. Ich werde mir sagen, dass sich jemand meinetwegen Gedanken gemacht hat, und mich dafür bedanken.

energy-Übung: Mentales Training

Probieren Sie das Mentale Training an einem relativ einfachen Vorhaben für sich aus. Sie werden feststellen, dass Sie damit (realistische) Ziele sicher erreichen.

Das Ziel

Formulieren Sie das gewünschte Ergebnis so deutlich wie möglich: Was genau möchten Sie ändern? Wie soll Ihre neue Handlung ablaufen? Wann möchten Sie anders handeln?

Eine Entspannungstechnik

Sie brauchen einen angenehmen Entspannungszustand. Nutzen Sie die Technik, mit der Sie am besten zurechtkommen. Vor dem Aufstehen und kurz vor dem Einschlafen sind die meisten Menschen so entspannt, dass sich auch diese Augenblicke gut für das Mentale Training eignen.
Wer geübter ist, kann Phasen des Tagträumens nutzen (während einer Bus- oder Bahnfahrt, auf dem Sofa, in der Badewanne oder während eines Spaziergangs).

- Erinnern Sie sich an das Gefühl, das Sie haben, wenn Sie lächeln.
- Lassen Sie das Lächeln innerlich aufblühen, und versuchen Sie, es über den ganzen Körper auszubreiten.
- Vor Ihrem inneren Auge wird es hell, als schiene die Sonne.
- Stellen Sie sich nun vor, wie es ist, mit diesem Gefühl durch den Tag zu gehen. Schön, nicht?

Der Zielzustand

Beantworten Sie sich folgende Fragen: In welchem Zustand will ich mich bei meinem Vorhaben befinden? Wie ist meine Stimmung? Wie fühlt sich mein Körper an? Um sich einen positiven Zielzustand vorzustellen, erinnern Sie sich am besten an einen besonderen Glücksmoment in der Vergangenheit, verstärken ihn, so weit Sie können, und schwelgen darin.

Film ab!

Jetzt spielen Sie in Gedanken die ganze Szene von Anfang bis Ende so durch, wie Sie Ihrer Meinung nach optimal ablaufen sollte:
Wann und wo genau findet alles statt? Spüren Sie dem nach, was Sie tun, fühlen Sie die Bewegungen ganz realistisch. Geschwindig-

energy-Info

Mentales Training im Sport

Bekannt wurde das Mentale Training durch den Spitzensport: Athleten trainieren mental, indem sie sich Bewegungsabläufe intensiv vorstellen. Man konnte nachweisen, dass es bei diesem »gedanklichen Training« zu einem Übungseffekt auf neuronaler Ebene kommt. Die Gehirnrinde arbeitet auch beim gedanklichen Tun in den entsprechenden Bezirken, Verhaltensweisen werden gelernt und deren nervliche Abläufe »eingeschliffen«.
Das mentale Lernen wird noch verstärkt, wenn die Vorstellung positiver Erfahrungen (Applaus des Publikums, eigener Stolz, gutes Körpergefühl) hinzukommt.

keit? Muskelspannung? Hören Sie sich zu: was Sie sagen, wie Sie es sagen. Spüren Sie die Freude des Tuns, Ihre gute und sichere Stimmung. Was riechen oder schmecken Sie? Welche Farben sind um Sie herum?

Nehmen Sie gegen Ende des inneren Films das Ergebnis Ihres neuen Verhaltens auch schon körperlich und emotional vorweg. Stellen Sie sich vor, wie gut Sie sich fühlen werden, wenn Sie Ihr Ziel erreicht haben!

Jetzt mach ich's einfach

Hier ein Beispiel: L. bereitet mit Bekannten einen lustigen Sketch für die Hochzeit ihrer besten Freundin vor. Eigentlich ist sie nicht der Typ für derartige Auftritte, denn sie hasst es, vor Publikum zu stehen. Aber für ihre Freundin will sie es tun. Natürlich steht der Text, den sie sagen wird, bereits fest, aber sie möchte verhindern, dabei so unter Stress zu geraten, dass sie alles vermasselt. Sie möchte ruhig und gelassen und mit dem nötigen Witz ihre Passage vortragen.

Damit hat sie bereits eine klare Vorstellung von ihrem Ziel. Da sie sich gut entspannen kann, fällt es ihr nicht schwer, ein paar Tage vor dem Fest abends im Bett die Gedanken kreisen zu lassen. Sie stellt sich vor, wie sie an dem großen Tag aussehen wird: schön angezogen, gut geschminkt und strahlend. Sie wird sich sicher und stark fühlen, so wie damals, als sie sich spontan für eine ungerecht behandelte Kollegin eingesetzt hatte. Sie kann sich gut an das Gefühl erinnern und schwelgt jetzt ein bisschen darin.

Dann geht ihr »innerer Film« weiter. Sie stellt sich vor, wie sie ruhig vor das Publikum tritt, und mit kräftiger Stimme hört sie sich ihren Text sagen. Ihr Körper ist dabei ruhig, sie fühlt sich gut. Das Publikum hört lachend zu, die Stimmung ist bestens, und der Auftritt wird mit Applaus belohnt. Diese ausführliche positive Fantasie wiederholt L. noch ein paarmal, jeweils abends vor dem Einschlafen. Als der Tag dann kommt, ist der Auftritt für sie gar nichts Neues mehr. Sie ist nicht einmal überrascht, wie gut alles klappt.

Das innere Kino wird Wirklichkeit

Um die Technik gut zu beherrschen, muss man üben, üben, üben! Es gibt viele gute Anlässe, Mentales Training auch im Alltag einzusetzen. Fangen Sie klein an:

- Ich möchte fröhlich und freundlich sein, wenn ich heute Abend mit langweiligen Geschäftspartnern essen gehe.
- Ich möchte in guter Stimmung die lästige Hausarbeit hinter mich bringen.
- Ich möchte friedlich und konstruktiv mit meinem Partner über die Verteilung der Hausarbeit reden.
- Ich möchte souverän und witzig die schlechte Laune meiner Kinder abbauen.

energy-Tipp

So optimieren Sie Ihr Mentales Training

- Je heller und leuchtender Sie die Farben Ihrer Szene gestalten, desto positiver ist Ihre Stimmung.
- Platzieren Sie sich in Ihrem Film so, dass Sie größer sind als die anderen Beteiligten und diese von oben sehen. Das stärkt Ihr Gefühl von Souveränität.
- Spielen Sie mit der Entfernung: Je näher Sie ein Bild auf Ihrem inneren Bildschirm herankommen lassen, desto stärker ist seine Wirkung.
- Unangenehme Bilder verkleinern Sie und lassen sie in Ihrer Vorstellung rechts unten am Bildrand verschwinden.

GEZIELT POSITIV DENKEN

Positive Gedanken erzeugen nicht nur positive Gefühle, sondern verändern auch die Körperfunktionen in Richtung Entspannung, Erholung und Regeneration. Das ist gesund, das ist äußerst ansteckend, und es ist die Basis des Erfolgs!

Positive Gedanken wären nicht so enorm wichtig, wenn nicht in allen Bereichen des modernen Lebens der negative »Input« so deutlich überwiegen würde. Nach dem Motto »Bad news is good news« sind die Medien voll von negativen Meldungen aus Politik, Wirtschaft und Wissenschaft. Hinzu kommen alle privaten Sorgen, Nöte, Probleme und Befürchtungen, die jeder immer mit sich herumträgt.

Auch von Natur aus dominiert das Negative unser Bewusstsein, denn es macht uns auf Gefahren oder Bedrohungen aufmerksam, auf die wir im Zweifelsfall sofort reagieren müssen. Negative Stimulationen haben wir also genug, und negativ denken können wir, das brauchen wir nicht zu trainieren. Wohl aber das positive Denken!

Positive Gedanken erzeugen positive Gefühle

Positive Überzeugungen und der unerschütterliche Glaube an bestimmte Aussagen können viel bewirken: vom Plazebo-Effekt, der bei medikamentösen Behandlungen eine nicht zu unterschätzende Rolle spielt, bis zu den sich selbst erfüllenden Prophezeiungen. Die Wirksamkeit geistiger Einstellungen lässt sich nicht leugnen.

Sprichwörter und Lebensweisheiten, Horoskope und Orakel treffen manchmal durchaus zu, aus dem einfachen Grund, weil wir es

Positive Gedanken versorgen Sie mit Energie, geben Ihnen Zuversicht und Selbstvertrauen.

gerne möchten! Dann tun wir unbewusst etliches, das zu ihrer Erfüllung beiträgt. Wer Erfolg und Liebe prophezeit bekommt, wird gut gestimmt durch den Tag gehen, viele Menschen anlächeln und als Echo erhalten, dass die anderen ihn mögen. Jemand, der vor einem Unfall gewarnt wird, ist vor Angst so angespannt und gestresst, dass ihm tatsächlich etwas zustoßen kann.

Realistisch bleiben

Aber auch »Positivdenker« haben Misserfolge, wenn sie die Realitäten verleugnen. Leichtsinnigerweise unabsehbare Risiken einzugehen, weil man an die unendliche Kraft des positiven Denkens glaubt, ist nicht nur dumm, sondern auch gefährlich. Labile Menschen, die ihr Schicksal passiv der positiven Energie des Kosmos überantworten, laufen Gefahr, in Sackgassen stecken zu bleiben. Wer jedoch als gesunder und tatkräftiger Mensch an seine Chancen im Leben glaubt, wird sie einfach schneller ergreifen, sobald sie sich bieten.

Ich meine mit positivem Denken nicht die naive Empfehlung, nur ein wenig Rosarot über die Realität zu pinseln, und schon versetzt der Glaube Berge, die dem persönlichen Glück im Weg stehen. So einfach ist es leider nicht! Das Negative wird und muss es immer geben. Ängste, Ärger, Sorgen, Nöte und Probleme lassen sich nicht wegdenken, sondern erfüllen unser Leben mit ständig neuen Herausforderungen, die angenommen und bewältigt werden wollen.

Sich selbst mit Energie versorgen

Positiv denken heißt, als Ausgleich zu den anstrengenden Seiten des Lebens bewusst diejenigen Aspekte zu nutzen, die Sie mit frischer Energie versorgen. Das sind:

- die eigenen Fähigkeiten und Stärken
- Fähigkeiten und Stärken anderer

Positiv eingestellte Menschen sind gesünder, tatkräftiger, stressresistenter und lassen sich nicht so leicht aus der Bahn werfen.

- positive Aspekte von Situationen
- positive Aspekte von Informationen.

Die dadurch freigesetzte Energie nutzen Sie dann unter Zuhilfenahme Ihres Verstandes, um Probleme zu lösen und angemessen zu kommunizieren. Denn nur mit persönlichem Einsatz, mit Zielvorstellungen, Planen und Handeln verändern Sie Ihr Leben!

Daniel Goleman beschreibt in seinem berühmten Buch »Emotionale Intelligenz« die Auswirkungen einer positiven Lebenseinstellung auf die intellektuelle Leistungsfähigkeit von Studenten. Diejenigen, die in psychologischen Tests hohe Werte für Hoffnung, Zuversicht und Selbstvertrauen erzielten, schnitten auch in ihren Prüfungen besser ab, konnten sich besser motivieren und ihr Leben besser organisieren.

Optimistisch eingestellte Menschen führen Niederlagen auf etwas zurück, das sie ändern können. Sie betrachten sie als Ansporn für bessere Leistungen. Während pessimistische Menschen meinen, Misserfolge hingen mit Merkmalen ihrer Persönlichkeit zusammen,

die sich nicht ändern lassen, und mit dieser Haltung nur spärliche Erfolge erringen.
Wenn Sie also beschließen, positiver zu denken, um auf diesem Wege mehr Energie für die Erreichung Ihrer Ziele zu bekommen – und Sie meinen es wirklich ernst damit –, wird es Ihnen auch gelingen! Die Methoden, wie Sie dahin kommen, zeige ich Ihnen jetzt.

Eigenlob stimmt!

Diese Formulierung stammt von meiner bekannten Trainerkollegin Sabine Asgodom. Sie ist einfach durch nichts zu ersetzen! Denn sie trifft den Kern dessen, worauf es mir hier ankommt. Eine der besten Energiequellen sitzt nämlich im eigenen Gehirn. Genauer gesagt im emotionalen Gedächtnis. Benutzen Sie es bitte, sooft Sie können.
Halten Sie sich immer wieder Ihre Fähigkeiten, Ihre guten Eigenschaften, Ihr ganzes Können und Ihre angeborenen Qualitäten vor Augen. Von den schönen blauen Augen bis zu den kräftigen Waden, von Ihrer guten Schrift über Ihr Organisationstalent bis zu Ihren göttlichen Kohlrouladen! Falls Ihnen gar nichts einfallen sollte, sind Sie immerhin ein sehr bescheidener Mensch!
Trauen Sie sich, dabei Ihre eigenen Maßstäbe und nicht die der anderen anzulegen. Manch eine Fähigkeit, die Ihnen viel Spaß einbringt, zum Beispiel gut flirten zu können, ist bei Ihrem Partner wahrscheinlich gar nicht gut angesehen. Aber in diesem Fall geht es nur um Sie selbst.

energy-Info

Optimisten leben länger!

Zwischen 1962 und 1965 wurden rund 800 Patienten der berühmten Mayo-Klinik in Amerika psychologisch getestet. Nach 30 Jahren hat man diese Personen noch einmal untersucht und festgestellt:
Je pessimistischer die Betreffenden eingestellt waren, desto größer war ihr Risiko, vorzeitig zu sterben. Oder positiv formuliert: Die Optimisten lebten länger.

Selbstbewusstsein – die stille Stärke

Selbstbewusst ist nicht derjenige, der laut herausposaunt, wie toll er ist. Selbstbewusste Menschen kennen sich einfach selbst sehr gut. Sie wissen Bescheid über ihre Reaktionen, ihre Stärken, ihre Schwächen. Sie stellen sich darauf ein, bauen vor und arbeiten daran, das Beste aus ihrem Leben zu machen. Diese Selbstkenntnis gibt ihnen eine Sicherheit, die man nach außen hin spürt. Sehen Sie sich Menschen an, die eine natürliche Autorität besitzen. Sie können anderen sehr viel geben, ohne sich persönlich in den Vordergrund zu spielen. Sie haben nichts Aufdringliches an sich, sie wirken ausgeglichen und durch und durch solide. Dieses Selbstbewusstsein kommt bei vielen Menschen mit dem Älterwerden von alleine. Ihre Erfahrungen haben ihnen gezeigt, wer sie sind.
Doch Sie können sich ein stabiles Selbstbewusstsein auch erarbeiten! Sprechen Sie nicht laut darüber, sondern schreiben Sie sich heimlich einen großen Eigenlob-Zettel. Bewahren Sie ihn an einem persönlichen Ort auf und schauen Sie immer mal wieder drauf, besonders wenn es Ihnen nicht gut geht: wenn Sie einen Fehler gemacht haben, wenn Sie niedergeschlagen sind, Ihren Partner verloren haben oder Ihre Aktien abgestürzt sind. Damit Ihnen auch genügend gute Eigenschaften einfallen, habe ich Ihnen auf Seite 116 eine Liste mit Anregungen zusammengestellt.

Unabhängig davon, was gerade passiert ist oder wie schlecht Sie sich fühlen – wenn Sie Ihre Eigenlob-Liste lesen, werden Sie getröstet sein. Die Realität und die Tatsachen bleiben die gleichen. Doch erst einmal ziehen Sie sich am eigenen Schopf aus dem Sumpf. Und dann geht's weiter!

Manche Seminarteilnehmer, besonders die älteren, finden diesen Vorschlag peinlich, fast unsittlich. Sich selbst zu loben ist für sie völlig ungewohnt. Sie befürchten, dadurch eingebildet und unrealistisch zu werden. Würde ich sie dagegen bitten, alle ihre Fehler und Schwächen zu notieren, wären sie mit Feuereifer dabei! Doch was nicht in Ordnung ist, wissen Sie sowieso, das müssen Sie nicht extra üben.

Aber sich selbst schätzen und lieben zu lernen, das lohnt sich zu üben! Es geht schließlich nicht um Ihre Eitelkeit, oder darum, Ihren Verstand auszuschalten, sondern um einen guten Zweck: mehr Energie, mehr Fröhlichkeit und mehr Gesundheit! Und das ist auch gut für Ihre Mitmenschen.

Checkliste

Ich bin klasse!

Wie man über sich selbst denkt, ist für das Wohlbefinden weit wichtiger als die Bewertung anderer. Hier ein paar Anregungen, was man alles an sich selbst gut finden kann.

- ❑ **Das mag ich an mir:** Größe • Silhouette • Augenfarbe • Haarfarbe • Körperbau (besonders gut gelungene Körperteile) • Gesicht (besonders schöne Partien) • sportliche Leistungsfähigkeit (spezielle Disziplin) • Gesundheit

- ❑ **Ich bin:** humorvoll • gefühlvoll • verständnisvoll • tolerant • kreativ • geistreich • verspielt • charmant • eigenwillig • optimistisch • geduldig • heiter • anpassungsfähig • kapriziös • gebildet • schlagfertig • sprachbegabt • konzentriert • rational • flexibel • entspannt • lebendig • dynamisch • spontan • hilfsbereit • freundlich • gesprächig • einfühlsam • beständig • vernünftig • intuitiv • treu • zuverlässig • ausgeglichen • temperamentvoll • lustig • belastbar • kooperativ • kritisch • konstruktiv • distanziert • entscheidungsfreudig • fair

- ❑ **Ich kann gut:** flirten • feiern • Kontakte knüpfen • Menschen verbinden • andere unterhalten • andere verwöhnen • mich selbst verwöhnen • Menschen glücklich machen • zuhören • aus anderen das Beste herausholen • Verantwortung übernehmen • andere überzeugen • delegieren • motivieren • organisieren • führen • unterstützen • helfen • Menschen ermuntern • den Überblick bewahren • Dinge vorwärts treiben • Neues ausprobieren • analysieren • improvisieren • verkaufen • Vorträge halten • Schriftliches ausarbeiten • Visionen formulieren • anderen den Rücken freihalten • zuarbeiten • Kinder erziehen • Kinder beschäftigen • unterrichten • Kranke pflegen • Abrechnungen machen • ordnen • systematisch arbeiten • Hausarbeit machen • heimwerken • handarbeiten • ein Instrument spielen • im Garten arbeiten • kochen • dekorieren • einkaufen • Feste vorbereiten

»Ich bin klasse!« – Glauben Sie an sich selbst, Ihre Fähigkeiten, Eigenschaften und Ihr Können.

Ihre Stärken verstärken

Sie notieren sich sicher jeden Abend, was unerledigt geblieben ist und was am nächsten Tag zu tun ist. Das kann jeder.
Nun gehen Sie bitte noch einen Schritt weiter! Schreiben Sie bitte ab jetzt auf, was Ihnen an diesem Tag gut gelungen ist, womit Sie Erfolg hatten und wie es dazu kam, dass Sie so gut abgeschnitten haben. »Glück gehabt!« reicht als Grund für Erfolg nicht aus. Denn »irgendwie« haben Sie es geschafft, zur richtigen Zeit am richtigen Ort die richtigen Worte zu finden oder den richtigen Handgriff zu tun.
Das Interessante ist genau dies »irgendwie«. Denn hier steckt eine Methode, eine Vorgehensweise, eine Strategie dahinter, die Sie unbedingt kennen sollten, damit Sie sie möglichst bald wieder einsetzen können. Fehler zu analysieren und daraus zu lernen ist nichts Besonderes. Doch warum lernen Sie nicht auch aus Ihren Erfolgen! Das macht doch viel mehr Spaß! Und es stärkt das Selbstbewusstsein. Natürlich sollen Sie auch in Zukunft Ihre Schwächen ausgleichen, sich weiterbilden und ständig dazulernen. Doch die positive Seite darf nicht vernachlässigt werden. Ganz im Gegenteil!

Krisen in Chancen verwandeln

Mit guten Ergebnissen umzugehen ist nicht allzu schwer. Aber Krisen in Chancen zu verwandeln verlangt besondere Fähigkeiten des Denkens. Egal was passiert, Sie können immer etwas dazulernen, etwas trainieren oder eine Ihrer Stärken anwenden und damit einen Nutzen aus der Situation ziehen, wie unangenehm sie auch sein mag.

Sich innerlich umstimmen

Wie Sie über eine Situation denken, ist entscheidend dafür, wie Sie mit ihr klarkommen. Die Formel »Was ist das Gute am Schlechten?« ist die schnellste Methode, eine sinnstiftende Antwort zu finden.
Die Suchmaschine, die Sie mit dieser Frage im Gehirn in Gang setzen, wird sofort systematisch alle Gedächtnisspeicher nach positiven Ergebnissen absuchen. Während dieses Vorgangs können Sie nichts Negatives denken, denn das Gehirn kann immer nur ein Video auf einmal abspielen. Ängste, Bedrohungen, Befürchtungen – alle negativen Videos bleiben im Regal!
Solange Sie mit den positiven Beurteilungen beschäftigt sind, laufen auch alle Reaktionen ab, die an positive Gedanken gebunden sind: Ihre Gefühle wechseln ins Angenehme, der Blutdruck sinkt, das Immunsystem arbeitet angeregt. Sie können wieder lächeln und sehen ein wenig hübscher aus. Je öfter Sie diese Technik anwenden, desto schneller funktioniert die innere Umstimmung, denn das Gehirn ist trainierbar.

Checkliste

Was ist das Gute am Schlechten?

Probieren Sie aus, welche Formel Ihnen am besten hilft, Nerven, Ruhe und Überblick zu bewahren. Hauptsache, Ihre Gedanken bewegen sich in Richtung positiv!

Missgeschick

- ❑ Mach's Beste draus!
- ❑ Das passiert mir nicht noch mal.
- ❑ Für diese Woche habe ich mein Fett weg.
- ❑ Ich habe was dazugelernt.
- ❑ Wer weiß, wozu das gut ist.
- ❑ Schenkt dir das Leben Zitronen, mach Limonade draus.

Ärger mit anderen

- ❑ Irgendetwas Gutes muss doch an diesem Menschen dran sein!
- ❑ Ich denke an das, was ich nachher Schönes vorhabe.
- ❑ Ich setze alle rhetorischen Mittel ein, um konstruktiv zu bleiben.
- ❑ An diesem Menschen kann ich gut meine Selbstbeherrschung trainieren.

Zeitdruck

- ❑ Durchatmen und eins nach dem anderen.
- ❑ Wenn du es eilig hast, gehe langsam.
- ❑ Ganz entspannt im Hier und Jetzt.
- ❑ Mut zur Lücke!
- ❑ Wäre doch gelacht, wenn ich das nicht schaffen würde.

Problematische Aufgabe

- ❑ Niemand weiß, was er kann, wenn er es nicht versucht.
- ❑ Wenn es keine Probleme gäbe, gäbe es auch keine Erfolgserlebnisse.
- ❑ Wie schön wird es sein, wenn das hier vorbei ist!

Magische Formeln für alle Lebenslagen

Das Glas ist halb leer. Nein – halb voll! Das ist der Klassiker unter den Formeln der »inneren Umstimmung«. Viele Menschen wenden sie spontan an, wenn etwas Unangenehmes passiert ist. Sie sagen: »Wer weiß, wozu das gut war«, »Da habe ich wenigstens etwas gelernt« oder »Gott sei Dank, nur Blechschaden.« Meine Empfehlung ist, diese magischen Formeln häufiger und systematischer einzusetzen (Checkliste links). Nicht nur dann, wenn sie einem zufällig einfallen.
Meine Seminarteilnehmer haben dazu oft so ihre Bedenken:

- ➤ Man wird unrealistisch, das Leben ist schließlich kein Zuckerschlecken.
- ➤ Man macht sich nur was vor.
- ➤ Ich kann doch nicht den ganzen Tag lächelnd herumlaufen, das ist doch irre.

Doch hier liegt ein Missverständnis vor: Die Realität, das Unglück, den verpassten Flieger, den Unfall, den Fehler nehmen Sie selbstverständlich zur Kenntnis. Der Verstand arbeitet weiter nach den geltenden Regeln. Je nachdem was passiert ist, werden Sie vielleicht auch eine ganze Zeit lang leiden, mit dem Schicksal hadern oder sich auflehnen. Doch Sie kommen mit der Situation wesentlich besser zurecht, wenn Sie sich von ihr nicht überwältigen lassen.

Stress-Situationen bewältigen

Mit der inneren Umstimmung durchbrechen Sie bewusst die Dauerstimulation der Stressreaktion durch negative Gedanken. Denn das ruiniert im Laufe der Zeit den Körper, die Gefühle und das Denken und Sie verlassen den Bereich Ihrer optimalen Leistungsfähigkeit. Sie denken nicht mehr effektiv, kommunizieren gereizter, als es sein müsste, und stecken andere mit Ihrer schlechten Laune an. Damit ist niemandem geholfen. Der Sinn dieser Technik ist, schlechte Situationen erträglich

zu machen, Energien freizusetzen und Ressourcen zu wecken, mit denen Sie die Situation bewältigen können.
Bewältigen heißt nicht, es sich bequem machen, Probleme zu verdrängen und Auseinandersetzungen zu vermeiden. Hüten Sie sich auch davor, mit Hilfe der inneren Umstimmung alles einfach zu akzeptieren. In einer unglücklichen Beziehung hat man irgendwann genug gelernt, genug Geduld und Verständnis geübt und sollte mit klarem Verstand abschätzen, ob es nicht doch besser wäre, Schluss zu machen.
Als mein Vater nach einem Schlaganfall gelähmt war, haben wir versucht, ihm noch einen Lebenssinn, eine Aufgabe zu vermitteln. Wir haben ihm klar gemacht, dass er für unsere Kinder ein wichtiger »Erziehungsfaktor« ist. Sie lernen an ihm, dass auch ein behinderter Opa ein liebenswerter, achtenswerter und wichtiger Mensch ist. Das hat ihn zumindest eine Weile getröstet.
Bewältigen kann also auch heißen, das Unveränderbare hinzunehmen und trotzdem etwas zu tun, um die Verhältnisse zu ändern und erträglicher zu gestalten. Sie raffen sich auf, die Situation kontrollierbar zu machen und dem Ganzen einen Sinn zu geben. Alles nach der schlichten Formel: »Was ist das Gute am Schlechten?«

Power-Talking: Entrümpeln Sie Ihre Sprache!

Auch wenn wir es nicht mehr richtig bemerken: Jede Formulierung öffnet ein bestimmtes Videoband mit vielen Informationen, die unser gesamtes System beeinflussen. Unsere Sprache ist voll von Formulierungen, die wir gewohnheitsmäßig benutzen und die sich bei näherem Hinsehen als mächtige Energiekiller entpuppen. Warum sollten wir stattdessen nicht durch sorgfältige Auswahl unserer Worte die energiespendenden Effekte positiver Formulierungen nutzen?

Eine positive Sprache weckt Zuversicht und trägt wesentlich zum Erfolg einer Besprechung bei.

Versteckte Botschaften

Statt Vorstellungen von Druck und Belastung zu wecken, können Sie mit Formulierungen Assoziationen von Zuversicht und Sicherheit herstellen. Statt Katastrophen und negative Ergebnisse heraufzubeschwören, stellen Sie erreichbare Ziele in Aussicht.

Auf die Formulierung kommt es an

Spüren Sie bitte der Wirkung nach, die der folgende Satz in Ihnen erzeugt: »Wir sind im Moment sehr überlastet, deshalb können wir Ihren Wagen leider erst nächste Woche reparieren.« Interessiert Sie als Kunde der Stress Ihrer Werkstatt? Wahrscheinlich nicht, Sie wollen Service und keine Klagen oder Entschuldigungen. Offensichtlich hat dieser Laden seine Arbeit nicht im Griff. Ob die sich überhaupt richtig um Ihren Wagen kümmern können? Wer weiß? Und lange dauern wird es auch. Frust.

Der folgende Satz hat den gleichen Inhalt, aber eine ganz andere Wirkung: »Wir haben im Moment viele Kunden und geben uns große Mühe, die Aufträge sorgfältig auszuführen. Für Ihren Wagen hätten wir in der nächsten Woche einen Termin frei. Wäre Ihnen Mittwoch um 7.30 Uhr recht?« Jetzt haben Sie das Gefühl, bei einer kompetent und gewissenhaft arbeitenden Werkstatt zu sein, die von vielen Kunden geschätzt wird. Sie sehen viel eher ein, warum Sie nicht sofort drankommen. Für gute Leistung sind Sie aber auch bereit zu warten, oder?

Sich selbst beeinflussen

Genau dies ist mit »Power-Talking« gemeint: Aus einer potenziell Ärger erzeugenden Situation machen Sie eine Gelegenheit, positive Energie zu erzeugen – bei sich selbst ebenso wie bei Ihrem Zuhörer.

Noch ein Beispiel: Schließen Sie bitte die Augen und stellen Sie sich den folgenden Satz vor: »Ich muss mich beeilen, sonst verpasse ich den Zug!« Sie spüren die Hetze, den Druck auf der Brust, und – gerade am Bahnhof angekommen – sehen Sie die roten Schlusslichter des Zuges: »Mist, verpasst!« Diese Bilder und Gefühle müssen nicht sein. In Ihrem Gehirn kann auch ein ganz anderes Video ablaufen: »Ich will mich beeilen, damit ich den Zug noch bekomme!« Sie sind schnell, das Rennen ist anstrengend, doch es lohnt sich! Sie sehen sich gerade noch einsteigen, bevor der Zug anrollt: »Geschafft, klasse!« Welche Vorstellung wird Ihnen die Beeilung wohl erleichtern?

Energiequelle Sprache

Wenn Sie andere Menschen motivieren möchten, erspart Ihnen eine positive Sprache unnötige Energieverluste. »Kinder, ihr müsst euch beeilen, wir kommen sonst zu spät zur Oma!« Ihre Drei- bis Fünfjährigen werden nun extra lange zum Anziehen brauchen, die Schuhe suchen, die Mütze blöd finden und unterwegs ein paarmal hinfallen. Sie drängen und schimpfen, und trotzdem kommen alle zu spät. Kein Wunder, Ihr Druck erzeugt Widerstand. Sprechen Sie lieber positiv: »Kinder, ich möchte, dass wir uns beeilen. Ihr wollt doch was von Omas leckerem Schokokuchen, oder?«, und schon geht alles etwas schneller und reibungsloser. Machen Sie zu Hause den Härtetest: Wenn positive Sprache bei Kindern in der Trotzphase wirkt, funktioniert sie auch bei Kollegen, Kunden und Ehepartnern. Ich bin sicher, Sie haben erfreuliche Ergebnisse damit!

Sehen Sie sich in der Tabelle rechts die Formulierungen und die dazugehörigen Assoziationen an. Entscheiden Sie sich für eine positive Sprache! Am Inhalt der Aussage ändert sich nichts. Doch Sie erzeugen bei sich und anderen eine bessere Stimmung, mehr Motivation und mehr Energie!

Energiequelle Sprache

SAGEN SIE STATT:	LÖST AUS	BESSER:	LÖST AUS
Ich muss ...	Gezwungenermaßen, ich will eigentlich nicht; Zuhörer wird unsicher	Ich will ... Ich möchte ... Ich werde ...	Entschluss steht fest, ich stehe dazu; Zuhörer fasst Vertrauen
Ich versuche ...	Ich habe mich nicht klar entschieden, ich setze mich nicht voll ein	Ich arbeite daran ... Ich will alles tun ...	Voller Energieeinsatz, Selbstmotivation, vom Ziel überzeugt
Vielleicht schaffe ich es	Ich bin unsicher, setze nicht alle Energie ein, die nötig ist	Ich gebe mir alle Mühe, es zu schaffen Ich setze alles daran, es zu schaffen	Meine Entscheidung ist klar, voller Energieeinsatz, Motivation
Eigentlich hätte ich ja zu Hause bleiben sollen	Unaufrichtig, keine Entscheidung, ich will nicht wirklich, ohne Energie	Erst wollte ich zu Hause bleiben, doch ich habe mich anders entschieden	Selbstbestimmt, klar, Energie ausgerichtet auf das, was zu tun ist
Ich möchte wissen, ob Sie mir weiterhelfen können	Stellt die Hilfsbereitschaft in Frage	Ich möchte gerne wissen, wann/wie Sie mir weiterhelfen	Zeigt die feste Erwartung, motiviert
Das gibt bestimmt Probleme	Belastung, Schwierigkeiten, Druck, Erfolgsaussichten schlecht, Energieverlust	Da sehe ich eine Menge neuer Aufgaben, mit denen wir uns beschäftigen werden	Zuversicht, Herausforderung, Energieeinsatz, dem Zuhörer wird etwas zugetraut
Versuchen Sie bitte, sich klar auszudrücken	Sie schaffen es ja doch nicht	Ich denke, Sie können das noch klarer ausdrücken	Schon ganz gut, ich traue Ihnen zu, dass Sie es noch besser können
Du bist aber ziemlich faul	Verurteilung der ganzen Person, keine Motivation, härter zu arbeiten	Bei dieser Aufgabe hast du wohl keine Lust gehabt, was?	Ich glaube, dass es ein Einzelproblem ist, ich traue dir generell etwas zu
Du bist ja immer noch nicht fertig	Kritik, du trödelst, du schaffst es nie in der rechten Zeit, Ziel nicht erreicht	Du hast ja schon die Hälfte fertig! Gut – der Rest ist sicher auch gleich erledigt	Lob, Ermunterung weiterzumachen, Teilziel erreicht, Ziel in Sicht

Nichts wirkt so befreiend, wie von Zeit zu Zeit all die unnützen Dinge, die sich angesammelt haben, wegzuwerfen.

KONTROLLIEREN SIE DAS CHAOS

Wann haben Sie das letzte Mal so richtig gut ausgemistet? Alles weggeworfen, was herumliegt, einstaubt, belastet und nervt? Denn alles, was Sie nicht sinnvoll verwenden können, kostet Sie Energie, Aufmerksamkeit und Zeit. Mit welchem Gefühl der Befreiung man einen Müllsack in die Tonne werfen kann! Welche Klarheit und Ordnung nicht nur die Wohnung, sondern auch die Seele erfasst!

Gute Organisation spart Energie

Welche Ordnung herrscht in Ihrer Selbstorganisation? Liegt vor Ihnen eine Woche mit unübersichtlich vielen geschäftlichen und privaten Terminen, oder wissen Sie genau, was wann auf Sie zukommt? Wissen Sie, für welchen Termin es sich lohnt, Energie einzusetzen? Kennen Sie Ihre Prioritäten – in Bezug auf Tätigkeiten, Dinge und Menschen? Oder lassen Sie sich treiben, erlauben Sie jedem Vorgang und jedem Menschen an Ihrer Energie zu zerren?
Ordnung ist das halbe Leben. Da ist schon was dran – oder finden Sie das spießig? Dann überspringen Sie dieses Kapitel. Denn jetzt wird aufgeräumt!

Ordnen Sie Ihre Umgebung

Fühlen Sie sich zu Hause in jedem Zimmer wohl? Kommen Sie gerne an Ihren Arbeitsplatz? Gibt der Raum Ihnen Energie, oder zehrt er an Ihren Kräften, weil:

- Sie wenig Platz für sich haben
- es unordentlich, unsauber und unübersichtlich ist
- es zu dunkel ist
- schlechte Luft herrscht
- die Atmosphäre unangenehm ist?

Die Räume, in denen Sie sich überwiegend aufhalten, sind für Ihre Energie und Ihr Wohlbefinden von größter Bedeutung. Beginnen Sie, sich Schritt für Schritt eine Umgebung zu schaffen, die Ihnen gut tut. Die Checkliste rechts hilft Ihnen dabei.

Energiefresser raus!

Die goldene Regel des Entrümpelns lautet: Alles, was Sie in den letzten zwei Jahren nicht mehr benutzt haben, kann weg! Sollten manche Dinge einen emotionalen Erinnerungswert haben, überlegen Sie, ob nicht ein Foto des geliebten Stückes reicht, um die Erinnerung wachzuhalten. Oder Sie heben nur einen kleinen, aber gut verstaubaren Teil davon auf.
Bringen Sie Licht, Luft und Farben in Ihre Umgebung:

➤ Schaffen Sie Lichtverhältnisse, die dem Zweck des jeweiligen Raumes angemessen sind. Angenehm schummriges Licht in der Diele wird Sie jeden Tag zur Weißglut bringen, wenn Sie Ihren Schlüssel suchen. Grelles und kaltes Licht im Schlafzimmer verhindert eine kuschelige Atmosphäre.

➤ Lüften Sie öfter, dafür kürzer, um die Luftqualität zu verbessern. Stellen Sie Pflanzen auf. Hydrokulturen sind pflegeleicht und befeuchten die Luft.

➤ Schaffen Sie mit Bildern und/oder Accessoires die gewünschte Atmosphäre. Oft reicht ein kleiner Farbklecks in Sichtweite. Gelb, Rot und Orange regen an, Grün und Blau entspannen und beruhigen.

Ordnen Sie Ihre Beziehungen

Haben Sie mit jemand Krach? Sollten Sie sich noch bei jemand entschuldigen? Wer bekommt noch Geld zurück? Emotionale Altlasten hängen einem manchmal unbewusst wie Mühlsteine am Hals. Auch wenn man

Checkliste

Ordnung setzt Energien frei!

Befreien Sie sich von allem Überflüssigen und schaffen Sie Klarheit in Ihrer Umgebung.

- ❑ Räumen Sie Schränke und Schubladen auf.
- ❑ Werfen Sie Überflüssiges, Altes, Unansehnliches weg.
- ❑ Werfen Sie defekte Geräte weg.
- ❑ Schaffen Sie Platz.
- ❑ Überprüfen Sie regelmäßig Ihre Vorräte (Lebensmittel, Reinigungsmittel, Hygieneartikel, Kosmetik).
- ❑ Legen Sie einen regelmäßigen Turnus für Einkäufe fest.
- ❑ Legen Sie einen regelmäßigen Turnus für Reinigungsarbeiten fest.
- ❑ Sparen Sie Energie und Zeit durch Weglassen von Hausarbeit: Schmutzanfall reduzieren durch Schuhewechseln, Abwasch reduzieren durch tischfähiges Kochgeschirr, nicht so oft Staub wischen, Auto waschen, Fenster putzen.
- ❑ Ordnen Sie Ihre Unterlagen systematisch.
- ❑ Bezahlen Sie Ihre Rechnungen.
- ❑ Legen Sie Stammplätze für Schlüssel, Brille, Portemonnaie fest.
- ❑ Hängen Sie wichtige Telefonnummern aller Familienmitglieder sichtbar auf.
- ❑ Hängen Sie einen Familien-Terminkalender sichtbar auf.
- ❑ Räumen Sie Ihren Arbeitsplatz auf.
- ❑ Prüfen Sie, ob alle Arbeitsutensilien da sind.
- ❑ Werfen Sie Unterlagen, Bücher, Hilfsmittel weg, die Sie nicht mehr benötigen.
- ❑ Wählen Sie ein klares Ablagesystem.

sich alle Mühe gibt, sie zu verdrängen, sie bleiben im Hinterkopf und wirken als dauernde Energiebremse. Befreien Sie sich davon! Machen Sie eine Liste von den Dingen, die noch anstehen, und arbeiten Sie sie systematisch ab. Ein Telefonat, ein Brief oder ein kurzes Treffen, und schon haben Sie Gelegenheit, aus einer Belastung einen Anlass für eine energiespendende menschliche Begegnung zu machen. Wenn Sie den ersten Schritt über den eigenen Schatten wagen, entstehen Offenheit, Nachsicht und menschliche Verbundenheit. Oder würden Sie sich nicht sehr freuen, wenn statt einer gemaulten Entschuldigung für einen vergessenen Termin ein Blumenstrauß bei Ihnen ankäme?

Checkliste

Emotionale Altlasten

Liegt Ihnen noch etwas auf der Seele? Befreien Sie sich davon, indem Sie mit einer netten Geste auf den anderen zugehen!

- ❑ Termin vergessen
- ❑ Fehler gemacht
- ❑ Rückruf vergessen
- ❑ Einladung nicht erwidert
- ❑ Geld nicht zurückgegeben
- ❑ Geliehene Sache nicht zurückgegeben
- ❑ Hilfeleistung abgelehnt
- ❑ Jemanden beleidigt
- ❑ Jemanden verletzt
- ❑ Jemanden bloßgestellt
- ❑ Blöde Ausrede benutzt
- ❑ Etwas beschädigt, das anderen gehört
- ❑ Unhöflich gewesen
- ❑ Unfreundlich gewesen
- ❑ Nachtragend gewesen

Ordnen Sie Ihre Zeit und Ihren Energieeinsatz

Menschen leben nicht nur nach äußeren Taktgebern, wie Arbeitszeiten, Mahlzeiten oder der Beginn der Tagesschau, sondern haben auch eine eigene innere Uhr. Nach dieser Uhr zu leben spart eine Menge Energie! Alles, was Sie zum optimalen Zeitpunkt tun, wird Ihnen leichter von der Hand gehen und größeren Erfolg haben.

Jedes Ding hat seine Zeit

Morgens kann man sich besser auf Neues konzentrieren, abends erreicht die sinnliche Genussfähigkeit ihren Höhepunkt. Nach den Erkenntnissen der Chronobiologie (griech. chronos = Zeit) folgt jede Körperfunktion einem eigenen Rhythmus. Viele Funktionen haben einen 24-Stunden-Rhythmus (zirkadianer Rhythmus), einige einen monatlichen Rhythmus (weiblicher Zyklus), und andere folgen den Jahreszeiten. Es ist sinnvoll, vernünftig und gesund, diese Rhythmen zu kennen und zu berücksichtigen.

Die in der Tabelle rechts angegebenen Zeiten sind natürlich Durchschnittswerte. Der Durchschnittsmensch beispielsweise braucht 7,5 Stunden Schlaf; 1 % der Menschen sind Kurzschläfer, die mit 4,5 Stunden auskommen, 1 % sind Langschläfer, die 10,5 Stunden brauchen, um richtig ausgeschlafen zu sein. Außerdem gibt es »Lerchen« und »Nachteulen«, bei denen die Uhrzeiten verschoben sind: um 1 bis 2 Stunden nach hinten, wenn Sie ein Nachtmensch sind, oder nach vorne,

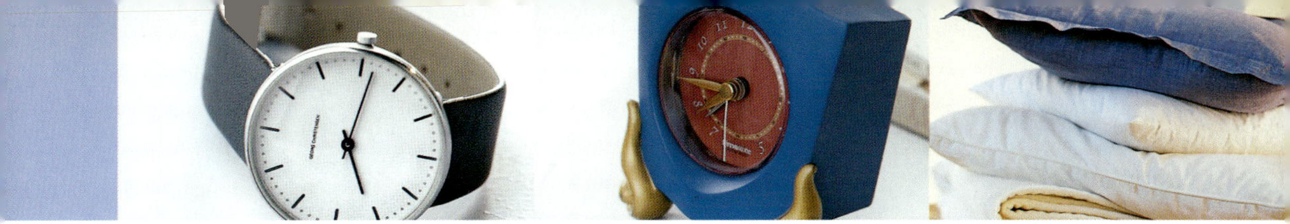

Nutzen Sie Ihre innere Uhr

TAGESZEIT	KÖRPERFUNKTIONEN
6.00	➤ Cortisol- und Noradrenalinspiegel steigen an, beide machen wach und konzentriert, steigern das Bedürfnis nach Kohlenhydraten ➤ Nahrung wird am besten in Energie, am wenigsten in Fett umgesetzt (Frühstückszeit) ➤ Erhöhte Blutgerinnung: bis 9 Uhr Risiko von Herzinfarkt und Schlaganfall am größten
7.00	➤ Blutdruckanstieg, Pulsanstieg ➤ Höchster Cortisolspiegel: Konzentration und geistige Leistungsfähigkeit nehmen zu
8.00–9.00	➤ Höchster Testosteronspiegel beim Mann
9.00–12.00	➤ Konzentration und Kurzzeitgedächtnis optimal, Lesegeschwindigkeit maximal: optimale Zeit, Probleme zu lösen, für wichtige Meetings, um zu schreiben ➤ Immunfunktion steigt
12.00	➤ Gipfel der geistigen Leistungsfähigkeit ➤ Anstieg des Serotoninspiegels: macht Appetit auf Eiweiß und Fett
13.00	➤ Stoffwechsel läuft an: Zeit für leichtes Mittagessen, Energie wird gespeichert ➤ Beginn des Mittagstiefs, wenn möglich kleines Nickerchen
14.00–17.00	➤ Zeitgefühl verlangsamt, weniger Sauerstoffverbrauch, Puls und Blutdruck sinken
15.00	➤ Langzeitgedächtnis optimal, intellektuelles Verständnis optimal ➤ Höchster Cholesterinwert, Herzleistung optimal, bester Alkoholabbau
16.00	➤ Körperliche Leistungsfähigkeit steigt an, Muskelkraft nimmt zu ➤ Gute Koordinationsfähigkeit, beste Zeit für sportliche Wettkämpfe
18.00	➤ Körpertemperatur erreicht Maximum ➤ Nochmaliger (kleinerer) Gipfel der geistigen Leistungsfähigkeit, besonders Mathematik
17. 00–19.00	➤ Wahrnehmung aller Sinnesorgane sehr ausgeprägt ➤ Appetit auf Fett und Süßigkeiten steigt
20.00	➤ Körpertemperatur sinkt
22.00–23.00	➤ Beste Zeit schlafen zu gehen, beste Wirkzeit für Hautcremes
23.00	➤ Cortisolspiegel nähert sich dem Tiefpunkt, Melatonin (Schlafhormon) steigt an ➤ Alkohol wirkt am stärksten
24.00	➤ Höchster Wachstumshormonspiegel: regeneriert Gewebe, senkt Cholesterinspiegel
1.00	➤ Höchste Teilungsrate der Hautzellen, tiefste Körpertemperatur, niedrigster Blutdruck
2.00	➤ Höchster Melatoninspiegel
3.00–4.00	➤ Geringste geistige Leistungsfähigkeit, Unfallgefahr bei Nachtarbeit ➤ Verengung der Atemwege (Anfälligkeit für Asthma steigt), Cortisol steigt an

wenn Sie ein extremer Frühaufsteher sind. Sie leben mit einer Eule zusammen und sind selbst eine Lerche? Dann brauchen Sie nicht nur dringend diese Informationen, sondern auch eine Portion gegenseitige Rücksichtnahme! Denn Ihr Partner ist kein Faulpelz, der sich davor drückt, das Frühstück zu machen. Bitten Sie ihn, seinen Anteil abends zu erledigen. Er wird gern alles tun, was ihm morgens ein halbes Stündchen länger schenkt.

Alles zu seiner Zeit

Frühjahr	Frühes Frühjahr: Blutdruck und Körpertemperatur steigen; Anfälligkeit für Erkältungen, Herz-Kreislauf-Erkrankungen, seelische Erkrankungen Spätes Frühjahr: Abwehrkräfte nehmen zu, Gewichtsabnahme wird einfacher, geringeres Schlafbedürfnis
Sommer	Gute allgemeine Leistungsfähigkeit und Stimmungsstabilität, beste Zeit zum Abnehmen, geringstes Risiko für Herz- und Atemwegserkrankungen
Herbst	Appetitsteigerung, Fettspeicherung nimmt zu, Wachstumsschub bei Kindern, Infektanfälligkeit steigt
Winter	Appetitsteigerung, Fettspeicherung nimmt weiter zu, Wachstumszeit bei Kindern hält an; größeres Schlafbedürfnis, erhöhte Melatoninausschüttung, Müdigkeit nimmt zu; erhöhte Anfälligkeit für PMS, Winterdepression, generell aber größte psychische Stabilität

Selbstmanagement ist gefragt

Von Ihnen allein hängt es ab, wie Sie Ihre Zeit nutzen. Selbstmanagement hat sehr viel mit Notizen, Konzentration, Abgrenzung nach außen und einer gewissen Härte gegenüber sich selbst zu tun. Wenn Sie das nicht mögen und Ihre Zeit lieber spontan nach Gefühl und Vorliebe einteilen, kann das zwar kurzfristig angenehm sein. Überprüfen Sie aber, ob Sie langfristig wirklich die Kontrolle über Ihre Zeit behalten. Haben Sie Ihr Leben aktiv selbst in der Hand oder »werden Sie gelebt« von Zufällen, Ihren Einfällen und den Launen anderer? Sollte Ihnen dieser Verdacht kommen, lohnt es sich bestimmt, Ihre Haltung zum Zeitmanagement noch einmal zu überprüfen. Denn schließlich lassen sich auch Zeiten einplanen, in denen man sich völlig spontan gehen lassen kann!

Zeitlecks stopfen

Möchten Sie Ihre Arbeit in kürzerer Zeit erledigen? Möchten Sie mehr Zeit für Privates zur Verfügung haben? Rinnt Ihnen Ihre Zeit ungenutzt durch die Finger? Dann überprüfen Sie als Erstes, wie Sie die Zeitlecks in Ihrem Tagesablauf stopfen können!

➤ Konzentrieren Sie sich

Fassen Sie den Entschluss, eine bestimmte Zeit lang konsequent an einer einzigen Sache zu arbeiten. Stellen Sie sicher, dass Sie nicht gestört werden, und erlauben Sie sich selbst auch keine Ausflüchte! Besorgen Sie alle Unterlagen und Utensilien und setzen Sie sich selbst einen Zeitrahmen.

Wenn Sie mit der Zeit nicht auskommen, planen Sie neu: Können Sie weiterarbeiten? Oder stehen nun andere Aufgaben an? Wann können Sie die Arbeit fortsetzen? Schaffen Sie einen vorläufigen Abschluss (Erfolgserlebnis!) und notieren Sie kurz, mit welchem Schritt Sie später weitermachen wollen.

➤ Setzen Sie Prioritäten
Unterscheiden Sie: Was ist wichtig, was ist dringend, was kann warten? Wichtiges und Dringendes sollten Sie sofort erledigen. Wichtiges und nicht Dringendes wird dann gemacht, wenn Sie sich gut konzentrieren können. Unwichtiges und Dringendes kann warten. Planen Sie täglich neu.

➤ Aufgaben immer abschließen
Nehmen Sie sich die Zeit, begonnene Aufgaben, oder zumindest Teilschritte davon, klar abzuschließen. Es kostet später mehr Zeit und Energie, wenn Sie sich noch einmal von neuem in die Details einarbeiten müssen.

➤ Aufgaben poolen
Sie kommen viel schneller vorwärts, wenn Sie ähnliche Tätigkeiten zusammenfassen, weil Sie dabei Routine entwickeln: Briefe en bloc schreiben, alle Fenster hintereinander putzen, alle Schuhe auf einmal putzen, bestimmte Zeiten für Telefonate und Ablage, bestimmte Zeiten für Planungen.

➤ Leistungsfähigkeit einschätzen
Ihre geistige Power ist nicht immer gleich stark. Planen Sie anspruchsvolle Aufgaben für die beste Leistungszeit am Vormittag, Routine für die späteren Stunden, Kurzweiliges und Stimulierendes für das Mittagstief. Legen Sie Ihre Pausen dann ein, wenn Sie optimal davon profitieren können.

➤ Delegieren Sie
Überlegen Sie immer wieder, wer Ihnen Arbeiten abnehmen kann oder mit wem Sie sich Aufgaben teilen können. Im Eifer des Gefechts wird die Frage: »Machst du das oder ich?« viel zu selten gestellt. Bevor Sie begeistert zugreifen, besser kurz nachdenken: Was bringt diese Aufgabe für einen Nutzen? Bin ich der Einzige, der sie erledigen kann?

➤ Tandem-Aufgaben
Oft lassen sich zwei Dinge gleichzeitig erledigen: telefonieren und aufräumen, auf dem Heimtrainer radeln und lesen, kochen und sich unterhalten, fernsehen und bügeln, in einen anderen Raum gehen und etwas an seinen Platz zurücklegen, draußen zu Fuß gehen und Atemgymnastik treiben, langweilige Besprechungen absitzen und Freizeit planen.

Mit guter Arbeitsorganisation sparen Sie viel Energie und Zeit, die Sie dann für die schönen Dinge des Lebens zur Verfügung haben.

➤ Leerlauf vermeiden
Erstellen Sie eine Liste von kleineren Arbeiten, die nicht zu einem festen Zeitpunkt erledigt sein müssen. Dann brauchen Sie nicht lange zu überlegen, wie Sie eine überraschende Lücke füllen könnten, und verschaffen sich ein Erfolgserlebnis. Solche Zeitlücken sind auch gut geeignet als kleine Wellness-Pausen!

➤ Wartezeiten nutzen
Ob beim Arzt, beim Friseur, an der Bushaltestelle: Wenn Sie nicht sowieso lesen, durchdenken Sie Ihre nächsten Vorhaben, planen Sie oder schreiben Sie To-do-Listen.

Setzen Sie Ihre Wünsche in die Tat um! Machen Sie eine realistische Planung und führen Sie sie aus – Sie können es.

PROBLEME LÖSEN, ZIELE ERREICHEN

Sie haben nun die Macht der Gedanken kennen gelernt und verfügen über wirksame Instrumente, um ein Maximum an Energie, Vitalität und Lebensfreude zu erreichen. Und nun kommt das Wichtigste: Was fangen Sie mit der ganzen Power an? Damit sind wir wieder bei der Frage: Was möchten Sie in Ihrem Leben erreichen? Klar: Glück, Gesundheit, Erfolg! Und wie genau soll das aussehen? Was Ihnen noch fehlt zu Glück und Erfolg, sind Ziel und Plan. Auf geht's!

Wünschen erlaubt

Legen Sie los! Schreiben Sie alle Ihre Wünsche auf, ungeordnet, wie Sie Ihnen in den Sinn kommen. Sie merken, das ist ganz schön aufregend, es setzt eine Menge Energie frei! Lassen Sie sie fließen. Keine Grenzen aufstellen – die kommen später. Formulieren Sie stets positiv. Sagen Sie, was Sie sich wünschen, und nicht, was Sie vermeiden möchten. »Ich möchte mehr Zeit für mich haben« und nicht: »Ich will weniger arbeiten.« Wenn Sie nicht genau wissen, was Sie sich wünschen sollen, schauen Sie mal auf die Checkliste auf der rechten Seite.

Aber bitte schriftlich

Warum schreiben? Beim Schreiben verfestigen sich Ihre Absichten, und die leiten Ihre Konzentration auf das Ziel. Im Gehirn entsteht eine Vorstellung, ein inneres Bild dessen, was Sie möchten. Das ist sehr wichtig, denn daran erkennt Ihr Gehirn später schneller und besser, wenn die Gelegenheit da ist, Ihr Ziel zu verwirklichen.

Können Sie das ausführen, was Sie sich wünschen? Ja! Markieren Sie als Erstes die Dinge, die ganz einfach in die Tat umzusetzen sind. Nehmen Sie Ihren Planer und tragen Sie ein, wann die nächste Gelegenheit ist, etwas Hübsches zu kaufen oder in die Sauna zu gehen. Sprechen Sie sich mit den Menschen ab, die daran beteiligt sein sollen.

Tun Sie's einfach!

Wenn Sie sich den ersten Wunsch erfüllt haben, entwickeln Sie Ihre eigene Erfolgsdynamik! Je mehr Sie für sich tun, desto besser fühlen Sie sich. Je besser Sie sich fühlen, desto besser können Sie alle Ihre Ressourcen nutzen, um auf die größeren Ziele zuzusteuern. Je mehr Ziele Sie erreichen, desto selbstbewusster und erfolgreicher werden Sie! Körper, Gefühle und Gedanken – unser berühmtes Kleeblatt – arbeiten Hand in Hand, und das tun sie ja am liebsten.
Vielleicht sind einige Wünsche zu teuer, um sofort realisiert zu werden. Weichen Sie zunächst auf preiswertere Vergnügen aus, machen Sie einen Finanzplan oder legen Sie einen Zeitpunkt fest, zu dem Sie über das Thema genauer nachdenken wollen.
Spricht vielleicht bei manchen Wünschen etwas dagegen? Finden Sie es peinlich, sich rote Schuhe zu kaufen oder als Erwachsener auf einem Kettenkarussell zu fahren? Haben Sie Bedenken, mit der netten Kollegin zu flirten? Solange ein hemmender Gedanke im Wege steht, wird es nichts mit dem Erreichen des Ziels. Also bitte: Entscheiden, sonst bekommen Sie nur Frust!

Belastendes in Belebendes verwandeln

Doch nun kommen die größeren Dinge dran. Veränderungen der Lebensumstände wie Partnerschaft, Job und Wohnort zu verwirklichen ist aufwendiger. Denken Sie genauer darüber nach, welche äußeren und

Checkliste

So könnte Ihre Wunschliste aussehen

Was ich haben möchte

- ❑ Gelbe Gardinen
- ❑ Neue Bohrmaschine
- ❑ Tulpen im Garten
- ❑ Einen besser bezahlten Job
- ❑ Nette Kollegen
- ❑ Ein Haus im Süden
- ❑ Viel Geld
- ❑ Gesunde Kinder
- ❑ Ein neues Auto
- ❑ Modische Krawatte
- ❑ Rote Schuhe
- ❑ Bessere Nachttischlampe
- ❑ Den neuen Roman von ...
- ❑ Die CD von ...

Was ich erleben möchte

- ❑ Kettenkarussell fahren
- ❑ Waldspaziergang mit ...
- ❑ Romantischer Abend mit ...
- ❑ Lob von ...
- ❑ Flirt mit ...
- ❑ Regelmäßig in die Sauna
- ❑ Besser schlafen
- ❑ Mehr Freizeit
- ❑ Die Sonne genießen
- ❑ Ins Kino gehen mit ...
- ❑ Richtig gut lachen mit Freunden
- ❑ Lecker essen gehen

Wie ich sein möchte

- ❑ Gut gebaut
- ❑ Beweglich und fit
- ❑ Konzentriert
- ❑ Schlagfertig
- ❑ Gut gelaunt

emotionalen Veränderungen Sie eigentlich damit erreichen möchten. Die nachfolgenden Vorschläge zur Verbesserung von alltäglichen Belastungen und typischen Stress-Situationen werden Ihnen weiterhelfen. Beschäftigen Sie sich mit den einzelnen Punkten und prüfen Sie, inwieweit sie auf Sie zutreffen und wie stark Sie sich davon belastet fühlen. Daraus ergeben sich viele Wünsche automatisch. Legen Sie fest, was genau Sie erreichen möchten, und wählen Sie eine Strategie. Suchen Sie möglichst Lösungen, die Sie aus eigener Kraft anwenden können. Diese schreiben Sie auf Ihre Wunschliste.

Formulieren Sie Ihre Ziele schriftlich. Konzentrieren Sie sich dabei, und im Gehirn entsteht eine klare Zielvorstellung.

➤ Arbeitsbedingungen

- ♦ Zu viel Lärm, Schmutz, Hitze: einen besseren Arbeitsplatz anstreben, die Arbeitsbedingungen gemeinsam verbessern
- ♦ Zu viele Störungen: störungsfreie Zeiten einrichten, um Rücksicht bitten
- ♦ Zu wenig Privatsphäre: Pausen alleine verbringen, Ruhe in der Freizeit suchen
- ♦ Häufiger Zeitdruck: Selbstmanagement
- ♦ Viel Verantwortung: Verantwortung abgeben, teilen, Führungskompetenzen erwerben
- ♦ Unrealistische Zeitplanung von oben: Verständnis wecken, Kommunikation suchen
- ♦ Zu große Konkurrenz: die Herausforderung annehmen, den Job wechseln
- ♦ Umorganisation des Unternehmens: den Veränderungsprozess mitgestalten, sich um Informationen bemühen
- ♦ Schlechte Aufstiegschancen: die Vorteile der Position klarstellen, den Job wechseln

➤ Beziehungen am Arbeitsplatz

- ♦ Vorgesetzter ist unfair, unorganisiert, verunsichernd, lobt nicht: die eigene Gelassenheit stärken, die Kommunikation suchen
- ♦ Kollegen sind unzuverlässig, konkurrieren miteindander: die eigene Gelassenheit stärken, die Kommunikation verbessern
- ♦ Mitarbeiter sind illoyal, inkompetent, unpünktlich, unzuverlässig, unselbstständig: konstruktive Kritik üben, Kommunikation suchen, Kontakt und Klima verbessern

➤ Anforderungen durch Berufsarbeit

- ♦ Hoher Arbeitseinsatz: Regeneration und Kondition verbessern, Zeiteinteilung verbessern, den Job wechseln
- ♦ Unangenehme Situationen sind zu bewältigen (Kritikgespräche, Kündigungen aussprechen): die Kommunikation verbessern
- ♦ Es sind häufig weit reichende Entscheidungen zu treffen (über Menschen, Budgets): abschalten lernen
- ♦ Risiken eingehen müssen: Konzentration und geistige Leistungsfähigkeit verbessern, Informationsstand verbessern
- ♦ Vorgesetzter sein, Menschen führen: analytische Fähigkeiten trainieren, schnell reagieren können, das Fachwissen immer aktualisieren, die Kommunikation suchen
- ♦ Ehrlich, loyal und zuverlässig sein wollen: Selbstbewusstsein stärken

➤ Anforderungen durch Familienarbeit

♦ Keine geregelte Bezahlung: mit dem Partner über die Finanzen verhandeln

♦ Keine geregelte Freizeit: Zeitplanung verbessern, Haushalt rationalisieren

♦ Zu wenig Pausen: mögliche Pausen wirklich zur Erholung nutzen, Perfektionismus abbauen

♦ Keine oder wenig Anerkennung: Eigenlob stimmt! (Seite 115)

♦ Unstrukturierte Tätigkeit (nie fertig, nie Feierabend, nie abschalten): abschalten lernen, Selbstdisziplin üben, Freizeitplanung offensiv durchsetzen

♦ Schlechte Organisationsfähigkeit: Selbstorganisation trainieren, Tages- und Wochenpläne anfertigen

♦ Ständige Rufbereitschaft für Sonderaufgaben: die Bereitschaft einschränken, Aufgaben verteilen, delegieren

♦ Körperlich zu einseitig: fit werden

♦ Geistig zu wenig gefordert: sich selbst Herausforderungen schaffen, Hobby ausbauen

♦ Emotionale Belastung durch ständige Verantwortung für uneinsichtige und unselbstständige Kinder: Nervenstärke trainieren

♦ Mangelnde Selbstdisziplin: eine positive Einstellung entwickeln, Selbstorganisation trainieren, sich selbst motivieren

♦ Komplexer Arbeitsalltag (viele Dinge gleichzeitig zu tun): Ruhe bewahren, innere Umstimmung üben, Nervenstärke trainieren

➤ Familienprobleme

♦ Schlechte Kinderbetreuung: verbessern

♦ Partnerprobleme: die Kommunikation verbessern und Hilfe von außen suchen

♦ Pflegebedürftige Familienmitglieder: verteilen, delegieren

♦ Finanzprobleme: Übersicht schaffen, externe Hilfe in Anspruch nehmen

♦ Schulprobleme: schnell professionelle Hilfe suchen, die Aufsicht verbessern

♦ Gesundheitsprobleme: die Vorsorge verbessern, die Ernährung verbessern, medizinische Hilfe in Anspruch nehmen, fit werden

♦ Zu viel Hausarbeit: rationalisieren, delegieren, weglassen, Perfektionismus abbauen

♦ Berufstätige Väter: gemeinsame Zeiten mit den Kindern einplanen, Entscheidung für mehr Freizeit fällen, Zeit besser einteilen

♦ Berufstätige Mütter (Quadratur des Kreises und Mehrfachbelastung): delegieren, verteilen, Netzwerke schaffen, den Partner mit einbeziehen

➤ Soziale Beziehungen

♦ Keine Familie: Netzwerke schaffen, Hobbys ausbauen, Gleichgesinnte suchen

♦ Keine sozialen Netzwerke: Arbeitsbelastung reduzieren, mehr Zeit für Mitmenschen einplanen, Gleichgesinnte suchen

♦ Keine Freunde: Netzwerke schaffen, Gleichgesinnte suchen, soziale Probleme mit psychologischer Hilfe überwinden

Ziele sicher erreichen

Inzwischen ist Ihre Wunschliste ziemlich lang geworden: Von einem Waldspaziergang über ein Haus im Süden bis zum neuen Job ist alles vertreten. Nun gilt es, realistisch zu planen und zu entscheiden.

Machen Sie den Ernsthaftigkeitstest

Stellen Sie sich bei jedem der größeren Wünsche genau vor, wie es sein wird, wenn Sie Ihr Ziel erreicht, Ihren Wunsch erfüllt haben. Wie werden Sie sich dann fühlen? Erfüllt, glücklich und zufrieden? Oder diente das Ganze lediglich dazu, eine Laune oder Eitelkeit zu befriedigen oder einen höheren Status zu gewinnen? Machen Sie bitte mit allen großen Wünschen in Gedanken diesen Test!

➤ Welche Steigerung Ihrer Fähigkeiten bietet Ihnen dieser Wunsch? Welche Fähigkeiten wird das neue Auto, der neue Job, das viele Geld aus Ihnen herauslocken? Können Sie dadurch Ihre Grenzen austesten und weiter nach draußen verschieben?

➤ Gibt es eine klare Definition, in welchem Augenblick der Wunsch erfüllt ist? Versuchen Sie vor allem immaterielle Wünsche noch mal genauer zu definieren.

➤ Haben Sie die Situation unter Kontrolle, wenn der Wunsch erfüllt ist? Werden Sie zum Beispiel den Anforderungen und Belastungen des Abteilungsleiterjobs auf Dauer gewachsen sein? Wollen Sie sich ständig um das neue Haus in Spanien kümmern, Gärtner und Wächter engagieren und bezahlen?

➤ Wird der erfüllte Wunsch Ihnen ermöglichen, sich auf bestimmte Tätigkeiten voll zu konzentrieren und sich ihnen mit Hingabe zu widmen? Was zum Beispiel können Sie mit dem neuen Partner gemeinsam tun? Oder brauchen Sie ihn »nur« für bestimmte Gelegenheiten? Welche Aufgaben bietet Ihnen Ihr neuer Job? Werden Sie mit Ihrem neuen Auto wunderbare Fahrten machen, oder dient es nur zur Dekoration?

Entscheidung ist angesagt

Wenn alle diese Kriterien erfüllt sind und Sie es wirklich ernst meinen, können Sie an der Erfüllung Ihres Wunsches arbeiten und sich den nächsten Schritten zuwenden.

Wenn nicht, lassen Sie diesen Wunsch lieber fallen. Seine Erfüllung hat dann eher etwas mit »Habenwollen« zu tun als mit dem Bedürfnis, etwas Zufriedenstellendes zu erreichen. Denn »Glück« in Form von Konsum hat leider immer nur eine sehr kurze Wirkung und wird schnell langweilig. Deshalb sind Lottomillionäre nur so lange glücklich, bis der Rausch in Gewohnheit übergeht. Etwas mit Sinn zu tun macht hingegen langfristig sehr glücklich und zufrieden. Es ist allerdings auch ein wenig anstrengender.

Einsatz und Kosten berechnen

Jetzt wird Ihre Liste wahrscheinlich schon etwas übersichtlicher sein. Als Nächstes heißt es rechnen. Überlegen Sie bitte, was Sie alles tun müssen, um sich Ihren Wunsch zu erfüllen. Für ein neues Haus brauchen Sie Geld: Entweder Sie arbeiten mehr, erben bald, spielen Lotto oder überlegen sich eine Finanzierung. Um einen neuen Partner kennen zu lernen, sollten Sie sich vielleicht um Ihr Outfit kümmern, mehr ausgehen, Ihre Kontaktscheu überwinden und sich ein Repertoire an unterhaltsamen Gesprächsthemen zulegen. Für das bessere Klima in Ihrem Büro müssen Sie viele Gespräche mit Menschen führen und sie von Ihren Vorschlägen, etwa einen Betriebsausflug zu machen, überzeugen.

Es ist leider so: Von nichts kommt nichts! Ihr Wunsch allein wird die Veränderungen nicht aus dem Kosmos in Ihre Wohnung locken. Das müssen Sie schon selbst tun. Doch wenn Sie es wirklich wollen, dann können Sie es auch! Dann haben Sie die Energie, alles das

Mein Tipp

Bleiben Sie realistisch!

- ➤ Planen Sie Ziele, die Sie auch aus eigener Kraft erreichen können.
- ➤ Bleiben Sie so weit wie möglich unabhängig von anderen.
- ➤ Übernehmen Sie selbst die Verantwortung.
- ➤ Hegen Sie keine übertriebenen Erwartungen.
- ➤ Planen Sie Sicherheitsnetze und Rückfälle mit ein.
- ➤ Nichts ist unmöglich, nur Wunder dauern etwas länger!

zu erledigen, was dafür nötig ist. Sie haben auch die Kraft, sich nach Rückschlägen wieder aufzurappeln, und Sie behalten die Überzeugung, dass sich die Mühe lohnt.
Vorher aber bitte noch mal überlegen: Will ich wirklich alles tun, was nötig ist? Wenn Sie nur ein laues »Ach, wär ja ganz schön, aber ...« vernehmen, dann wissen Sie, die Antwort ist Nein!

Planen und in die Tat umsetzen

Was jetzt noch auf Ihrer Wunschliste steht, das wollen Sie wirklich tun, und Sie beginnen die konkrete Planung: Wie anfangen? Welche Schritte wann unternehmen? Was ist wichtig? Besorgen Sie sich Informationen über das Thema, befragen Sie erfahrene Menschen und machen Sie sich schlau.
Dabei wird Ihnen noch einmal klar, was Sie da angefangen haben, aber Sie werden auch sicherer: Ihre Entscheidung ist richtig! Der Weg zu Ihrem Ziel liegt in groben Zügen vor Ihnen. Machen Sie nun einen realistischen Zeitplan. Sprechen Sie mit anderen darüber; so bündeln Sie Know-how, und Ihr Ziel lässt sich leichter erreichen!
Diesen Plan beginnen Sie Schritt für Schritt umzusetzen. Falls nötig, ändern Sie einige Vorgaben und überprüfen regelmäßig, wie weit Sie gekommen sind. Unterteilen Sie Ihren Plan in möglichst viele Teilziele. Damit schaffen Sie sich immer wieder kleine Erfolgserlebnisse – bis es schließlich so weit ist!

Konstruktives Träumen

Alles, was Sie tun und in die Wirklichkeit bringen, hat in Ihren Gedanken begonnen. Vielleicht als Ergebnis einer rationalen Analyse, vielleicht aber auch als Traum oder Tagtraum. Während Sie durch eine wunderbare Landschaft fahren, stellen Sie sich vor, wie schön es wäre, wenn Sie hier leben würden ..., wie schön es wäre, wenn Sie hier spazieren

Je mehr Wünsche und Ziele Sie erreichen, desto selbstbewusster und erfolgreicher werden Sie.

gingen ..., wie schön es wäre, wenn Sie hier ein paar Minuten Rast machten, um die Luft, die Sonne, den Duft nach frischem Heu zu genießen – und schon halten Sie an. Wenn es auch nur für ein paar Minuten ist: Sie haben einen Traum verwirklicht.
Nutzen Sie immer wieder Ihre Fantasie, um herauszufinden, was Sie sich wünschen oder was Sie brauchen. Lassen Sie sich einfach öfter in Träumereien fallen, zum Beispiel morgens kurz vor dem Aufstehen: »Wie schön wäre es, wenn ich heute mit meinem Chef gut auskäme.« Und dann beginnen Sie mit Hilfe des Mentalen Trainings (Seite 111) einen konstruktiven Traum. Die Chance, dass Sie auf diese Weise tatsächlich etwas in Ihrem Leben verändern, ist sehr groß!

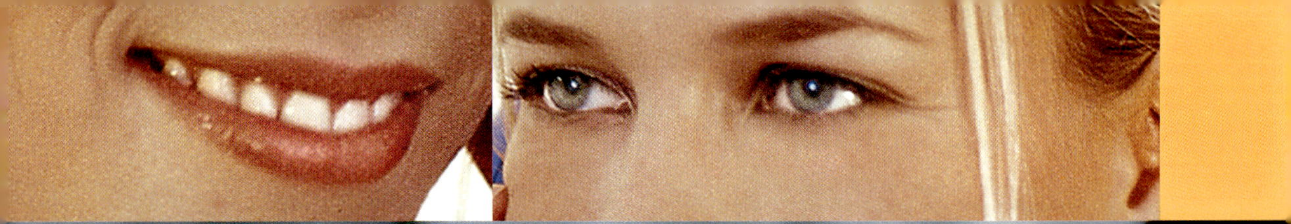

Die Kraft Ihrer Gefühle

Sagen Sie Ja zu Ihren Gefühlen – ob positiv oder negativ. Wenn Sie verliebt oder wütend sind, merken Sie deutlich, wie Gefühle die Gedanken befeuern und lenken – sie sind reine Energie! Lernen Sie, Ihre Gefühle zu steuern und für sich zu nutzen. So gewinnen Sie Motivation und Vitalität und erreichen das, was Ihrem Leben die absoluten Glanzpunkte aufsetzt: Flow – das Glück der Gegenwart!

Gefühle werden vor allem durch Sinneswahrnehmungen ausgelöst – durch Bilder, Worte, Gerüche und Berührungen –, aber auch durch Erinnerungen.

GEFÜHLE – DIE URKRAFT DES MENSCHEN

Was auch immer ein Mensch vollbringt oder unterlässt, es gibt nur einen einzigen Beweggrund: Er möchte angenehme Gefühle erleben und unangenehme vermeiden – so will es die Natur. Jede Emotion – ob positiv oder negativ – ist ein Auftrag zum Handeln. Sie setzt die entsprechende Menge an Energie frei, die der Mensch braucht, um mit den gerade eingetretenen Lebensumständen möglichst gut fertig zu werden.

Wozu das ganze Theater?

Im Laufe der Evolution hat sich durch die immer gleich oder ähnlich wiederkehrenden Wechselfälle des Lebens eine emotionale Grundausstattung herausgebildet. Diese hat seit der Steinzeit offensichtlich gute Dienste geleistet und wird in den entsprechenden Situationen automatisch abgerufen.

Die emotionale Grundausstattung

Wer im Dunkeln von einem Angreifer erschreckt wird, bekommt Angst, ist hellwach, ballt die Fäuste, und eine plötzliche, unbezähmbare Wut hilft ihm, den Feind kurzerhand zu erschlagen. Oder wem ein genetisch interessantes Exemplar des anderen Geschlechts über den Weg läuft, empfindet sexuelle Erregung, Liebe und das Bedürfnis, sich ihm zu nähern mit dem Ziel, wundervolle Nachkommen zu erzeugen. Gefühle helfen uns also dabei, den biologischen Auftrag zu erfüllen.

Dieser Auftrag beinhaltet jedoch auch einen gewissen Zwang. Gefühle erzeugen Bedürfnisse, und diese drängen auf ihre Befriedigung; findet diese auf die Dauer nicht statt, erkrankt das Lebewesen.

Die Sehnsucht, über sich selbst hinauszuwachsen

Menschen haben zu allen Zeiten versucht, mit Hilfe ihrer Verstandeskraft über die evolutionären Zwänge hinauszuwachsen. Sie triumphierten mit ihren Erfindungen über die rauen Bedingungen der Urzeit. Um das gemeinschaftliche Leben auf immer enger werdendem Raum möglich zu machen, gaben sie sich moralische und religiöse Regeln, entwickelten Gesetze und Strafen, die die archaischen Gefühle in Schranken hielten.

Doch wann immer ein Mensch sich zu großartigen Leistungen, Erfindungen oder Entdeckungen aufschwingen konnte, geschah das immer auch aus emotionalem Antrieb: Ohne Mut, Abenteuerlust und den glühenden Wunsch, seine wissenschaftlichen Überlegungen bestätigt zu sehen, hätte Christoph Kolumbus den spanischen König nie überzeugen können, seine Expedition zu finanzieren, auf der er bekanntlich Amerika entdeckte. Ohne den Wunsch, eine grandiose Aussicht genießen und stolz auf die eigene Leistung sein zu können, würde auch heute niemand die Anstrengungen einer Bergwanderung auf sich nehmen.

Doch anders als die Befriedigung elementarer Bedürfnisse haben diese Freuden eine »angereicherte« Qualität. Das, was dem Menschen die tiefste Befriedigung und das größte Glücksgefühl bereitet, sind selbst verantwortete Tätigkeiten, bei denen er alle Energien auf ein einziges Ziel ausrichtet, Zeit und Raum um sich herum vergisst und ein Stück über sich selbst hinauswächst.

Wie Gefühle wirken

Die Neurowissenschaften haben bis heute einiges über den Wirkmechanismus von Gefühlen herausgefunden.

- Gefühle werden durch Wahrnehmungen aller fünf Sinne ausgelöst.
- Gefühle bewerten die Sinneseindrücke: Einströmende Informationen werden unbewusst mit Erinnerungen, Erfahrungen und Wissensinhalten abgeglichen und je nach Ergebnis emotional »eingefärbt«.
- Gefühle aktivieren das Weckzentrum: Über die Verbindungen zwischen Gehirn und vegetativem Nervensystem werden die ankommenden Informationen mit Körperempfindungen verknüpft und als unterschiedlicher Wachheitsgrad spürbar (»Da wurde ich schlagartig wach«, »Ich habe Schmetterlinge im Bauch«, »Mir wird ganz warm ums Herz«).
- Die Aktivierung durch Gefühle ist sehr schnell. Neurowissenschaftler haben festgestellt, dass wir schon zu handeln beginnen, bevor wir bewusst wissen, dass wir es wollen. Auch in gefährlichen Notfällen handeln wir »reflexartig«. Wichtigster Ratgeber dabei ist das emotionale Gedächtnis (dies war gut, jenes war schlecht).
- Gefühle können auch über Gedanken ausgelöst werden. Das dauert ein wenig länger als durch Sinnesreize.
- Gefühle können durch »vorsätzliches« Denken hervorgerufen werden. Schauspieler machen von dieser Möglichkeit Gebrauch.
- Gefühle geben der Handlungsbereitschaft Orientierung: Tu, was dir positive Gefühle einbringt, vermeide, was sich negativ auswirkt. Häufig wiederkehrende Alltagsentscheidungen werden so schnell, effektiv und routinemäßig gefällt.
- Unbekannte, neue und herausfordernde Situationen werden in größeren Netzwerken durch die Zusammenarbeit von mehreren Gehirnzentren bearbeitet.
- Gefühle helfen Prioritäten zu setzen und auszuwählen: Personen mit Erkrankungen oder Verletzungen in einem bestimmten Hirnareal (Mandelkern) können nicht mehr entscheiden, was sie lieber mögen. Die im

Glück ist ein Zustand losgelöst von alltäglichen Begrenzungen, selbstvergessen und kreativ.

emotionalen Gedächtnis abgespeicherten Erfahrungen über gut oder schlecht, angenehm oder unangenehm fehlen, ihnen ist alles gleichgültig.

➤ Um Pläne machen und die Zukunft gedanklich strukturieren zu können, brauchen wir ebenfalls das emotionale Gedächtnis. Die hier gespeicherten Informationen leiten das Denken in die Richtung, aus der anhand der alten Erfahrungen wieder positive Ergebnisse zu erwarten sind.

Die ewige Suche nach dem Glück

Der aus Ungarn stammende Psychologe mit dem unaussprechlichen Namen Mihaly Csikszentmihalyi hat 25 Jahre lang wissenschaftlich untersucht, was für den Menschen Glück bedeutet. Er nannte es die »optimale Erfahrung« oder »Flow« und definierte es als das, was die Menschen schon immer gesucht haben müssen: ein Zustand losgelöst von alltäglichen Begrenzungen, konzentriert, kompetent, mächtig, selbstvergessen und ungeheuer kreativ. Eine ideale Situation, in der Körper, Gefühle und Verstand in tiefer Harmonie zusammenwirken.

Die Befreiung der Gefühle

Zu allen Zeiten wurde versucht, mit den unterschiedlichsten Techniken und Theorien diesen Glückszustand zu erreichen. Die politischen Ideen und Philosophien der letzten Jahrhunderte hatten letztendlich auch dieses Ziel: Flow für alle. Die Methoden, das zu erreichen, waren bekanntlich sehr unterschiedlich, doch allen gemeinsam ist die Idee, verhärtete Strukturen des Zusammenlebens zu lockern und die Menschen zu Freiheit und Selbstbestimmung zu führen.

Mit der Entwicklung der modernen Psychologie Anfang des letzten Jahrhunderts, besonders durch Sigmund Freud, begann dann die systematische Erforschung und Befreiung der menschlichen Seele und ihrer Kinder, der Gefühle. Höhepunkt dieser Entwicklung waren die 1960er und 1970er Jahre. In der aufkommenden Humanistischen Psychologie galt: Das Gefühl allein steht im Vordergrund und wird zur Richtschnur allen Handelns.

Das heißt konkret: Niemand muss mehr gegen seine Gefühle handeln, einen Partner heiraten, den er nicht liebt, einen Beruf ausüben, den er hasst, einen Glauben heucheln, den er verachtet, sich Obrigkeiten unterordnen, deren Sicht der Dinge er nicht teilt. Die Freiheiten, die wir gewonnen haben, sind die größten, die es jemals in der Geschichte der Menschheit gegeben hat.

Selbstverantwortung als Problem

Doch diese Freiheit bringt nicht nur Vorteile, sondern auch Probleme mit sich. Denn je mehr die Zügel durch gesellschaftliche Werte wie Rücksichtnahme, gegenseitige Unterstützung, Frustrationstoleranz und Bindung an gesellschaftliche Gruppen wegfallen, desto mehr macht sich eine »Unordnung der Seele« bemerkbar. So nennt bedauernd der Wirtschaftstheoretiker Leo Nefiodoff die modernen Zeiterscheinungen wie

- zunehmende Ichbezogenheit
- abnehmendes Einfühlungsvermögen in andere
- Betonung der Selbstverwirklichung auch auf Kosten anderer
- Drang nach Bedürfnisbefriedigung sofort und um jeden Preis.

Viele Menschen scheinen auf den freien, selbst verantworteten Umgang mit ihren emotionalen Kräften nicht vorbereitet zu sein. Auf aktivierende Reize des modernen Lebens reagieren sie ungezügelt und leben alles aus, was die Seele an Programmen hergibt. Die Ideen, die dazu gedacht waren, den Menschen zu befreien und ihm besondere Glückserfahrungen zu vermitteln, kippten wieder um in die Urform des steinzeitlichen Umgangs mit Gefühlen. Alles wird unmittelbar ausgelebt, Bedürfnisse werden sofort befriedigt. Das ist aber nicht der Weg zu individueller Weiterentwicklung und wirklicher Zufriedenheit! Die Folge, so Nefiodoff, sind persönliche und soziale Schäden.

Daniel Goleman bestätigt in seinem Bestseller »Emotionale Intelligenz«, in dem er Wege zu einem intelligenten und nutzbringenden Umgang mit der Macht der Gefühle aufzeigt, die Thesen Nefiodoffs.

Neue Gebrauchsanweisung für alte Programme

Gefühle – positive wie negative – sind im menschlichen Betriebssystem als überlebensnotwendiger Antrieb vorgesehen. Die Umstände, für die sie erfunden wurden, gibt es nicht mehr, doch immer noch wird der Mensch bei jeder kleinen Irritation von den Gefühlen mit Unmengen an Energie versorgt.

energy-Info

Was ist Emotionale Intelligenz?

Niemand ist eine Insel: Erfolg, Zufriedenheit, Gesundheit und Glück erreichen wir hauptsächlich durch positive Kontakte mit anderen Menschen. Daniel Goleman hat die Mitarbeiter von 500 amerikanischen Firmen untersucht. In seinem Buch »Der Erfolgsquotient« beschreibt er fünf Fähigkeiten, die emotional intelligente Menschen einsetzen. Rationale Intelligenz ist nach seiner Meinung nur zu 20% am Lebenserfolg beteiligt, Emotionale Intelligenz dagegen zu 80%!

Die 5 Säulen der Emotionalen Intelligenz

1. **Selbstwahrnehmung:** Die Fähigkeit, eigene Gefühle, Eigenschaften, Vorlieben und die eigene Ausstrahlung wahrzunehmen und richtig einzuschätzen.
2. **Selbstregulierung:** Die Fähigkeit, Gefühle im Zaum zu halten, spontane Handlungsimpulse zu kontrollieren und die eigenen Kräfte sinnvoll einzuteilen.
3. **Motivation:** Die Fähigkeit, Gefühlsenergie in Leistungsbereitschaft und Engagement umzuwandeln, um eigene Ziele oder die Ziele einer Gruppe zu erreichen.
4. **Empathie:** Die Fähigkeit, Gefühle und Stimmungen anderer wahrzunehmen, soziale Beziehungen und hierarchische Strukturen in Gruppen zu erkennen und zu nutzen.
5. **Soziale Kompetenz:** Die Fähigkeit, Gefühlsenergien im Gespräch und in der Zusammenarbeit mit anderen einzusetzen, Konflikte kontrolliert auszutragen, Menschen zu führen und in Teams zu arbeiten.

Gefühle im Daueralarm

Von einer kleinen Struktur im Gehirn (Mandelkern) werden Sinneseindrücke rasend schnell auf ihre Gefährlichkeit hin untersucht. Alles, was auch nur die geringste Ähnlichkeit mit einer Bedrohung hat, wird als Alarm gemeldet. Der Mensch springt auf und rennt weg, noch ehe er das erschreckende Objekt richtig wahrgenommen hat. Erst später kann er genau hinsehen und erkennen, dass es nur ein Papiertiger war. Denn das System schlägt lieber zehnmal zu oft als einmal zu wenig Alarm.

Dieser einstmals lebensrettende Mechanismus springt übrigens besonders leicht an, wenn das System sich schon in erhöhter Reaktionsbereitschaft befindet. Dauerstress bedeutet: Harte Zeiten – sei bereit! Dass es sich dabei heute um andere Härten handelt als in der Urzeit, dass es Computerabstürze, rote Ampeln, nörgelnde Mitmenschen, gefallene Aktienkurse und ein elender Ketchup-Fleck auf der Hose sind und nicht etwa akute Lebensbedrohungen, das begreift unser System nur schwer.

Emotionale Intelligenz ist erlernbar

Es ist unsere Aufgabe, unserem Steinzeitsystem beizubringen, dass sich die Zeiten geändert haben. Die Erziehung von Wilma und Fred in uns, ihre Schulung für ein Leben im Informationszeitalter, das nennen Daniel Goleman und seine Kollegen »emotionale Erziehung«. Statt sich wie ein Spielball von ständig wechselnden Emotionen treiben zu lassen, die durch die Überflutung mit Sinneseindrücken hervorgerufen werden, sich nach dem Motto »Hauptsache, es macht Spaß« ständig neu auszurichten und den tausend Verlockungen des modernen Konsums nachzugeben, kann jeder lernen, seine Gefühle mit ihrer wunderbaren Schubkraft in bewusste und intelligente Entscheidungen einzubeziehen. Sie selbst können korrigierend eingreifen, indem Sie verstärkt den Informationsweg Ihres Gehirns nutzen, den die Natur uns glücklicherweise geschenkt hat: die Verbindung von Denken und Gefühlen.

Gefühle sind Werkzeuge

Viele Menschen – häufig Männer – sind der Meinung, Gefühle seien unernst, kindisch und irrational. Stimmt, wenn man nicht mit ihnen umgehen kann. Doch genau das ist es, worauf es hier ankommt!

Gefühle intelligent zu nutzen heißt, sich mit der Kraft der eigenen Emotionen immer wieder aufladen zu können, ihre Energie in eine selbst gewählte Richtung zu lenken, um diejenigen Resultate zu erzielen, die erwünscht und sinnvoll sind.

Gefühle intelligent zu nutzen heißt auch, negative Gefühle zu akzeptieren, Anstrengungen auszuhalten und sich nach Durststrecken immer wieder neu aufzuraffen. Denn auch negative Gefühle setzen enorme Energien frei, die Sie nutzen können, indem Sie sie bewusst in eine andere Richtung lenken. Unterdrücken oder verleugnen Sie sie nicht! Es wäre schade, diese Power einfach zu verschenken.

Sobald Sie Ihre Stress-Energie nicht mehr im optimalen Leistungsbereich halten können, werden Sie gereizt, neigen zu Ärger, andere gehen Ihnen auf die Nerven. Sie können sich schwer auf Ihre Aufgaben konzentrieren und schmeißen am Ende alles unter lautem Fluchen in die Ecke, nicht ohne vorher noch ein paar Leute angemotzt und ihnen die Schuld für alles gegeben zu haben. Gefühle intelligent zu nutzen heißt deshalb auch, zu erkennen, wann und wodurch sich Ihre Gefühle so stark ins Negative verändern, dass Gedanken und Handlungen Ihnen nichts Gutes mehr einbringen.

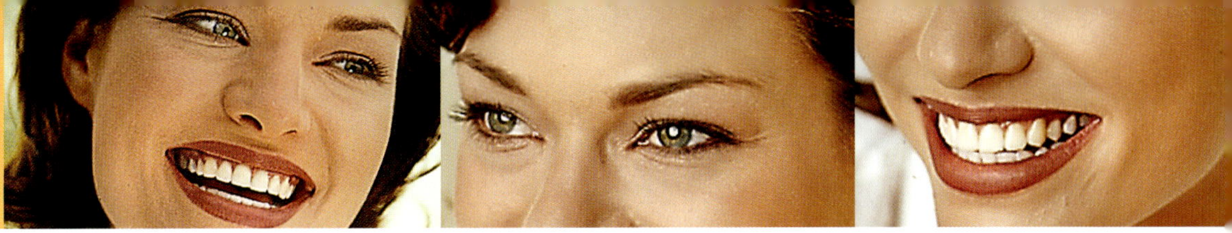

energy-Test

Sind Sie emotional?

Kreuzen Sie an, inwieweit Sie den Aussagen zustimmen:

Punkte	Stimmt immer 1	Stimmt meistens 2	Stimmt manchmal 3	Stimmt selten 4	Stimmt gar nicht 5
Gefühle sind flüchtig und schwer zu erfassen.	❑	❑	❑	❑	❑
Gefühle sind keine Grundlage für Entscheidungen.	❑	❑	❑	❑	❑
Gefühle reißen zu unüberlegten Taten hin.	❑	❑	❑	❑	❑
Emotional zu reagieren finde ich kindisch.	❑	❑	❑	❑	❑
Emotionale Menschen empfinde ich als aufdringlich.	❑	❑	❑	❑	❑
Gefühle sind Privatsache, die andere nichts angeht.	❑	❑	❑	❑	❑
Gefühle haben in unserer Welt keinen Platz.	❑	❑	❑	❑	❑
Gefühle stören mich beim Arbeiten, ich mache lieber alles rational.	❑	❑	❑	❑	❑
Emotionale Entscheidungen sind gefährlich.	❑	❑	❑	❑	❑
Ich kann Gefühlsduselei nicht ausstehen.	❑	❑	❑	❑	❑

Gesamtpunkte: ....

➤ *Auswertung des energy-Tests*

◆ **10–20 Punkte:** Sie haben eine abwertende Haltung zu Gefühlen, dadurch entgeht Ihnen viel Schönes im Leben. Sie verzichten auf die Energie, den Schwung, den Elan und den Mut, den Ihnen nur die Gefühle schenken können. Sie versuchen, sich nicht durch emotionalen Überschwang in ungünstige Situationen zu bringen. Doch nicht beachtete Gefühle brechen sich irgendwann unkontrolliert ihre Bahn. Das, was Sie vermeiden wollen, passiert gerade dann, wenn Sie es am wenigsten gebrauchen können. Vom bewussten Umgang mit Gefühlen werden Sie sehr viel profitieren. Tasten Sie sich langsam an Ihre Gefühle heran!

◆ **21–35 Punkte:** Sie haben eine wohl überlegte Einstellung zu Gefühlen. Ihre Erfahrung hat Sie gelehrt, situationsgerecht mit ihnen umzugehen. Werden Sie Meister Ihrer eigenen Gefühle! Wenn Sie Ihr Wissen über sich selbst erweitern, können Sie es noch effektiver für das einsetzen, was Sie glücklich und erfolgreich macht!

♦ **36–50 Punkte:** Sie sind Ihren Gefühlen gegenüber sehr aufgeschlossen und lassen sich gerne von ihnen tragen. Doch Gefühle ungefiltert auszuleben kann zu großem Energieverlust führen. Das können Sie ändern, indem Sie lernen, Ihre Gefühlsenergie ökonomischer einzusetzen. Der gezielte Umgang mit Gefühlen wird Ihnen viele Vorteile bringen, sowohl im Umgang mit anderen als auch mit sich selbst.

Gebrauchsanweisung für die Werkzeugkiste der Gefühle

Gefühle sind niemals Selbstzweck, wie es heute in manchen Veranstaltungen suggeriert wird: Fühle dich wohl, sei gut drauf, und der Rest kommt dann schon von selbst. Gefühle sind Werkzeuge, die Sie lernen müssen, sinnvoll zu benutzen. Wenn Sie Ihre Werkzeuge gut beherrschen und pfleglich behandeln, können sie Ihnen tiefe Zufriedenheit und Erfüllung spenden.

Aus den Informationen und Erfahrungen von Neurowissenschaften und Emotionspsychologie lassen sich heute neue Gebrauchsanweisungen für Ihre alten Programme zusammenstellen. Und wie man mit Gebrauchsanweisungen umgeht, wissen Sie ja! Lesen und ausprobieren, so lange, bis es so funktioniert, wie Sie es haben wollen!

➤ Beschaffen Sie sich Werkzeuge: Nehmen Sie Ihre Gefühle wahr. Erlauben Sie sich, die komplette Ausstattung zu besitzen, denn auch weniger beliebte wie Neid, Wut oder Hass sind nützlich. Lernen Sie sie gründlich kennen, damit Sie nicht irritiert sind, wenn Sie sie plötzlich an sich selbst entdecken.

➤ Lernen Sie die Funktion jedes einzelnen Werkzeuges kennen: Verstehen Sie die Botschaften der verschiedenen Gefühle. Mit guten Gefühlen umzugehen ist leicht. Wer aber zum Beispiel Angst hat, sollte die Energie nutzen, um sich auf ihren Auslöser in Zukunft besser vorzubereiten.

➤ Wechseln Sie das Werkzeug, wenn es nötig ist: Gewohnheitsmäßig immer dieselben Gefühle einzusetzen führt nicht weiter. Werden Sie flexibel, lernen Sie Gefühle zu steuern. Wenn Sie zum Beispiel mit Ärger nicht weiterkommen, versuchen Sie, mit Geduld und Verständnis Ihr Ziel zu erreichen.

➤ Setzen Sie die Werkzeuge systematisch und vorausschauend ein: Warten Sie nicht, bis ein Notfall eintritt und Sie zu erschöpft sind, eine Sache zu Ende zu führen. Oder bis Sie mit unkontrollierter Leidenschaft großen Schaden anrichten, den Sie hinterher bereuen. Nutzen Sie Ihre Gefühle als innere Kraftquelle, indem Sie sich den Erfolg und die begleitenden Gefühle von Stolz und Zufriedenheit vorstellen. Sie werden Sie mit ihrer Energie bis zum Ziel tragen. Planen Sie auch den Einsatz kleiner Werkzeuge ein, wie Wellness, Belohnungen oder nette Genüsse.

➤ Manchmal springen die Werkzeuge wie von selbst aus dem Koffer und machen, was ihnen gefällt. Verzeihen Sie ihnen, überprüfen Sie, was herausgekommen ist, und passen Sie gegebenenfalls beim nächsten Mal besser auf sie auf.

➤ Freuen Sie sich jeden Tag, dass Sie so einen schönen, bunten und praktischen Werkzeugkasten haben. Pflegen Sie ihn und halten Sie Ihr Werkzeug in Ordnung. Damit werden Sie unabhängig von Belohnung oder Bestrafung durch andere und gewinnen aus sich selbst heraus immer wieder frische Kraft.

Wie Sie in der Praxis am besten mit Ihrem Werkzeugkasten arbeiten können, erfahren Sie auf den folgenden Seiten.

Machen Sie sich auf die Reise in Ihr Innenleben: Lernen Sie Ihre Gefühle kennen, die positiven wie die negativen.

FÜHLEN HEISST LEBEN

Hallo, wie geht's? Danke, gut? Schlecht? Muss ja! Könnten Sie nicht mehr dazu sagen? Natürlich ist es nicht immer angebracht, auf die höflich und nett gemeinte Floskel ausführlich zu antworten. Doch es gibt keine bessere Übung der Selbstwahrnehmung, als sich immer wieder selbst zu fragen:

Hallo, wie geht's?

Jetzt könnten Sie nörgeln, so wie ich es in meinem ersten Selbstmanagement-Seminar als Teilnehmerin auch getan habe: »Muss man sich denn wirklich so wichtig nehmen? Muss man immer wissen, wie es einem geht? Sollte man nicht lieber zur Tagesordnung übergehen?« Ja, Sie müssen! Denn erstens sind Ihre Gefühle, Bedürfnisse, Stimmungen und Launen sowieso da. Wie das Ungeheuer von Loch Ness schwimmen Sie irgendwo im schlammigen Grund herum und schlagen ein paar Wellen, die zumindest Ihre Mitmenschen an der Oberfläche deutlich sehen.

Stimmungen selbst beeinflussen

Es ist besser, Sie lernen Ihre Gefühle genau kennen, bringen Sie in Erfahrung, wann sie am liebsten auftauchen und wodurch sie sich hervorlocken lassen. Sonst könnten Sie durch deren plötzliches Erscheinen mal erschrecken, Ihre Selbstkontrolle verlieren und dabei den einen oder anderen Schaden anrichten.

Außerdem können Sie ein bisschen an Ihrer Stimmung drehen, die Gefühle beeinflussen oder sich das eine oder andere Wünschlein erfüllen. Gefühle steuern zu können ist in vielen Situationen sehr von Vorteil:

- Sie ersparen sich unnötiges und hinderliches Ausufern von Meinungsverschiedenheiten.

- Sie halten sich den Kopf frei für die gedankliche Bewältigung von Problemen, wenn Sie sich von Ihren Gefühlen nicht ganz beherrschen lassen.
- Geschulte Selbstwahrnehmer sind sehr gute Menschenkenner – die wichtigste Voraussetzung für soziale Kompetenz.

Körper und Gefühle sind gekoppelt

Gefühle kommen niemals alleine vor. Alle gehen mit Veränderungen der körperlichen Empfindungen einher: Puls und Blutdruck, Muskelspannung, Atmung und Stresshormone steigen spürbar bei allen erregenden Gefühlen, und sie fallen bei beruhigenden Gefühlen wieder ab. Ausgelöst werden Gefühle durch Sinneswahrnehmungen oder Denkinhalte, die nach einer Bewertung ein entsprechendes Gefühl hervorrufen.

Basisemotionen wie Freude, Überraschung, Neugier, Zufriedenheit, Trauer, Ärger und Furcht werden schon vom neugeborenen Baby ausgedrückt und informieren die Mutter über seinen Zustand und seine Bedürfnisse. Verhaltensforscher haben festgestellt, dass diese Basisemotionen in allen Kulturen zu finden sind und auf ganz ähnliche Weise über die Körpersprache ausgedrückt werden.

energy-Übung: Hallo, wie geht's?

Geht es Ihnen gut oder schlecht? Oder gibt es da noch was dazwischen? Machen Sie aus dem Schwarzweißbild Ihrer Stimmung ein detailgenaues Farbfoto mit allen Nuancen.

Welche Grundstimmung haben Sie gerade?

- Ich bin heiter.
- Ich bin entspannt.
- Ich bin vergnügt.
- Ich bin schelmisch aufgelegt.
- Ich bin in feierlicher Stimmung.
- Ich bin gut gelaunt.
- Ich bin munter.
- Ich bin aufgeregt.
- Ich bin müde.
- Ich bin in gedrückter Stimmung.
- Ich bin frustriert.
- Ich bin gelangweilt.

Beachten Sie bitte, welche körperliche Verfassung mit Ihrer gegenwärtigen Stimmung verbunden ist. Probieren Sie aus, was Sie tun können, um die Stimmung zu verstärken oder abzuschwächen und bei Bedarf in eine gewünschte Richtung zu verändern.

Beispiel Langeweile

- **1** Körperliche Verfassung: Schlapp, etwas müde, trotzdem leichtes inneres Spannungsgefühl, etwas unruhig, Mundwinkel hängen, Kopf geneigt, Schultern hängen, Atmung flach (Fotos oben).
- **2** Verstärkung: Den ganzen Körper bewusst noch mehr hängen lassen, entspannen, Augen fast zu.
- **3** Umstimmung: Den Körper straffen, Gliedmaßen strecken, Kopf hoch, Schultern zurück, Augen auf, tief ein- und ausatmen. Hey, wo steht das Klavier?!

Stimmungen mit Farben verbinden

Die Begründer des NLP (Neurolinguistisches Programmieren) haben herausgefunden, dass die meisten Menschen negative Stimmungen mit dunklen, gedeckten, trüben Farben verbinden und positive Stimmungen mit hellen, transparenten, leuchtenden und strahlenden Farben.
Sie können diese Erkenntnis auch dazu nutzen, negative Stimmungen in positive zu verändert. Übermalen Sie vor Ihrem inneren Auge die dunklen, trüben Farben mit hellen, freundlichen Farben. Probieren Sie es aus!

Lernen Sie Ihre Gefühle kennen

Welche Gefühle haben Sie im Moment? Diese Frage erzeugt bei vielen Menschen Unwohlsein. Warum? Ist es die Sorge, durchschaut zu werden, oder die Unsicherheit, bei sich selbst etwas zu entdecken, was überhaupt nicht in Ordnung ist?

Eine Reise ins Innenleben

Manche Menschen haben Schlimmes erlebt und wollen die mühsam gebannten Gespenster von Sorge, Angst und katastrophalen Erinnerungen nicht aufleben lassen. Andere sind durch ihre anstrengenden und problematischen Lebensumstände an den Rand ihrer Widerstandskräfte gekommen. Die negativen Gefühle nicht immer präsent zu haben ist für sie ein wichtiger Schutz.
Doch wenn Sie sich stabil fühlen und einfach neugierig auf sich selbst sind, nach neuen Wegen und größeren Handlungsspielräumen für Ihr Leben suchen, können Sie sich ohne Bedenken auf die Reise in Ihr Innenleben machen. Denn Ihre Gefühle sind wie besorgte Freunde, die Sie darauf hinweisen, wann eine Situation Ihre besondere Aufmerksamkeit braucht. So wie ein Sonnenbrand sie knapp informiert: Ab in den Schatten!

Emotionen enthalten Botschaften

Wenn Sie sich selbst auf die Frage »Wie fühle ich mich?« nur mit »Gut« oder »Schlecht« antworten, verschenken Sie leider wertvolle Informationen. Die Variationen der Gefühle enthalten nämlich immer auch einen Hinweis auf das, was Sie sich wünschen oder was Sie tun könnten, um sich besser zu fühlen.
Statt »Ich fühle mich irgendwie schlecht« stellen Sie zum Beispiel bei genauerem »Hinfühlen« fest, dass Sie sich einsam fühlen, nach Kontakt mit Menschen sehnen. Das kann der Anlass zu einem Telefonat sein, einem Gespräch mit dem Nachbarn oder einem Einkauf im Supermarkt, wonach Sie sich weniger einsam oder sogar angeregt und gestärkt fühlen. Ist Ihr Gefühl dagegen Langeweile, werden Sie wahrscheinlich ganz andere Dinge unternehmen, um es abzustellen: etwas essen, ein anregendes Buch zur Hand nehmen oder den Fernseher einschalten.

Mein Tipp

Selber fühlen macht glücklich!

Jeden Tag Fernsehen, Radio, CD, Telefon, Internet: Ziehen Sie doch öfter mal den Stecker raus!
So viele Eindrücke strömen tagtäglich über die Medien auf Sie ein. Optische und akustische Fliegenfänger bieten Ihnen »Superemotionen« an, wollen, dass Sie kleben bleiben, einschalten, kaufen und teure Einheiten verbrauchen! Wo bleibt Ihr eigenes Gefühlsleben in all diesem Sirup? Schalten Sie ab und lauschen Sie der eigenen Seele, den eigenen Gefühlen und Gedanken! Das Programm ist mehr als interessant!

Checkliste

Gefühle mit Variationen

Lesen Sie diese Liste in Ruhe durch, stellen Sie sich die verschiedenen Gefühle einzeln intensiv vor und üben Sie, die dazugehörigen Körperempfindungen und Gedanken wahrzunehmen.

- ❑ **Freude:** Glücklich • stolz • euphorisch • ausgelassen • fröhlich • heiter • vergnügt • albern • glückselig • unbeschwert • die ganze Welt umarmen können • gut gelaunt • liebend • verliebt • zugeneigt • hingebungsvoll • vertrauensvoll • behaglich • sinnlich • freundlich • fürsorglich
- ❑ **Überraschung:** Verwundert • wach • aufmerksam • erfreut • erregt • irritiert • suchend • misstrauisch
- ❑ **Neugier:** Interessiert • verliebt • erwartungsvoll • verlangend • unternehmungslustig • entscheidungsfreudig • offen
- ❑ **Zufriedenheit:** Dankbar • entspannt • geduldig • wohlwollend • liebevoll • geborgen • zuversichtlich • zugeneigt • hingebungsvoll • versunken • kraftvoll • überlegen • sicher • gelassen • selbstsicher
- ❑ **Trauer:** Niedergeschlagen • enttäuscht • deprimiert • unglücklich • leidend • schuldig • unzufrieden • mutlos • mitleidend • sorgenvoll • einsam • verschlossen
- ❑ **Ärger:** Sauer • wütend • hasserfüllt • zornig • gereizt • rechthaberisch • frustriert • verletzt • neidisch • unsicher • feindselig • aggressiv • nervös • Kontrolle verlierend
- ❑ **Furcht:** Ängstlich • eifersüchtig • erschreckt • verletzt • unsicher • gehetzt • unruhig • aggressiv • ungeduldig • misstrauisch

Checkliste der Gefühle

Es kommt also darauf an, seine Gefühle genau zu kennen und präzise zu bestimmen. Freude kann stolz, euphorisch oder albern sein, jedes Mal wird sie sich auch im Körpergefühl ganz anders äußern. Lesen Sie die nebenstehende Liste der Gefühle in Ruhe durch und beobachten Sie, welche Empfindungen und Gedanken sich einstellen, wenn Sie sich die Gefühle einzeln intensiv vorstellen.

Die auftauchenden Gedanken können in der Bewertung einer Situation bestehen, in Erinnerungen an vergangene Erlebnisse oder auf die erwünschte Zukunft gerichtet sein. Da die Dreierbande Körper-Gefühle-Gedanken immer nur gemeinsam auftritt, werden Sie manchmal erst ein Herzklopfen spüren, während sich die anderen beiden noch versteckt halten. Manchmal prescht auch der Gedanke vor und zieht die beiden anderen hinter sich her. Je besser Sie Ihr Trio kennen, desto leichter und schneller werden Sie Ihre Gefühle identifizieren und bewusst mit ihnen umgehen können!

energy-Übung: Das Kameraspiel

Dies ist eine Übung für zwei Personen, mit der Sie Ihre Wahrnehmungsfähigkeit und Ihre Sensibilität für andere trainieren.

- ➤ Gehen Sie mit einem vertrauten Menschen ins Freie. Einer von Ihnen spielt die Kamera, der andere den Fotografen.
- ➤ Die Kamera hält die Augen geschlossen, während der Fotograf sie vorsichtig herumführt und Motive auswählt.
- ➤ Dann stellt er die Position des Körpers und des Kopfes seiner lebenden Kamera ein und macht ein »Foto«, indem er der Kamera auf die Schulter tippt und »Klick« sagt.
- ➤ Für einen kleinen Moment öffnet die Kamera die Augen, nimmt das Bild auf und schließt die Augen sofort wieder.
- ➤ Tauschen Sie nach 15 Minuten die Rollen.

Anschließend sprechen Sie miteinander über das, was Sie während des Rollenspiels gesehen und erlebt haben: über die Motive und über die unterschiedlichen Gefühle in den beiden Rollen. Stellen Sie sich insbesondere diese Fragen:

- Wie fühlten Sie sich als Kamera und wie als Fotograf?
- In welcher Rolle haben Sie sich wohler gefühlt? Mit der Verantwortung als Fotograf oder dem Geführtwerden als Kamera? Können Sie sagen, warum?
- Haben Sie sich in einer Situation sicher oder unsicher gefühlt?
- Nach welchen Kriterien haben Sie als Fotograf Ihre Motive ausgesucht?
- Wie hat sich als Kamera Ihre Sinneswahrnehmung verändert? Welche Sinne sind stärker in den Vordergrund gerückt?

Was Ihnen diese Übung zeigt

Lernen Sie mit den Sinnen zu genießen:

- **1** Schließen Sie einfach öfter mal die Augen, lauschen Sie, riechen Sie und nehmen Sie mit Ihren Sinnen Ihre Umgebung wahr. Sie werden Gefühle und Sinnesempfindungen viel stärker erleben!
- **2** Wenn Sie dann die Augen wieder öffnen, sehen Sie auch mit dem Sinneskanal »Auge« Ihre unmittelbare Umgebung sehr viel bewusster (Fotos oben).

Gewinnen Sie Vertrauen und Sicherheit im Kontakt mit einem Partner:

- Sprechen Sie darüber, was Sie wahrnehmen, denken und vorhaben, und geben Sie über Berührungen eindeutige Signale.
- Nicht zu wissen, was der andere vorhat, macht manche Menschen unsicher und misstrauisch. Kommunikation schafft sofort Entspannung!

Gefühle angemessen ausdrücken

Warum empfinden Sie es als unangenehm, mit jemandem zu sprechen, der eine Sonnenbrille trägt? Sie sehen den Ausdruck seiner Augen nicht und können dadurch seine Gefühle nicht einschätzen. Das macht Sie unsicher und unbehaglich, denn Sie wissen nicht, mit welchen Handlungen Sie im nächsten Moment zu rechnen haben. »Achtung!« rufen Ihre Steinzeitfreunde Wilma und Fred Ihrem Gefühlszentrum zu: »Möglicherweise gefährlich! Schalte auf Power und halte dich zur Verteidigung bereit!« Das Ergebnis ist: Sie spüren Nervosität und Anspannung.

Berechenbar bleiben

Es ist nicht nett von Ihrem Gesprächspartner, Sie auf diese Weise unter Stress zu setzen. Gefühle in angemessener Form zu zeigen ist nämlich ein Akt der Höflichkeit, der dem Gegenüber langes Rätselraten und den damit verbundenen Stress erspart. Sie kennen sicher auch die frustrierende Situation, wenn Sie Ihren offensichtlich verärgerten Partner fragen: »Ist was, Schatz?« und nur ein »Nö, wieso?« zur Antwort bekommen.

Andererseits soll das nun nicht heißen, dass man Gefühle, wenn man sie wahrnimmt, auch unmittelbar ausleben und ausdrücken soll, nach dem Motto: »Wenn du mich ärgerst, brauchst du dich nicht zu wundern, wenn ich gleich zurückbrülle!« Schließlich sind wir soziale Wesen und sollten in Frieden miteinander auskommen.

Selektive Offenheit

Andere verstehen vielleicht gar nicht, warum Sie sich in diesem Moment ärgern. Sie sind auch nicht daran interessiert, Ihren Frust abzubekommen. Und noch weniger sind sie bereit, irgendein Verhalten freiwillig und freudig zu ändern, wenn sie immer nur angeblafft werden. Spontane Gefühlsäußerungen mögen zwar ehrlich und total authentisch sein, aber es gibt etwas Besseres! Schließlich haben wir schon gelernt, dass sich Bewegung sehr gut als Ventil für aufgestaute Energien eignet. Es muss nicht unbedingt das Ohr eines Mitmenschen sein!

Für die »gepflegte« Kommunikation bietet sich die so genannte selektive Offenheit an. Angepasst an die jeweilige Situation, offenbaren Sie einen Teil Ihrer Gefühle, ohne den anderen damit niederzubügeln.

Das Gespräch suchen und Lösungen aufzeigen

Sprechen Sie Ihre Gefühle in gemäßigter Form aus oder zeigen Sie sie durch kleine Gesten. Das schützt Sie und Ihre Gesprächspartner vor ungewollten emotionalen Zusammenstößen.

Bevor Sie sprechen, sortieren Sie Ihre Gedanken nach folgendem Schema:

- Was ist passiert? Herr XY hat sich auf meinen Parkplatz gestellt.
- Wie bewerten Sie das? Ich finde das unverschämt.
- Wie fühle ich mich daraufhin? Sauer!
- Wie handle ich daraufhin? Ich gehe zu ihm und frage ihn, ob er nicht den Parkplatz auf der Rückseite des Gebäudes benutzen möchte.

Gewinnen Sie also etwas Abstand und suchen Sie dann das Gespräch. Nutzen Sie den Vorfall, um aus einem Ärgernis einen Gewinn zu ziehen. Sie äußern Ihre Verärgerung und die Verletzung Ihrer Interessen, bieten aber gleichzeitig eine Lösung mit an und zeigen sich behilflich.

Sprechen Sie stets in der Ich-Form und vermeiden Sie grobe Verallgemeinerungen wie »immer« und »nie«:

- Statt: Wie kommen Sie dazu, sich immer auf meinen Parkplatz zu stellen? Suchen Sie sich gefälligst einen eigen! Sagen Sie: Ich finde es unhöflich, dass Sie mir den Parkplatz weggenommen haben, ich muss dann so weit gehen. Könnten Sie bitte in Zukunft für einen eigenen Platz sorgen? Sie sprechen dazu am besten Frau YZ an.
- Statt: Lassen Sie gefälligst die Finger von meinem Schreibtisch! Sagen Sie: Mich stört es, wenn Sie meine Unterlagen benutzen. Gibt es etwas, das Sie suchen? Kann ich Ihnen dabei behilflich sein?
- Statt: Immer störst du mich abends! Sagen Sie: Würde es dir etwas ausmachen, mich in Zukunft vor 22 Uhr anzurufen? Danach gehe ich nämlich schon ins Bett.
- Statt: Immer vergisst du den Hochzeitstag! Sagen Sie: Ich bin enttäuscht darüber, dass du den Hochzeitstag vergessen hast, mir bedeutet dieser Tag etwas. Hast du eine Idee, wie wir ihn nachholen können?

BEVOR IHNEN DER HUT HOCHGEHT …

Wenn sich Ihre Stimmung aus dem durchschnittlichen Bereich zwischen gut und weniger gut herausbewegt, Sie überdreht, reizbar, ärgerlich oder wütend werden, dann ist Ihr System auf dem besten Weg, auf der Woge der Stressreaktion gleich irgendwo dagegen zu donnern! Ihr Verstand kann nur noch routinemäßige Vorgänge erledigen, und automatische Steinzeit-Programme übernehmen die Steuerung. Verständnis, Konzentration, Kreativität für neue Problemlösungen – alles Fehlanzeige. Sie wollen alles auf einmal schaffen und behindern sich durch Ihre Flüchtigkeit selbst.

Gefühle? Ihre Mitmenschen haben es schwer mit Ihnen. Losheulen, brüllen, Türenknallen, meckern, nörgeln, rumzicken – Sie selbst können sich auch nicht ausstehen! Danach werden Sie sich irgendwann im tiefen Loch von Erschöpfung und Burnout wiederfinden. Das wollen Sie doch sicher nicht?

Blättern Sie noch einmal auf Seite 32 zurück und sehen Sie nach, welche Symptome Ihnen zeigen, in welchem Bereich der Stresskurve Sie sich gerade befinden. Nähern Sie sich dem »roten Bereich«, sollten Sie etwas unternehmen, um sich und Ihre Gefühle wieder einzufangen.

Doch sind Sie überhaupt dazu bereit, Ihre Stimmungen selbst zu beeinflussen? Die amerikanische Psychologin Diane Tice hat bei der Untersuchung von 4000 Personen festgestellt, dass es ungefähr 5 % »Stimmungspuristen« gibt, also Menschen, die ihre jeweiligen Gefühle für naturgegeben halten und sie lieber unverändert hinnehmen wollen. Deshalb sollten Sie sich mit einem kleinen *energy*-Test erst einmal die Erlaubnis zum Stimmungsmanagement geben.

Sie können sich selbst nicht ausstehen und andere schon gar nicht? Sie brauchen Gefühlsmanagement!

energy-Test

Darf man Stimmungen und Gefühle beeinflussen?

Kreuzen Sie an, inwieweit Sie den Aussagen zustimmen:

Punkte	Stimmt immer 1	Stimmt meistens 2	Stimmt manchmal 3	Stimmt selten 4	Stimmt gar nicht 5
Gefühle verändern sich schnell, je nachdem, was gerade passiert.	❑	❑	❑	❑	❑
Ich bin sehr emotional und auch manchmal unbeherrscht. Das ist eben meine Natur.	❑	❑	❑	❑	❑
Ich bin schon immer ein Pessimist/Optimist gewesen. Das habe ich geerbt.	❑	❑	❑	❑	❑
Ich fühle mich oft miserabel und habe deshalb ein schlechtes Gewissen.	❑	❑	❑	❑	❑
Gefühle bewusst zu verändern ist unehrlich.	❑	❑	❑	❑	❑
Was ich als gut oder schlecht empfinde, hängt von meiner Erziehung ab.	❑	❑	❑	❑	❑
Wenn ich ein Gefühl empfinde, will ich es so lange erleben, bis es von selbst vorbei ist.	❑	❑	❑	❑	❑
Meine emotionalen Reaktionen hängen von meiner Verfassung ab. Wenn ich gut drauf bin, sehe ich alles positiv, und umgekehrt.	❑	❑	❑	❑	❑
Ich kann mich durch bewusstes Denken nicht in eine bestimmte Stimmung bringen.	❑	❑	❑	❑	❑

Gesamtpunkte: ....

Auswertung des energy-Tests

♦ **33–45 Punkte:**
Sie haben eine gute Kontrolle über Ihre Gefühle. Die Gefahr besteht bei Ihnen, dass Sie gelegentlich ein wenig zu »mechanisch« mit sich selbst umgehen und Ihre Spontaneität vergessen. Suchen Sie sich Hobbys und Menschen, bei denen Sie sich einfach nur gehen lassen können – als Gegengewicht zu Ihrer guten Selbstkontrolle.

♦ **20–32 Punkte:** Sie haben ein gutes Mittelmaß gefunden zwischen Selbstkontrolle und Ihrer natürlichen Spontaneität. Die Empfehlungen, die Sie in diesem Buch lesen, werden

Sie anregen, auf dem erfolgreich eingeschlagenen Weg weiterzugehen.

♦ **9–19 Punkte:** Sie lassen sich zu sehr von Ihren Gefühlen beherrschen und geben damit die Verantwortung für Ihr Handeln ab. Diese Einstellung gehört in die Kindheit, nicht in das Leben eines Erwachsenen. Trauen Sie sich etwas mehr zu! Sie können Ihre Gefühle in großen Teilen selbst steuern. Üben Sie, Ihre Gefühle nicht immer gleich spontan auszudrücken. Erst einmal tief durchatmen und dann reden.

Stimmungsmanagement im Alltag

Denjenigen, die Skrupel haben, selbst Hand an ihre Emotionen zu legen, möchte ich mit einem Zitat vom Autor der »Emotionalen Intelligenz«, Daniel Goleman, Mut machen: »Der Umgang mit unseren Emotionen (ist) so etwas wie eine Ganztagesbeschäftigung. Vieles, was wir – besonders in unserer Freizeit – tun, zielt darauf ab, unsere Stimmung zu lenken. Alles, vom Lesen eines Romans oder vom Fernsehen bis zu den Aktivitäten und Freuden, für die wir uns entscheiden, kann als ein Bemühen aufgefasst werden, zu erreichen, dass wir uns besser fühlen.«
Überprüfen Sie doch bitte mal Ihre kleinen Alltagsrituale. Warum ...

- trinken Sie eine Tasse Kaffee?
- essen Sie ein Stück Schokolade?
- hören Sie Musik?
- legen Sie im Winter dicke Sohlen in Ihre Schuhe?
- rufen Sie so oft Ihre Freundin an?
- gehen Sie so gerne nach der Arbeit in die Kneipe?
- legen Sie sich so gerne in die Badewanne?
- lieben Sie ausführliche Einkaufsbummel?

Damit es Ihnen besser geht, oder?

Für den Notfall gewappnet sein

Manchmal jedoch braucht es etwas mehr, um die Gefühle wieder einzufangen. In der Natur der aufbrausenden oder deprimierten Emotionen liegt es leider, dass sie das konstruktive Denken einengen. Fred und Wilma sollten ja nicht erst allzu umständlich nachdenken, wenn sie in Gefahr waren, oder einfach Ruhe geben, wenn die Erschöpfung sie eingeholt hatte. Deshalb ist es hilfreich, man sucht sich rechtzeitig seine Hilfsmittel zusammen, damit man sie im Notfall nur noch hervorholen und einsetzen muss.
Auf der nächsten Seite habe ich Ihnen einen *energy*-Notfallkoffer zusammengestellt. Sie wissen ja, dass Gefühle niemals alleine auftreten, sondern immer im Dreierpack zusammen mit Körper und Gedanken. Wenn die Gefühle durchdrehen, können die beiden anderen sie wieder hochziehen. Deshalb empfehle ich Ihnen für den Gefühlsnotfall, sich auf Körper und Gedanken zu verlassen.

Wir hören so gerne Musik, weil sie unsere Gefühle positiv beeinflusst – wir fühlen uns besser.

Der energy-Notfallkoffer

BEVOR IHNEN DER HUT HOCHGEHT ...

Sind Sie sauer, wütend, zornig, gereizt? Sind Sie kurz davor, die Kontrolle zu verlieren? Hier meine Tipps für ein professionelles Gefühlsmanagement:

➤ 1 *Bewegen Sie sich*

Stehen Sie auf, gehen Sie im Raum umher, einen Gang entlang, zur Toilette, ein paar Treppen auf und ab oder am besten eine kleine Runde um den Block. Sie verlassen damit die Situation, in der sich Ihre Gedanken weiter aufschaukeln, und lenken sich ein wenig ab. Doch vor allem setzen Sie Ihre hochgepeitschte Energie in das um, wofür sie gemacht wurde: Bewegung!

➤ 2 *Atmen Sie aus*

Atmen Sie ein paarmal tief durch und betonen Sie dabei vor allem das Ausatmen. Im Stress neigt man dazu, die Luft anzuhalten. Lassen Sie den Atem langsam ausströmen (wenn Sie allein sind, ruhig geräuschvoll!) und stellen Sie sich dabei vor, wie die ganze Spannung von Ihnen weicht.

➤ 3 *Trinken Sie schnell ein ganzes Glas Wasser*

Das Trinken beansprucht den Teil des vegetativen Nervensystems, der Schlucken, Verdauung und Regeneration steuert (Parasympathikus). Der kampflustige Sympathikus wird dadurch in seiner Antriebskraft geschwächt. Außerdem können Sie nur schnell trinken, wenn Sie sich konzentrieren. Dabei hört das tobende Selbstgespräch einen Moment auf – Sie kommen wieder auf den Boden zurück!

➤ 4 *Setzen Sie bewusst positive Gedanken ein*

Das Gehirn kann immer nur in eine Richtung denken. Setzen Sie jetzt Ihre Kraftspender in Krisensituationen von Seite 109 ein.

➤ 5 *Geben Sie sich laut und deutlich den Befehl: »Stopp!«*

Falls Sie zu aufgebracht sind, um bewusst auf positives Denken umzuschalten, geben Sie sich selbst das Stopp-Zeichen. Wenden Sie sich dann möglichst einem anderen Thema zu. Braucht etwas Übung, aber es hilft.

➤ 6 *Nutzen Sie Ihre momentane Power für andere Tätigkeiten*

In diesem Augenblick sind Sie voller Energie, die ein Ventil sucht. Setzen Sie sie für Dinge ein, die etwas mehr Schwung vertragen, wie aufräumen, putzen, lästige Briefe und Anrufe erledigen. Das macht zufrieden und senkt den Energiepegel.

➤ 7 *Entlasten Sie sich schriftlich*

Nichts entlastet so sehr, wie seinen Ärger schriftlich auszudrücken. Die Gedanken in Worte zu fassen zwingt innerlich zur Ruhe und schafft eine wohltuende Distanz. Machen Sie es sich nett, während Sie schreiben. Benutzen Sie einen schönen Stift, eine hübsche Kladde, Ihr Gehirn merkt sich das.

➤ 8 *Überlegen Sie, warum Sie sich so aufgeregt haben*

Wenn Sie etwas Zeit haben, sollten Sie nachdenken: Was hat Sie so frustriert? Was befürchten Sie? Ärgern Sie sich über andere oder etwa über sich selbst?

BEVOR SIE VOM STUHL FALLEN ...

Sind Sie völlig erschöpft, todmüde, traurig, fix und fertig? Vertrauen Sie darauf, dass Körper und Gedanken Ihnen Ihre Energie zurückbringen werden:

1 *Bewegen Sie sich*

Auch hier wirkt Bewegung ausgleichend. Körperliche Aktivität vermittelt Ihrem System die Information »Gleich geht's los!« Alle Systeme werden wach und Sie auch.

2 *Falls Sie sitzen bleiben müssen, spannen Sie alle Muskeln an*

Am einfachsten ist, Sie setzen sich gerade hin, straffen den Rücken, ziehen den Bauch ein, nehmen die Schultern herunter und stemmen die Füße gegen den Boden. Sie sehen sofort aktiver aus und fühlen sich auch so.
Setzen Sie, wenn möglich, die Ganzkörperspannung ein: Spannen Sie die Gesäßmuskeln an, ziehen Sie die Zehen hoch, stemmen Sie die Arme gegen die Lehnen – was auch immer Ihnen einfällt, erfüllt seinen Zweck.

3 *Kältereize jeder Art machen munter*

Trinken Sie etwas Kaltes. Waschen Sie sich das Gesicht mit kaltem Wasser oder lassen Sie kaltes Wasser über Hände und Pulsadern laufen. Gehen Sie im Winter kurz an die kalte, frische Luft!

4 *Nehmen Sie Vitamin C*

Trinken oder essen Sie etwas Vitamin-C-Haltiges, das regt den Stoffwechsel an.

5 *Schauen Sie ins Licht*

Gehen Sie ans geöffnete Fenster oder besser noch ins Freie, denn helles Tageslicht aktiviert. Auch an einem bedeckten Tag bekommen Sie auf diese Weise sehr viel mehr Lichtintensität als durch Bürobeleuchtungen.

6 *Essen Sie ein wenig Zucker*

Möglicherweise ist Ihr Blutzuckerspiegel abgesunken. Ein kleines (!) Stück Schokolade, ein Kaffee mit Zucker, ein Keks sind erlaubt, um den Zuckerspiegel schnell aufzufüllen. Aber nicht auf die Dauer!

7 *Nutzen Sie die belebende Kraft der Gedanken*

Steuern Sie Ihr Aktivitätsniveau bewusst mit Hilfe Ihrer Gedanken. Freuen Sie sich auf das, was Sie tun werden, wenn die ermüdende Situation vorbei ist. Machen Sie angenehme Pläne!

Zu Risiken und Nebenwirkungen ...

Der Notfallkoffer ist ausschließlich dazu da, Sie in Momenten, in denen Sie keine Zeit haben, sich lange mit sich und Ihren Problemen auseinander zu setzen, vor größerem Schaden zu bewahren. Sie nehmen der Stressreaktion die Spitze und betreiben Deeskalation – eben Erste Hilfe! Es muss für Sie erst einmal auf einer vernünftigen Ebene weitergehen, und alles andere kommt später.
Doch um dauerhaft negative Emotionen und deren unerwünschte Folgen in den Griff zu bekommen, reicht der Einsatz der Hilfsmittel aus diesem Notfallkoffer nicht aus.

Kleiner Diagnoseleitfaden

Wenn Sie sich nicht sicher sind, ob es sich nur um einen momentanen Gefühlsnotfall gehandelt hat oder ob eventuell eine ernstere Ursache dahinter steckt, sollten Sie mit Ihrem Hausarzt darüber sprechen. Es kommen durchaus auch körperliche Ursachen in Frage, die als »Nebenwirkung« Ihre Gefühle verändern können.

Gesundheitliche Gründe für Überreiztheit

Manche Erkrankungen, Alltagsdrogen oder Medikamente können zu Nervosität, Unruhe, Gereiztheit, auch Angst und Unsicherheitsgefühl führen. Bitte gehen Sie im Zweifelsfall zum Arzt.

- Krankheiten: Schilddrüsenüberfunktion, Überproduktion von Stresshormonen, Probleme im Mineralstoffhaushalt, allergische Reaktionen, Gehirnerschütterung, zu niedriger Blutzuckerspiegel
- Ungünstiger Lebensstil: zu viel Kaffee und Zigaretten, Überarbeitung, Entzugserscheinungen nach überhöhtem Genuss von Nikotin, Koffein, Alkohol, Drogen
- Alterserscheinungen: Hormonmangel in den Wechseljahren der Frau und des Mannes, Durchblutungsstörungen des Gehirns, Arterienverkalkung
- Medikamente: paradoxe Reaktion auf Beruhigungsmittel, schlecht eingestellte Asthmamedikamente, Überdosierung von Medikamenten wie Azetylsalizylsäure, Schilddrüsenhormone, durchblutungsfördernden Mitteln.

Gesundheitliche Gründe für Antriebsarmut

Manche Erkrankungen, Alltagsdrogen oder Medikamente können zu depressiver Stimmung, Traurigkeit und Lustlosigkeit führen. Bitte gehen Sie im Zweifelsfall zum Arzt.

- Krankheiten: chronische Schmerzen, Eisenmangel, Schilddrüsenunterfunktion, niedriger Blutdruck, reaktive Depression bei schweren Krankheiten
- Ungünstiger Lebensstil: Schlafmangel, Alkoholmissbrauch, Überarbeitung
- Alterserscheinungen: Hormonmangel in den Wechseljahren der Frau und des Mannes, Durchblutungsstörungen des Gehirns, Arterienverkalkung
- Medikamente: Dauertherapie mit Kortison, starke Schmerzmittel, Medikamente gegen Bluthochdruck, Beruhigungsmittel, Schlafmittel, Antidepressiva, krampflösende Mittel bei Muskelverspannungen, Hormone wie die Pille, Überdosierung von Mitteln gegen Herzschwäche.

Cool bleiben ist gesünder

Manche Menschen hauen gerne mal ordentlich auf den Tisch: »Mal richtig Dampf ablassen, das tut gut, danach geht es mir sofort besser!« Stimmt! Aber den anderen? »Ach, die kennen das von mir.« Super, wirklich nett für die Kollegen und die Familie. Hand aufs Herz: Wie finden Sie jemanden, der sich so gehen lässt? Nehmen Sie den ernst? Schätzen und achten Sie seine Reaktion? Oder sind Sie immer in Habt-Acht-Stellung, wann wohl wieder ein Anfall fällig ist? Können Sie entspannt und vertrauensvoll neben einem solchen Vulkan leben? Es gibt etwas Besseres!

Dampf ablassen kann gefährlich sein

Die Wissenschaft hat herausgefunden, dass die emotionale Überflutung bei einem Wutanfall – hilfreich für den Steinzeitmenschen – für den heutigen Couch-Potato sogar gefährlich werden kann. Warum? Sobald der Wüterich seine negativen Gedanken schießen lässt, durchfluten Wellen von Stresshormonen seinen Körper. Er ist bereit loszuschla-

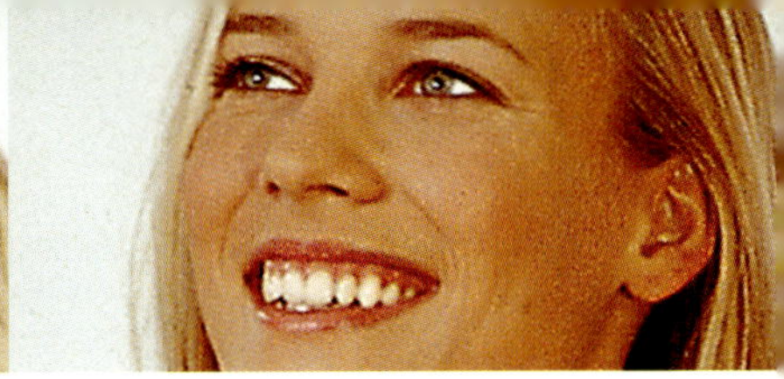

energy-Tipp

Gefühle über die Körpersprache steuern

Falls Sie sich niedergeschlagen fühlen wollen, brauchen Sie nur Schultern und Kopf ein wenig hängen lassen, schleppend gehen, die Augen halb zufallen lassen, den Blick nach unten lenken, die Mundwinkel herab ziehen und flacher atmen. Innerhalb von wenigen Sekunden ist alle Energie weg!
Aber eigentlich wollen Sie ja genau das Gegenteil! Also: Straffen Sie den Rücken, werden Sie 5 bis 10 Zentimeter größer, schauen Sie mit weit geöffneten Augen nach oben, atmen Sie tief durch und lächeln Sie! Und? Wie fühlen Sie sich? Optimistisch, voller Energie! Veränderte Körpersignale erzeugen auch bei einem selbst veränderte Gefühle und Gedanken. Es funktioniert!

gen! Jetzt hat er zwei Möglichkeiten: sich selbst herunterzukühlen, weil er beschließt, sich als zivilisierter Mensch zu zeigen, was seine Stresshormone langsam wieder abklingen lässt. Oder sich innerlich weiter hochzuschaukeln, indem er seinem Ärger freien Lauf lässt.
Das bleibt jedoch nicht ohne Folgen, denn jetzt glaubt sein innerer Fred Feuerstein, dass es offensichtlich sehr ernst ist. Er hängt sich sofort noch einmal kräftig an die Alarmglocke: Das Gehirn wird total überflutet von wütenden Emotionen, die die höchste Stress-Stufe auslösen. Der Körper unseres Wüterichs ist genauso aufgewühlt wie seine Gefühle! Sein Verhalten entgleist, er brüllt und tobt und greift auf die übelsten Verhaltensweisen seiner wilden Vorfahren zurück.

Und die ganze Zeit läuft sein Kreislauf auf Hochtouren, sein Blutdruck sprengt fast den Schädel, das Herz rast, er schwitzt. Da sein Blutdruck sowieso schon seit einiger Zeit erhöht ist, kann er in einer solchen Situation durchaus kritische Werte erreichen. Auch wenn unser Wüterich sich wieder beruhigt hat, bleibt die Aktivierung seines Systems noch eine Weile bestehen. Ist die entsprechende erbliche Belastung vorhanden, kann sich ein stabiler Hochdruck entwickeln.

Gefühle steuern macht frei

- Wer seine Gefühle kennt, kann sich von ihnen leiten lassen, ohne die Kontrolle zu verlieren.
- Arbeiten können effektiver erledigt werden, weil überschäumende Emotionen die Konzentration nicht beeinträchtigen.
- Andere Menschen werden nicht unnötig verletzt und verstört.
- Konflikte können effektiver ausgetragen werden, da man keinen unkontrollierten Ausbruch befürchten muss.
- Wer Freude, Zufriedenheit und Motivation aus sich selbst heraus entwickeln kann, ist unabhängiger von anderen Menschen und lässt sich durch deren Launen nicht so schnell anstecken.

Heute schon gelebt?

Auf der Jagd nach dem großen Glück verlieren Sie leicht die vielen kleinen Glücksmomente aus den Augen, die das Leben bereithält, gratis und ohne Gegenleistung. Sie bewusst zu genießen heißt, sich unabhängig von anderen immer wieder mit Energie aufladen zu können. Eine Fähigkeit von unschätzbarem Wert – und Sie brauchen nichts als Ihre fünf Sinne!
Als Sie noch klein waren, reichte ein leckeres Fläschchen, warmes Badewasser, zärtliche

Berührungen, und Ihr kleines Universum war perfekt. Im Grunde hat sich daran nicht viel geändert. Glück entsteht immer noch auf der Haut, der Zunge, in der Nase und im Bauch!

Werden Sie Weltmeister der Alltagsfreuden

Genießen Sie Ihren Tag, denn Sinneswahrnehmung ist positive Energie!

➤ Der Wecker klingelt morgens 10 Minuten früher, und Sie genießen das wohlig warme und herrlich faule Gefühl, noch ein wenig in den Kissen herumwühlen zu können. Sie spüren die weiche Berührung auf der Haut.

➤ Sie räkeln sich, strecken und dehnen alle Muskeln. Sie spüren, wie Ihre Energie erwacht und Sie belebt!

➤ Was gibt es nicht alles zu genießen! Das Prickeln der Dusche, die Frische der Zahnpasta, Kaffeeduft ...

➤ Die Luft des neuen Tages, Ihre kraftvollen Schritte zum Parkplatz ...

Genießen Sie die kleinen Freuden des Alltags ganz bewusst: eine Tasse Tee, Musik, ein schöner Duft.

➤ Die Vorfreude auf das Mittagessen, all die verschiedenen Geschmacksrichtungen der Speisen und Getränke! Wie schön ist es, gerade so eben satt zu sein.

➤ Freundliche Menschen, hübsche Gesichter, schöne Kleidung, gelungene Dekorationen, überall versteckte Schönheit. Sie lassen sich von ihr berühren.

➤ Die Energie der Farben ...

➤ Ein fremder Duft ...

➤ Der Blick sieht alles ganz neu, den Waldweg, die Straßenschlucht, die Ecke im Büro, noch nie so gesehen ...

➤ Kühl und glatt die Tischplatte, rau, weich und fest das Sofa, die Haut des Partners, das warme Fell der Katze.

➤ Alle Geräte sind aus: Vögel zwitschern, Blätter rauschen, der Wind, Regentropfen ...

➤ Abends ausstrecken, liegen, frei, nichts mehr müssen, noch ein bisschen kuscheln in die Kissen, an den Partner ... Augen zu.

Nimm dir einfach mehr vom Leben!

Nach einem ausgefüllten Tag reichen Fantasie, Kraft und Entschlussfreude häufig nur noch für das Nötigste: Haus- und Familienarbeit, Essen, Körperpflege, Aufräumen, allenfalls ein bisschen Herumtrödeln, Fernsehen. Und schon sind 2 bis 3 Stunden der ersehnten Freizeit draufgegangen. Schade!

Viele Menschen lassen ihre freie Zeit durch die Finger rinnen. Sie nennen das Entspannung und freuen sich, auch einmal etwas »nicht Sinnvolles« zu tun. Und sie haben sich damit abgefunden, dass leider dabei auch nichts herauskommt, was sie wirklich zufrieden macht. Das kann man so halten, aber es gibt etwas Besseres! Allerdings braucht das etwas Engagement. Sie müssen schon ein wenig nachdenken, entscheiden und planen. Wie immer, wenn Sie etwas erreichen wollen!

Herausfinden, was wirklich Spaß macht

Erarbeiten Sie sich eine Liste, die Sie immer dann zu Rate ziehen, wenn Sie zu müde, zu träge oder zu lustlos sind, um sich aktiv etwas zu überlegen. Schöpfen Sie dazu aus Ihrer Erfahrung und Erinnerung, denn die geben Ihnen zuverlässige Hinweise, worauf Sie Lust haben könnten.

- Was ich früher gerne allein getan habe: zum Beispiel lesen, Fotos ansehen, Sport, Musik hören, Wellness-Abend, Meditation ...
- Was ich früher gerne mit meinem Partner/Freunden/Familie getan haben: z.B. Gesellschaftsspiele, spazieren gehen, tanzen gehen, essen gehen, Kino, Theater, Freunde treffen, sich gegenseitig etwas vorlesen, sich massieren, sich gegenseitig verwöhnen ...
- Was ich schon immer mal allein machen wollte: Ich hätte mal Lust, eine neue Sportart auszuprobieren, Spanisch zu lernen, neue Leute kennen zu lernen, alte Freunde zu treffen oder anzurufen, in einen Club, Bar, Disco, Café, Restaurant zu gehen, in dem ich noch nie war, eine Massage zu bekommen, in ein Wellness-Bad zu gehen ...
- Was ich schon immer mal mit meinem Partner/Freunden/Familie machen wollte: Sportveranstaltung besuchen, Leute besuchen, ins Museum gehen, Ausflug, Wanderung, Abenteuerurlaub machen ...
- Und wenn Sie schon einmal dabei sind: Was ich irgendwann einmal in meinem Leben unbedingt tun oder erleben möchte: eine besondere Reise machen, eine besondere Herausforderung annehmen, etwas Besonderes kaufen, einer Partei oder Organisation beitreten, mich irgendwo engagieren ...

Das sind die Regeln

Erst einmal spontan, frei und ohne Beschränkungen alles niederschreiben, was Ihnen durch den Kopf saust. Denken Sie großzügig! Gönnen Sie sich Freiheit!

Gönnen Sie sich Zeiten, die nur Ihnen allein gehören – und sei es ein schönes warmes Bad.

Dann fragen Sie sich bei jedem Stichwort, das Sie auf Ihre Liste geschrieben haben:

- Was davon kann ich heute, morgen oder übermorgen tun?
- Was möchte ich nächste Woche tun?
- Was möchte ich nächsten Monat tun?
- Was irgendwann mal wieder?

Bei der Planung fallen leider genug Dinge wieder weg oder werden in die ganz ferne Zukunft verschoben. Also fragen Sie sich auch: Wenn nicht jetzt, wann dann?

Die freie Zeit gut einteilen

Es gibt Dinge, die sind absolut notwendig, wie Hausarbeit (bitte in Maßen), mit den Kindern spielen und ihre Hausaufgaben nachsehen. Was danach noch bleibt, sollten Sie gut aufteilen in Zeiten, die Sie mit anderen verbringen (in der Reihenfolge: Partner, Freunde, Familienmitglieder, Bekannte), und Zeit, die Sie wirklich nur für sich allein haben. Diese Auszeiten sind ganz wichtige Energiespender, in denen Sie in all dem Trubel wieder zu sich selbst finden und aus sich heraus Kraft schöpfen können. Ein Spaziergang allein, ein schönes Bad, eine Stunde auf dem Sofa – und Sie sind wieder bereit für die Welt.

Negative Gefühle sind ein wichtiger Teil von uns. Lernen Sie ihre geheimen Botschaften kennen und machen Sie sich ihre Energie zunutze.

RUMPELSTILZCHEN WAR KEIN SCHLAFFI

Positive Gefühle sind das Schönste im Leben. Was aber ist mit den negativen? Mit Wut, Ärger, Frust, Angst oder Neid? Sie sind wichtige Ratgeber und Energiequellen! Entscheidend ist aber, dass wir aus diesen Gefühlen auch Konsequenzen ziehen, sonst bleiben sie reine Energieverschwendung, strapazieren Blutdruck und Immunsystem, verderben die Laune, machen auf Dauer krank und stressen die Nerven unserer Mitmenschen. Das heißt, wenn negative Gefühle nicht der Anlass zum Nachdenken über nützliche Ziele werden und zu neuen Handlungen führen, sind sie für die Katz!

Negative Gefühle sind wichtig

Länger als bis die Botschaft »Finger weg!« angekommen ist, sollten wir uns allerdings mit negativen Gefühlen nicht aufhalten. Manche Leute lieben es, sich nach dem Motto »Besser ein schlechtes Gefühl als gar keines« in ihrem Elend zu baden. Sie begehen denselben Fehler wieder und wieder, nur weil sie nicht denken und lernen wollen oder sich nicht entscheiden können.

Andere ziehen es vor, negative Gefühle erst gar nicht zu bemerken: »Ich bin noch nie wütend gewesen«, »Neid oder Rache kenne ich gar nicht.« Kann eigentlich nicht sein. Sie wissen wahrscheinlich nicht, was sie mit derartig kraftvollen Emotionen anfangen sollen, fürchten den totalen Ausbruch, Kahlschlag oder sonst eine Katastrophe. So wenden sie eine Menge Energie auf, um die wilden Kerlchen im Untergrund zu halten.

Der Versuch, die eigenen Emotionen tapfer, aber ohne Konsequenzen auszuschalten, ist auf Dauer nicht nur unangenehm und energiezehrend, sondern lässt deren Wirkung nur noch stärker werden. Die häufigsten Gefühlsbetäuber sind:

- viel Arbeit
- Freizeitstress
- Alkohol, Kaffee, Zigaretten, Drogen
- Medikamente
- ausuferndes Sporttreiben
- extremes Sexleben
- Aufopferung für andere.

Irgendwann bricht aber auch die stärkste Abwehrbastion zusammen. Da braucht nur ein neuer Stressfaktor dazuzukommen, ein Jobwechsel, eine Krankheit, ein neugeborenes Kind, ein neuer Wohnort, und alles bricht zusammen – körperlich oder in Form einer seelischen Erkrankung. Deshalb ist es viel besser, sich vorher dosiert und kontrolliert mit der Power im Untergrund zu beschäftigen. Wer sich alleine nicht traut, kann die Hilfe von Freunden oder von therapeutisch geschulten Fachleuten in Anspruch nehmen. Leider wird Psychotherapie bei uns immer noch als ein Beweis des eigenen Versagens angesehen statt wie in den USA als Instrument für persönliches Wachstum, größere Flexibilität und mehr Kompetenz zum Glücklichsein.

Wir werden uns in diesem Kapitel nun auf den Weg machen und uns verschiedene als negativ bezeichnete Gefühle vornehmen. Wir werden untersuchen, welche wertvollen Informationen in ihnen stecken und wie wir ihre Kraft gezielt nutzen können.

Wut und Ärger machen wach

Wenn jemand das, was Sie für wichtig, richtig und notwendig halten, Ihre hohen Werte und heiligen Kühe, mit Füßen tritt, schießt Ihnen die heiße Wut aus dem Bauch und lässt Ihre Faust auf der Nase des Übeltäters landen. Wut entwickelt eine elementare Kraft, die den Menschen in früheren Zeiten bei gewaltsamen Auseinandersetzungen gute Dienste leistete. Sie überwindet das von der Natur eingepflanzte Gebot: »Töte keinen Artgenossen.« Wie sonst hätten Steinzeitmenschen, Ritter, Landser und Soldaten es geschafft, einander zu massakrieren.

Und Wut überwindet Angst! Mit Wut im Bauch kommt man in Bewegung, überwindet die angstvolle Erstarrung, spürt die Energie, den Mut und den Drang, das Unerträgliche abzuschaffen, mit welchen Mitteln auch immer. Leider oft mit den falschen.

Das hat inzwischen jeder begriffen: Die Faust ist heute nicht mehr das geeignete Instrument. Also: Kommando zurück, die Faust bleibt (geballt) in der Tasche, was übrig bleibt, ist Ärger. Ärger ist die abgeschwächte Form von Wut. Denken Sie an die vielen hitzigen Politikdebatten, die Sie schon geführt haben – da gehen Freundschaften auseinander, und Familien zerbrechen.

Reaktion auf persönliche Angriffe

Das Erste, was wir aus Wut und Ärger lernen können: Es geht immer um ganz Wichtiges, Grundlegendes, um persönliche Werte. Werte bilden das Grundgerüst unserer Überzeugungen. Vielleicht war Ihnen bisher noch gar nicht bewusst, dass Ihnen bestimmte Anstandsregeln wichtig sind. Sie merken es spätestens dann, wenn jemand eine Schwingtür vor Ihren Kopf donnern lässt und Sie nicht anders können, als »Ignoranter Trottel!« zwischen den Zähnen hervorzuzischen.

Ärger ungefiltert auszudrücken ist ein Weg, Überlegenheit, Kompetenz und Entschlusskraft zu erreichen. Doch bitte überlegen Sie, ob die Nachteile nicht überwiegen:

- Ärger macht krank! Er verstärkt die Stressreaktion, so dass Blutdruck, Puls und Stresshormone steigen, bei vorgeschädigtem Kreislauf in ungesunde Höhen.

- Ärger macht unbeliebt! Er verstimmt und verstört andere. Auch wenn diese sich daran gewöhnt haben, werden sie doch immer unfreiwillig mit angesteckt.
- Ärger schädigt das Image! Er spricht für schlechte Selbstbeherrschung und schadet Ihnen gerade dort, wo Souveränität und gutes Selbstmanagement gefragt sind.
- Ärger macht hässlich! Er verdirbt Ihre Ausstrahlung und Wirkung auf andere. Man geht Ihnen lieber aus dem Weg. Können Sie sich das leisten?
- Ärger macht dumm! Die übermäßige Aktivierung der Stressreaktion blockiert das Denken. Sie greifen auf stereotype Denk- und Sprechmuster zurück, äußern sich in Allgemeinplätzen, wissen alles besser, bringen aber nichts Kreatives zustande.

Nehmen Sie Ihren Ärger ernst

Ziehen Sie Konsequenzen und analysieren Sie Ihren Ärger. Führen Sie zwei Wochen lang eine Ärgerliste, auf der Sie jeden noch so kleinen Ärger notieren. Sie werden Augen machen, wenn Sie sich diese Liste bei einem guten Glas Wein in einer ruhigen Stunde ansehen! Betrachten Sie Ihre Liste mit Interesse und Neugier. Ziehen Sie dann Ihre Konsequenzen aus den Erkenntnissen.

Meine Güte, so viele Peanuts!

Mindestens 50% des Ärgers sind es nicht wert. Rote Ampeln, durchlöcherte Socken, verlegte Zeitungen, kalter Kaffee, unbedachte Bemerkungen anderer, lauter Kleinkram bis hin zur berühmten offen gelassenen Zahnpastatube – all diesen Kleinigkeiten erlauben Sie die Herrschaft über Ihre Gefühle, Gedanken und Ihren Körper. Das darf doch nicht wahr sein! Stellen Sie sich die Frage: Werde ich mich darüber in einer Woche auch noch aufregen? Wenn nein, beschließen Sie schon jetzt, sich nicht weiter zu ärgern.

Immer wieder dasselbe

Jeden Tag der gleiche Stau, jeden Tag das gleiche muffige Gesicht am Schreibtisch gegenüber, jeden Tag der gleiche Stress mit den störenden Telefonaten. Können Sie daran etwas ändern? Haben Sie alles versucht? Da war wirklich nichts zu machen? Dann gibt es nur noch eines: akzeptieren und das Beste draus machen! Üben Sie Selbstdisziplin und Zeitmanagement, damit Sie früher aus dem Haus kommen, werden Sie unabhängig von

Checkliste

Warum ärgern Sie sich?

Ärgern Sie sich häufig? Zu häufig? Ärgern Sie sich vielleicht sogar gerne? Denn Ärger hat auch seine positiven Seiten. Finden Sie heraus, welche Gründe Sie haben, sich zu ärgern. Was ist für Sie nützlich daran?

- ❑ Bei Ärger fühle ich mich vital und lebendig statt schlaff und matt.
- ❑ Ärger ablassen beruhigt mich.
- ❑ Wenn ich mich aufrege, glaube ich im Recht zu sein.
- ❑ Wenn ich mich ärgere, merken andere, dass ich engagiert bin und Missständen gegenüber nicht gleichgültig.
- ❑ Nur wenn ich mich richtig ärgere, habe ich die Power, um auch etwas zu ändern.
- ❑ Wenn ich mich ärgere und herumtobe, können andere meine Gefühle sehen. Dann bin ich menschlich und offen statt unnahbar und verschlossen.
- ❑ Wenn ich mich über andere ärgere, fühle ich mich besser als sie.

Ein Tipp: Bei Ärger erst einmal tief durchatmen, die Schulter runter und an etwas Schönes denken.

den Launen anderer, optimieren Sie Ihre Arbeitsorganisation. Gleichen Sie das Unabänderliche soweit Sie können aus.

Mir ist alles zu viel

Sie ärgern sich besonders schnell und nachhaltig, wenn Sie mit Ihren Kräften sowieso schon am Ende sind. Die Stimmung ist gereizt, die Gedanken laufen nur noch in einer bestimmten Spur. Kommen Ihnen diese Sprüche bekannt vor?

- Wenn ich jemanden brauche, ist mal wieder keiner da!
- Immer ich!
- Alles Idioten!
- Das machen die mit Absicht!
- Die da oben ...
- Und das ist dann der Dank dafür!

Nehmen Sie solche Gedanken ab heute als ein Signal dafür, dass Sie gerade auf dem besten Wege sind, sich ordentlich zu ärgern. Atmen Sie tief durch, lassen Sie die Schultern locker. Halten Sie den Mund und kümmern Sie sich einen Moment um Ihr persönliches Wohlbefinden (Notfallkoffer, Seite 152).

Sorry, selber schuld

Tja, das ist unangenehm, wenn Sie feststellen, dass Sie selbst die Ursache für den Ärger sind. Sie wissen ganz genau, dass sie pünktlich wären, wenn Sie mehr Selbstdisziplin aufbringen würden, dass Sie abends nicht so kaputt wären, wenn Sie sich nicht immer zu viel vornehmen würden, dass Sie zufriedener und entspannter wären, wenn Sie nicht so unter Ihrem eigenen Perfektionismus leiden würden. Zu Ihrer Beruhigung: Sie machen das alles nicht, weil Sie sich so gerne Ärger aufhalsen, Sie wollen nur zu viel des Guten. Die Dosierung ist Ihnen ein wenig aus der Hand geglitten.

Ändern Sie etwas!

Müssen Sie sich zu Ihrer Schande eingestehen, dass Sie bisher zu faul oder zu feige waren, notwendige Änderungen einzuleiten? Prima! Nichts wie los! Werden Sie aktiv und kreativ. Jedes Problem ist eine Herausforderung. Es wäre doch gelacht, wenn Sie es nicht schaffen würden, der muffigen Frau Müller ein Lächeln zu entlocken oder Ihren Partner irgendwie doch dazu zu bringen, die Zahnpastatube zuzumachen! Entwickeln Sie sich weiter, wachsen Sie an Ihren Aufgaben.

Frust macht Mut

»Jetzt reicht's!« Alle Signale stehen auf Rot: Halt, nicht weiter so! Umkehren und etwas anderes ausprobieren. Glückwunsch – das ist der End- und Wendepunkt! Jetzt kann es nur noch besser werden. Oder lieben Sie den Dauerfrust? Den schnellsten Weg in die Hölle von Burnout und Depression?

Vielen reicht es offensichtlich, sich immer nur über ihren Frust zu beschweren. Aber ein mitgeteiltes Gefühl ist noch keine nachhaltige Verbesserung. Kümmern Sie sich um sich, sorgen Sie für mehr Energie, treiben Sie intensiv Sport. Bitte jetzt keine Entspannungsübung oder ein Wellness-Wochenende. Sie brauchen Bewegung, Dynamik, alles, was Sie in Schwung bringt und Ihre Energie explodieren lässt! Und so springen Sie dann über die innere Mauer:

- Treiben Sie den Frust gedanklich auf die Spitze. Stellen Sie sich vor, was passiert, wenn Sie noch jahrelang so weitermachen.
- Benutzen Sie die Frust-Power, um sich mit Ihrer Situation auseinander zu setzen. Angst vor Neuanfang? Wo die Angst ist, da geht's lang! Dahinter liegt immer etwas Tolles. Eine Weiterentwicklung in Bereichen, von denen Sie noch nichts gewusst haben.
- Sammeln Sie lauter Argumente, warum Sie Ihre Situation nicht verändern können: Was anderes habe ich nicht gelernt, ich brauche das Geld, ich kann nicht alleine sein, ich kann mich so schlecht umgewöhnen, so was macht man doch nicht, ich bin zu alt, zu jung, zu dick, zu dünn ... zu alles.
- Zu jedem Punkt schreiben Sie sich bitte auf, was Sie dann eben lernen müssen. Basta.
- Sprechen Sie mit anderen Menschen, die Ähnliches erlebt haben, und holen Sie sich dort Mut und vor allem Informationen zu Ihrer anstehenden Veränderung.
- Denken Sie nicht mehr lange nach. Tun Sie den ersten Schritt. Es kann wie gesagt nur besser werden!

Angst als Triebkraft

Das Gefühl der Angst ist so unangenehm, dass manche Menschen bereits Angst vor der Angst haben. Sie kann zum alles beherrschenden Gefühl werden, sich immer weiter

Magnesium-Brausetabletten und pflanzliche Beruhigungsmittel helfen bei Angstgefühlen.

ausbreiten, so dass das Leben schließlich total eingeschränkt ist. In diesem Fall hat sie sich zu einer Krankheit verselbstständigt, die therapeutisch behandelt werden muss.

Vorbereitung auf Kommendes

Die normale Angst jedoch begleitet uns ein Leben lang, und das ist gut so. Denn sie zeigt auf, dass es in naher Zukunft etwas gibt, worauf Sie sich vorbereiten sollten. Und die Angst ist sogar so freundlich, Sie mit der nötigen Energie zu versorgen. Wenn Sie sich lieber ins Bett legen wollen, wird sie dafür sorgen, dass Sie nicht schlafen können, und Ihnen so lange Herzklopfen verursachen, bis Sie einsehen, dass es praktischer ist, wieder aufzustehen und noch ein wenig zu arbeiten oder zumindest nachzudenken.
Wie der Ärger tritt auch die Angst besonders häufig auf, wenn Ihr System sich an der Grenze seiner Leistungsfähigkeit befindet. Dann ist es hilfreich, sich erst einmal um den

Körper zu kümmern. Mit Bewegung beruhigen Sie die Angst ein Stück weit und können sich nun mit klarem Kopf Ihrer Analyse widmen. Betrachten Sie Ihre Angst mit Neugier und Interesse. So distanzieren Sie sich innerlich und werden nicht überwältigt:

- Wovor genau habe ich Angst?
- Was ist daran so schlimm?
- Was wäre das Allerschlimmste, was passieren könnte?
- Wie wahrscheinlich ist es, dass dieser schlimmste Fall eintritt?
- Habe ich die Möglichkeit zur Schadensbegrenzung?
- Gibt es jemanden, der den »Ernstfall« bereits erlebt hat?
- Was kann ich von ihm lernen?
- Was kann ich vorbeugend tun?
- Welche Fähigkeiten sollte ich verbessern oder erlernen?
- Welche Fähigkeiten besitze ich bereits und sollte sie verstärkt nutzen?

Energiequelle Neid

Die anderen haben alles und Sie nicht! Aber andererseits wollen Sie auch nicht in deren Haut stecken: die Verantwortung bei so einem hohen Posten, die Kosten für so ein riesiges Haus mit Swimmingpool, die ständige Sorge bei so einer attraktiven Frau – nein, nichts für Sie. Sie wollen lieber Ihre Ruhe haben. Wirklich?

Neidgefühle konstruktiv umsetzen

Es gibt kein besseres Vorbild als jemand, der das geschafft hat, was Sie gerne möchten! Eine gute Freundin hat mit 45 Jahren angefangen, regelmäßig Yoga und Aerobic zu machen. Ihre Körperhaltung und Figur lassen Sie vor Neid erblassen. Der Gedanke daran treibt auch Sie ins Fitness-Studio: »Was sie geschafft hat, kann ich auch!« Studieren Sie genau, was Sie an anderen Menschen interessiert und ein wenig neidisch macht. Beschaffen Sie sich so viele Informationen wie möglich. Finden Sie auch Fehler, Schwächen oder Nachteile heraus.

energy-Tipp

Unnötige Ängste stoppen

Manchen Ängsten ist man ausgeliefert und hat keine Chance, ihnen einen Sinn abzugewinnen. Das ist unpraktisch, denn die ganze Energie, Wachsamkeit und Reaktionsbereitschaft nützt Ihnen im Moment nichts. Versuchen Sie in solchen Fällen, zum Beispiel bei Flugangst, Strategien zu entwickeln, um das negative Gefühl zu stoppen.

- Verschaffen Sie sich vorher alle Informationen über die Abläufe im Flugzeug, die Flugroute etc., die Sie bekommen können.
- Beugen Sie vor, indem Sie 1 Stunde vor dem Flug ein pflanzliches Beruhigungsmittel einnehmen (Baldrian, Kava-Kava).
- Gut wäre, wenn Sie es schaffen, sich auf den Film oder eine interessante Lektüre zu konzentrieren und Ihre Gedanken und Gefühle im Zaum zu halten.
- Lenken Sie sich ab, indem Sie mit Mitreisenden sprechen.
- Bestellen Sie kaltes Wasser zum Trinken.
- Lösen Sie eine Brausetablette Magnesium darin auf. Das »Salz der inneren Ruhe« beruhigt das aufgebrachte vegetative Nervensystem.
- Entspannungsübungen helfen nur, wenn Sie sie sehr gut beherrschen. Die Konzentration auf den Körper kann die Angstgefühle sonst verstärken.
- Machen Sie sich klar: Nichts dauert ewig!

Diese Erfahrungen können Sie sich dann nämlich sparen. Machen Sie es besser oder verändern Sie eine Kleinigkeit! Gerade im beruflichen Bereich gibt es nichts Praktischeres, als mit einem »Mitbewerber« gleichzuziehen und sich dann in einem Punkt, der den Kunden sehr interessiert, positiv abzuheben. So wie eine bekannte Hamburger-Kette vor vielen Jahren mal den Werbeslogan hatte: »Vorsprung durch Tomate!«

Nutzen Sie Ihre Neidgefühle konstruktiv:

- Wie möchte ich leben?
- Welche Arbeit möchte ich tun?
- Was möchte ich an meiner Erscheinung, an meinen körperlichen Qualitäten verändern?
- Wer ist mein Vorbild?
- Was möchte ich auch haben?
- Wie hat der andere es geschafft?
- Was musste er dafür leisten?
- Welche Einschränkungen nimmt er dafür in Kauf?
- Was muss ich tun?
- Bin ich bereit, es auch wirklich zu tun?

Totale Erschöpfung ist immer auch eine Aufforderung, etwas in Ihrem Leben zu ändern.

- Ist mir es das tatsächlich wert?
- In welchem Punkt kann ich mich unterscheiden?
- Was kann ich besser machen?
- In welchem Zeitraum will ich es schaffen?
- Was ist mein erster Schritt, den ich morgen mache?

Appell: Du sollst dein Leben ändern!

Erschöpfung, lähmende Lustlosigkeit, nichts mehr hören, nichts mehr sehen, nichts mehr fühlen wollen – ein Häufchen Elend, ein Bild des Jammers! Sie sind überzeugt, nie mehr etwas Vernünftiges leisten zu können. Wie ist es nur so weit gekommen? Meist ist die Ursache ganz einfach: überarbeitet, ausgebrannt, zu lange und zu intensive Höchstleistungen – alles in bester Absicht.

Depression als letzte Warnung

Eine echte Depression ist eine psychische Erkrankung, die in jedem Fall in die Hände eines Facharztes gehört (siehe *energy*-Info, rechte Seite). Hier ist die Rede von der so genannten »depressiven Verstimmung« als einem emotionalen Symptom. Sie stellt sich immer dann als letzte Warnung ein, wenn der Betreffende alle anderen Warnzeichen in den Wind geschrieben hat, die sein System ihm schon lange gesendet hat.

Auf die Erschöpfung tagsüber folgt eine schlaflose Nacht. Denn Ihrem System bleibt nur noch eins: Es packt Sie, schüttelt Sie wach und ruft Ihnen zu: »Aufstehen, nachdenken, Leben ändern! Da ist schon länger was aus dem Ruder gelaufen, du verlierst die Kontrolle!« Und wenn Sie dann, kaputt und kribbelig, wie Sie sind, versuchen über Ihr Leben nachzudenken, wird Ihnen mit Sicherheit nichts Vernünftiges einfallen. Diagnose: Burnout!

Hier die wichtigsten Tipps bei Niedergeschlagenheit, Erschöpfung und depressiver Verstimmung:

- Kümmern Sie sich um Ihren Körper, treiben Sie leichten Sport (Seite 48).
- Machen Sie jetzt kein Entspannungstraining, denn Selbstaufmerksamkeit verstärkt negative Gedanken.
- Kein Alkohol – lähmt die Energie!
- Bauen Sie Energie und Lebensmut systematisch wieder auf, indem Sie sich kleine Erfolgserlebnisse schaffen (Was kann ich gut? Seite 117).
- Verbessern Sie Ihr Selbstbild: neue Kleidung, zum Friseur, etwas Schönes für die Wohnung.
- Suchen Sie positiven, emotionalen Ausgleich (Heute schon gelebt? Seite 155).
- Stoppen Sie das Selbstmitleid: Nichts dauert ewig, es gibt Menschen, denen es noch viel schlechter geht.

Jetzt folgt die eigentliche Aufgabe

Hier hören die meisten mit der Arbeit auf, doch jetzt beginnt erst der eigentliche Teil. Wenn Sie sich erholt haben, wenn die Gefühle wieder im Lot und die Gedanken wieder klar sind, machen Sie sich mit gespitztem Bleistift daran nachzurechnen, was Ihnen in Ihrem Leben welchen Lohn einbringt: in Form von Glück, Gesundheit, Liebe und Zufriedenheit.

Sollten Sie feststellen, dass Ihre Bilanz eher schlecht ausfällt, ist das Falscheste, was Sie tun können, sich noch mehr anzustrengen. Denn das hat Ihnen ja gerade die depressiven Warnschüsse gebracht. Nein, weniger tun, mehr leben! Oder etwas anderes tun, das Ihnen mehr Zufriedenheit schenkt (Flow, Seite 180). Statt sich allzu viele Sorgen zu machen, sollten Sie sagen: »Danke Stress für die Warnung. Ich werde etwas verändern!« – Bevor Sie richtig krank werden.

energy-Info

Symptome der Depression

Depression ist eine der zunehmenden Erkrankungen in den westlichen Ländern. Neurowissenschaftler arbeiten fieberhaft an der Aufdeckung der biochemischen Ursachen. Bis dahin ist die übliche Behandlung mit Medikamenten und Psychotherapie ein guter Weg. Typische Anzeichen sind:

- Fast unmerklicher Rückzug von anderen: Nach der Arbeit schnell nach Hause gehen, nicht mehr plaudern, in den Pausen am Arbeitsplatz bleiben oder irgendwohin verschwinden, Geselligkeiten meiden, nicht mehr mitreden, sich häufende Fehlzeiten (bei normaler Arbeitsleistung).
- Negative Gedanken drehen sich im Kreis und können nicht abgestellt werden: Alles ist hoffnungslos in meinem Leben; ich habe keine Energie mehr, und niemand hilft mir; ich kann nichts tun, um etwas zu verbessern, ich bin hilflos; ich bin selbst schuld an meiner Lage, weil ich so unfähig bin; andere mögen mich nicht und meiden mich.
- Körperliche Anzeichen: Appetitstörung (kein Appetit, zu viel Appetit), Schlafstörungen über Wochen und Monate (vor allem Durchschlafstörung; bei leistungsorientierten Menschen oft das einzige Symptom), morgendliche Müdigkeit und Anlaufschwierigkeiten.

Sollten Sie den Verdacht haben, dass bei Ihnen selbst oder jemand anderem mehr als nur eine depressive Verstimmung vorliegt, ist ein Arztbesuch dringend angeraten.

Humorvolle Menschen, die gerne lachen, sind nicht nur fröhlicher, sondern auch körperlich und seelisch gesünder als andere.

LACHEN IST GESUND

»Treffen sich zwei Jäger – beide tot.« Haha! Lachen ist ein Allheilmittel. Es lässt Energien wieder fließen, verbindet die Herzen der Menschen und macht den Kopf frei. Denkblockaden, Peinlichkeiten, Missgeschicke – ein Witz oder ein Lachen entschärfen jede unangenehme Situation sofort. Das wussten auch schon Wilma und Fred Feuerstein, die beim Umherstreifen in den Savannen ihren Nachbarn fröhlich zugrinsten und damit signalisierten: »Wir tun euch nichts, gehen nur ein bisschen spazieren.«

Nebenwirkung: gute Laune!

Ziehen Sie die Mundwinkel auseinander, zeigen Sie Ihre Zähne, kneifen Sie die Augen ein wenig zu und neigen Sie vielleicht noch den Kopf etwas zur Seite: Diese Konstellation an Mimik und Haltung hat es in sich. Sie besänftigt nicht nur die Gefühle Ihrer Mitmenschen, sondern tatsächlich auch die eigenen – egal in welcher Stimmung Sie gerade sind! Der amerikanische Psychologe Paul Ekman hat es nachgewiesen: Die Erregung bestimmter Gesichtsmuskeln ruft über eine Aktivierung des vegetativen Nervensystems genau die Gefühle hervor, die mit der Mimik im Einklang stehen. Bisher galt: Wir lachen, weil wir fröhlich sind. Nun haben wir eine Möglichkeit dazubekommen: fröhlich zu werden, weil wir lachen.

Aus Ernst wird Spaß

Auf dieser rein körperlichen Ebene sind auch viele Tiere die reinsten Spaßvögel. Auch sie beherrschen das Alphabet der guten Laune: Ratten pfeifen in sehr hohen Tönen, wenn sie sich gegenseitig kitzeln, Elefanten spritzen sich gegenseitig nass und trompeten dabei fröhlich los, Hunde und Katzen knurren und

fauchen zum Spaß, wenn sie sich balgen und necken, Affen ärgern ihre Wärter, indem sie sie mit Dreck bewerfen und dabei frech grinsen und laut feixen. Verhaltensweisen, die eigentlich zum Kampfverhalten gehören, bekommen durch Laute und Grimassen eine andere, harmlose Bedeutung.
Das läuft beim Menschen ganz genauso: Humor ist, wenn man trotzdem lacht. Das heißt, eine Situation wird umgedeutet, aus einer anderen Perspektive gesehen und damit harmloser gemacht, als sie eigentlich war.
Auf der gedanklichen Ebene erfordert Humor eine gewisse geistige Flexibilität. Ein Witz ist nämlich nur dann witzig, wenn wir in der Lage sind, den Widerspruch zwischen der anfänglichen Erwartung (Treffen sich zwei Jäger ...) und dem tatsächlichen Ausgang (... beide tot) zu verstehen. Aus diesem Widerspruch entsteht ein neues Ergebnis, das wir dann lustig finden, weil wir es von seiner eigentlichen Bedeutung lösen. Wir wären sonst angesichts der beiden toten Jäger traurig statt amüsiert.

Lachen als Medizin

Die innere Distanz, die ein humorvoller Mensch aufbauen kann, macht Humor zu einem Heilmittel, das Ängste, Gefühle von Hoffnungslosigkeit und Hilflosigkeit verschwinden lassen kann. Dabei spielt es keine Rolle, ob der Humor sich in feinsinnigen Pointen oder lautem Gelächter äußert.
Denn auch das laute, dröhnende, wiehernde, markerschütternde oder prustende Lachen hat nichts Schädliches an sich. Obwohl es eine starke emotionale Erregung hervorruft, zunächst einmal Puls, Blutdruck, Muskelspannung und Stresshormone hochpeitscht – totgelacht hat sich noch niemand. Im Gegenteil: Lachen ist Therapie. Schon der Vater aller Seelendoktoren, Sigmund Freud, beschäftigte sich mit dem »Witz und seiner Beziehung zum Unbewussten«. Heute gehen die Therapeuten davon aus, dass humorvolle Menschen, die das Lachen lieben, körperlich und seelisch gesünder sind als chronische Miesepeter.

energy-Info

Ist uns das Lachen vergangen?

- Während Kinder noch 500-mal am Tag vor sich hin gackern oder gemeinsam kichern, bringen es Erwachsene gerade mal auf 20 Lacher täglich.
- In den 1950er Jahren wurde täglich rund 18 Minuten lang dem Frohsinn gehuldigt, heute sind es nur noch etwa 6 Minuten.

So bringen Sie Humor in Ihr Leben

- Blödeln und albern Sie mit Freunden und Familienmitgliedern herum, treffen Sie sich oft mit witzigen Leuten.
- Versorgen Sie sich regelmäßig mit frischem Spaßmaterial: lustige Filme, Witzsammlungen, Comedy-Sendungen, Kabarettbesuche, heitere Romane.
- Veranstalten Sie Kitzelorgien mit Ihren Kindern oder Ihrem Partner.
- Schärfen Sie Ihre Aufmerksamkeit für Ungereimtheiten und Widersprüchliches im Alltag, wie falschen Gebrauch von Wörtern. Darin verbirgt sich viel Witziges.
- Legen Sie sich ein »komisches Archiv« an: Notieren Sie in einer Kladde witzige Aussprüche (von Ihren Kindern, von anderen, von sich selbst).
- Nehmen Sie sich vor anderen gelegentlich selbst auf die Schippe: Sprechen Sie bitte langsam, ich bin blond.

- Versprechen Sie demjenigen Kollegen, Bekannten, Familienmitglied einen Preis, der den besten Witz oder die beste Anekdote der Woche erzählt.
- Bringen Sie Humor unter die Menschen und erzählen Sie bei passenden Gelegenheiten nette Witze.

Trainieren Sie, Alltagssituationen für sich und Ihr Gegenüber aus einer witzigen Perspektive zu sehen und damit brenzligen Situationen die Spitze zu nehmen, indem Sie

- übertreiben: Wenn Sie weiter so mit mir schimpfen, werden Sie nie mein bester Freund.
- untertreiben: Dieses kleine angebrannte Schnitzel wird dir doch wohl nicht die Laune verderben.
- absurde Lösungen finden: (Ein Mann fragt seine Frau kontrollierend) Was trinkst du denn da schon wieder? Tinte!
- sich das Gegenteil überlegen: Ich könnte weinen, so gut ist der Auftrag gelaufen.
- Sprichwörter abwandeln: Gebranntes Kind stinkt, Morgenstund hat Ei im Mund.

Beachten Sie die Lachordnung

Doch Vorsicht: Auch bei der Fröhlichkeit gelten soziale Regeln. Wer sie verletzt, hat unter Umständen nicht mehr viel zu lachen. In hierarchischen Gruppen machen die Anführer (Chefs) Witze, über die die anderen lachen sollten, ob lustig oder nicht. Umgekehrt aber gilt: »Macht lacht nicht.« Wer als Untergebener gegenüber dem Chef Humor versprüht, läuft gelegentlich ins Leere.

Ein Phänomen, an dem sich manchmal auch das Machtverhältnis der Geschlechter ablesen lässt: 93 % der Frauen geben ein Lachen zurück, aber nur 67 % der Männer. Beim Anlächeln des Gegenübers liegen die Frauen vorn, aber ihre Lachbereitschaft gilt oft als Beschwichtigungsgeste.

Interessanterweise lachen viele Frauen erst dann befreit, herzhaft und lauthals auf, wenn die Männer den Raum verlassen haben. Gemeinsam und unter sich können sie sich ausschütten vor Lachen.

Zynismus, Häme und Schadenfreude gelten nicht als Humor, sondern wirken oft als sozialer Sprengstoff, der eher nach hinten losgeht. Seien Sie vorsichtig damit.

energy-Info

Da lacht Ihr Arzt!

Herzhaftes Lachen hat viele positive, gesundheitsfördernde Effekte:

- Lachen regt die Atmung an
- Verbessert die Herzdurchblutung
- Steigert den Sauerstofftransport
- Löst Sekrete in den Bronchien
- Vermindert die bakterielle Besiedlung der Lunge, dadurch reduzierte Infektionsgefahr der Atemwege
- Fördert die Immunfunktion: Es werden vermehrt Abwehrzellen und Antikörper gebildet, daher Infektionen und Krebszellen effektiver bekämpft
- Trainiert die Muskulatur: Brustkorb-, Schulter-, Bauch-, Zwerchfell- und Beckenmuskeln werden gekräftigt und besser durchblutet
- Steigert den Stoffwechsel durch Ausschüttung von Stresshormonen
- Dämpft Schmerzen durch Ausschüttung körpereigener Endorphine
- Führt anschließend zu Entspannung, Blutdrucksenkung und Abfall der Stresshormone
- Eine Minute Lachen kann 45 Minuten Entspannungstraining ersetzen

energy-Info

Da freut sich Ihr Chef!

Lachende Mitarbeiter arbeiten besser und sind im Team erfolgreicher:

- Lachen steigert die Konzentrationsfähigkeit und Aufmerksamkeit
- Lachen baut sozialen Stress ab
- Humorvolle Menschen sind kreativer
- Humor fördert die Teamarbeit
- Gute Laune steckt an und motiviert
- Fröhlichere Menschen haben eine positive und gewinnende Ausstrahlung

Die lustigste Atemübung der Welt

In meinen Seminaren gebe ich oft den Teilnehmern mit betont ernstem Gesicht die Anleitung zu einer gymnastischen Übung der besonderen Art.

So geht's

»Bitte nehmen Sie alle ein Taschentuch zur Hand. Sie werden es gleich brauchen. Setzen Sie sich bitte aufrecht auf Ihren Stuhl. Wir machen jetzt eine besondere Form der Atemgymnastik. Sie werden 10 Minuten lang tief einatmen und dann die Luft in kurzen Stößen geräuschvoll wieder herauspressen. Sie tun das, indem Sie ununterbrochen lachen, und zwar künstlich, als Gymnastik, ohne dass jemand etwas Witziges erzählt.«

Betretenes Schweigen unter den Teilnehmern, sie schauen sich gegenseitig verständnislos an. »Ich kann doch nicht ohne etwas Lustiges lachen, das ist Blödsinn!« Die anderen denken ähnlich: »Wenn uns einer sieht, wie eine Horde von Verrückten!«

»Achten Sie bitte darauf, dass Sie laut hörbar lachen«, fahre ich fort, »setzen Sie auch die Arme ein, schlagen Sie sich auf die Schenkel, bewegen Sie sich, so viel Sie mögen, Hauptsache, Sie lachen. Spielen Sie mit dem Lachen, so variantenreich wie möglich. Schließen Sie nun die Augen, und los geht's!«

Der Spaß kommt mit dem Lachen

Als Vorlacherin fange ich an, laut vor mich hin zu grölen. Die anderen fallen ein. Es ist ziemlich anstrengend, es wird warm, die Augen tränen, die Nase läuft. Das Taschentuch kommt zum Einsatz. Einige, vor allem die Raucher, fangen an zu husten. Das Lachen löst und reinigt hörbar. Es schwillt an, der Seminarraum tobt, einige können kaum noch Luft holen, es ist wirklich lustig, zum Schreien komisch. Immer wieder gibt es Lacher dazwischen, die die anderen sofort mitreißen und eine weitere kräftige Salve auslösen. Andere sitzen still und lächeln nur vor sich hin. Ich fordere sie auf, wieder mitzumachen, denn die Energie jeder Stimme wird gebraucht.

Nach 10 Minuten kehren alle wieder zu ihrem normalen Atemrhythmus zurück. Ein paar Gluckser noch, dann ist es still. Eine vibrierende, gut gelaunte, energievolle Stille. Alle fühlen sich wohl, heiter, gelassen und gleichzeitig positiv aufgeladen. Eine schöne Übung, finde ich.

Die Gegenargumente

Kaum ist es vorbei, kommt die Kritik:

- Wenn man ohne Anlass lacht, ist das doch unehrlich.
- 10 Minuten ist zu lang, das ist ja furchtbar anstrengend.
- So etwas kann ich zu Hause nicht machen, die halten mich ja für durchgedreht.
- Das kann man alleine, ohne andere, gar nicht durchhalten.

Lächeln Sie beim Telefonieren – man hört es! Die Stimme wird wärmer und angenehmer.

Doch solche Argumente kann man schnell entkräften:

- Viele Male am Tag lachen wir künstlich: über den dummen Witz vom Chef, aus Verlegenheit oder um einen Fehler zu entschuldigen.
- Hinter der Straßenbahn herzurennen ist viel anstrengender und weniger gesund.
- Von wegen verrückt, das Gegenteil ist der Fall! Die Gelotologie, die Wissenschaft vom Lachen, hat den gesundheitlichen Wert der Heiterkeit längst bewiesen: Die heilenden Effekte des therapeutischen Humors werden eingesetzt bei Depressionen, Zwängen, Angst und Unsicherheit.
- Für alle, die Lachgemeinschaft suchen, gibt es die »Kirche des Humors«. Der Scherzartikelverkäufer Michael Berger hat die Idee seines Freundes Patch Adams (Begründer der »Clown Doctors«) aufgenommen und arbeitet mit seinen »Missio-Narren« daran, mehr Fröhlichkeit unter die Menschen zu bringen. In Deutschland gibt es viele Lachclubs mit regelmäßigen Treffen (Adressen, Seite 186).

energy-Übung: Die kleine Lachschule

Zum Schluss noch die 6 besten Übungen, um schnell neue Lachenergie zu tanken:

➤ **1** Lachgymnastik für Mutige:
Suchen Sie sich einen Platz, an dem Sie für 10 Minuten ungestört sind. Sie setzen sich auf einen Stuhl, schließen die Augen und fangen an, lauthals loszulachen. Ohne Grund, einfach so!

➤ **2** Hallo, du da!
Sie stellen sich vor einen Spiegel, straffen den Rücken, nehmen die Schultern zurück, atmen 3-mal tief durch und schenken Ihrem Spiegelbild Ihr strahlendstes Lächeln – so lange, bis Fröhlichkeit und Selbstbewusstsein Sie völlig erfasst haben.

➤ **3** Wie man in den Wald hineinruft ...
Lächeln Sie beim Telefonieren, man hört es! Das Lächeln macht Ihre Stimme sympathischer, Ihren Kopf klarer und das Ganze für beide Partner wesentlich angenehmer.

➤ **4** ... denn die Freude, die wir geben, kehrt ins eigne Herz zurück!
Schenken Sie einem griesgrämigen Menschen Ihr Lächeln mit einem netten Hallo. Sie und er fühlen sich sofort besser.

➤ **5** Lächeln steckt an:
Stellen Sie ein Foto mit einem fröhlich lächelnden Gesicht in Sichtweite auf. Sie brauchen den Menschen auf dem Foto gar nicht zu kennen. Das Lächeln erfasst Sie trotzdem, wann immer Sie hinschauen.

➤ **6** Mentales Lächeln:
Rufen Sie das Körpergefühl wach, das sich beim Lächeln einstellt: Das Gesicht ist entspannt, die Augen sind klar, ein warmes Kribbeln in der Magengegend – und schon fließen die Gedanken wieder, und die nächste gute Idee ist bereits auf dem Sprung!

ENERGIEQUELLE MITMENSCH

Das, was den Menschen auf der Welt am meisten interessiert, sind andere Menschen. Denn sie sind die größte Quelle der Freude, aber leider auch der größte Risikofaktor für unser Glück. Denn Beziehungen sind absolut unberechenbar. Der selbe Mensch kann Sie am Vormittag im siebten Himmel schweben und am Nachmittag in die Hölle abfahren lassen. Die Gefahr, vom Verhalten und den Gefühlen anderer abhängig zu sein, ist groß.

Sind Sie abhängig von anderen?

Geht es Ihnen besonders gut, wenn Sie gelobt werden, sich von anderen bewundert und umschwärmt fühlen? Sind Sie niedergeschlagen und frustriert, wenn Ihr Kind in der Schule nicht spurt? Machen Sie ihm deshalb Vorwürfe und setzen es unter Druck? Sind Sie happy und beschwingt, wenn ein netter Mensch Sie zum Abendessen einlädt? Sind Sie daraufhin äußerst spendabel mit dem Trinkgeld an den Taxifahrer? Natürlich. Doch wenn Ihre Gefühle überwiegend von anderen abhängen, kann Ihr Leben auf die Dauer ganz schön anstrengend werden.

Man braucht eine Menge Flexibilität, Anpassungsfähigkeit, aber auch Eigenständigkeit, um sich selbst treu zu bleiben und mit Beziehungen so zu jonglieren, dass sie einem auf die Dauer gut tun. Das ist eine große Herausforderung, und jede verpatzte Beziehung ist eine neue Lektion.

Über die Fähigkeit, eigene Gefühle zu erkennen und zu steuern, haben wir schon einiges gehört. Jetzt beschäftigen wir uns damit, wie wir auf andere einwirken können, um energiezehrende Begegnungen in energiespendende zu verwandeln. Und wie wir unsere Emotionen als Werkzeuge einsetzen können, um möglichst viel Positives im Umgang mit anderen zu erreichen.

Wir brauchen die Nähe und Vertrautheit anderer Menschen, um seelisch gesund zu bleiben.

Frauen lieben den Austausch von Gefühlen und geben sich gegenseitig Nähe und Zuwendung.

Über Gefühle sprechen hilft

Die Welt ist aus den Fugen, im Job brennt's, das Chaos frisst die Nerven auf, die Energie rotiert, Sie sind kurz vor dem Kollaps. Wenn Sie jetzt irgendwo ein offenes Ohr finden, das einfach nur zuhört, ein Auge, das ernst und interessiert schaut, und einen Mund, der ab und zu mal »Oje, ach wie furchtbar, hm, schlimm« sagt, dann sind Sie gerettet! Erleichterung macht sich breit, Ihre Energie fließt wieder in geordneten Bahnen. Und wenn Ihr geduldiger Zuhörer fragt: »Und was jetzt?«, kommen Sie wahrscheinlich schon selbst wieder auf eine Idee, die tatsächlich weiterhilft.

Was Ihren Retter und Sie zu einem unschlagbaren Team gemacht hat, nennen die Wissenschaftler soziale Kompetenz. Jemand, der seine Bedürfnisse und Gefühle ausdrücken kann, der sich im Krisenfall aufmacht, Hilfe zu holen, und einen anderen dazu bringen kann, ihn auch in gewünschter Weise zu unterstützen, verfügt über ein brauchbares Instrumentarium, um selbst schlimmste Krisen gut zu meistern.

Zuhören ist auch eine Kunst

Der Zuhörer braucht jedoch auch ein gewisses Geschick, um das Nervenbündel vor sich aufzufangen. Er muss in der Lage sein, seine eigenen Bedürfnisse, seine eigenen Erlebnisse und seine Bedeutung für einen Moment in den Hintergrund zu stellen und sich ganz dem anderen zu widmen. Jetzt mit den tollsten Ratschlägen vorzupreschen wäre völlig fehl am Platz.

Sein feines Gespür für die Situation sagt ihm, was der andere tatsächlich von ihm braucht: Rücksichtnahme und Sensibilität. Und dieses Gespür kann er am besten einsetzen, wenn er sich von der Katastrophenstimmung des Sprechers nicht anstecken lässt. Soziale Kompetenz bedeutet also auch, eine gewisse emotionale Unabhängigkeit bewahren zu können: nicht ohne Mitgefühl sein, doch das Mitgefühl unter Kontrolle behalten und angemessen ausdrücken.

Fragen statt sagen!

Menschen, die in der Lage sind, anderen dabei zu helfen, ihre Emotionen zu regulieren, sind sehr beliebt. Sie können bei Aufregung beruhigen oder bei Niedergeschlagenheit unterstützen, so dass der Hilfesuchende wieder frischen Mut schöpft. So stärken Sie andere:

- Nehmen Sie sich Zeit.
- Hören Sie interessiert zu. Schauen Sie den anderen an, nicken Sie.

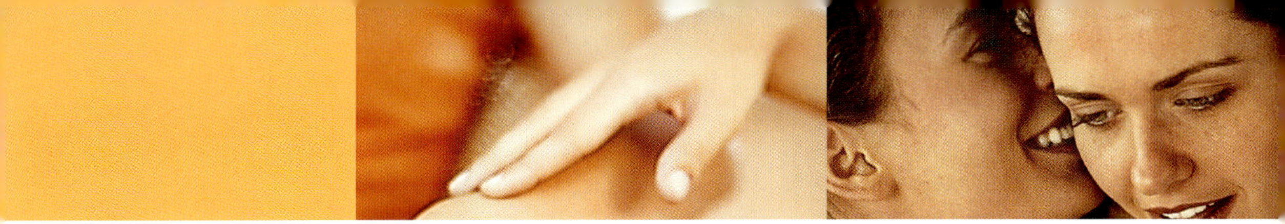

- Stellen Sie sicher, dass Sie verstanden haben, indem Sie gelegentlich nachfragen.
- Werden Sie sich der Gefühle Ihres Gegenübers bewusst.
- Lassen Sie sich nicht anstecken.
- Bestätigen Sie die Gefühle (»Mir ginge es genauso, das ist ja unangenehm für dich«).
- Nicht dagegen argumentieren: Auch wenn der Betreffende auf der sachlichen Ebene falsch liegt, wird er sich verletzt, verärgert, wütend, traurig, enttäuscht fühlen.
- Fragen Sie mehrfach nach und helfen Sie ihm so, alles loszuwerden.
- Setzen Sie eine Grenze, damit der andere sich nicht in seinem Frust verliert.
- Fragen Sie nach Lösungsideen.
- Loben Sie die ersten Ansätze.
- Fragen Sie, was in der schief gelaufenen Situation ursprünglich das Ziel war. Damit lenken Sie ihn in positives Fahrwasser.
- Fragen Sie, ob er sich vorstellen kann, noch einmal auf einem anderen Weg neu zu starten, um das Ziel zu erreichen.
- Arbeiten Sie sich gemeinsam in die positive Richtung vor.
- Danken Sie für das Vertrauen, das Ihnen entgegengebracht wurde.

Empathie überwindet Grenzen

Empathie – Einfühlungsvermögen – ist die Grundvoraussetzung dafür, dass zwischen Menschen Energie fließen kann, sie Beziehungen aufnehmen und sich verstehen können. Wer schon damit Probleme hat, eigene Gefühle wahrzunehmen und auszudrücken, wird sich schwer tun, emotionale Signale anderer zu registrieren. Dann »stimmt die Chemie nicht«, »man bekommt keinen Draht zueinander«, was so viel heißt, dass die Begegnung unbefriedigend bleibt und nur auf den nötigsten Kontakt beschränkt wird. Doch das mögen wir nicht so gerne. Am liebsten haben wir es, wenn wir andere verstehen, uns ihnen nahe, verbunden und damit sicher fühlen können. So scheint es in unserem Bioprogramm vorgesehen zu sein. Denn Sicherheit im Zusammensein mit anderen garantiert das Überleben.

Die Körpersprache verrät mehr, als wir denken

Gefühle zu erkennen zu geben ist nicht immer erwünscht. Sich cool, beherrscht, souverän zu zeigen oder Begeisterung und Motivation zu mimen ist in vielen Bereichen unseres Lebens die angesagte Strategie. Und doch: Was nicht »echt« ist, nicht der wirkli-

> **energy-Tipp**
>
> *Vorsicht Energiesauger!*
>
> So wichtig, hilfreich und heilsam Beziehungen sein können: Es gibt Personen, in deren Gegenwart Sie sich unbedeutend, geschwächt oder genervt fühlen: Energiesauger!
>
> Vermeiden Sie die Gesellschaft von Menschen, die ...
> - Hilflosigkeit und Unfähigkeit vorschützen, um Sie auszunutzen
> - ewig mit ihren Problemen kommen, sich aber nie für eine Lösung entscheiden können
> - ständig beleidigt, trostbedürftig oder verzweifelt sind und so alle Aufmerksamkeit auf sich ziehen
> - Macht daraus ziehen, indem sie Sie überrollen
> - den eigenen Glanz verstärken, weil Sie neben ihnen so unscheinbar wirken
> - sich ihre Langeweile vertreiben, indem sie Sie mit ihren Geschichten anöden.

chen Stimmung des Betreffenden entspricht, wirkt oft aufgesetzt und falsch. Irgendetwas an der Haltung, Gestik, Mimik, Körperspannung oder dem Bewegungsablauf wirkt verdächtig. Jemand betont, sich über Ihren Besuch zu freuen, schaut aber kaum von seinem Schreibtisch auf. Sie wissen sofort, dass seine Aussage nicht stimmt.
»Man kann nicht nicht kommunizieren«, sagen die Gurus der Körpersprache. Wir informieren immer über unseren Zustand, unabhängig davon, wie wir selbst glauben, auf andere zu wirken. »Ist egal, was du meinst, es ist wichtig, wie du aussiehst!« sagt der Körpersprache-Professor Samy Molcho, wenn seinen Schülern nicht passt, was der Meister an ihnen beobachtet. Kleinste Zuckungen im Gesicht, Mikrogesten, ein Flackern des Blickes, ein angespannter Muskel – Details unterscheiden die Darstellung einer Emotion von der Wirklichkeit. Sie alle zu registrieren und auszuwerten, bedarf es eines komplexen Programms – unserer Empathie.

energy-Tipp

Trainieren Sie Empathie – »spiegeln« Sie andere

Die Körpersprache ist immer Ausdruck der Gefühlslage. Umgekehrt erzeugen willkürlich praktizierte Haltungen oder Gesten auch entsprechende Gefühle.
Spiegeln Sie das körpersprachliche Verhalten Ihres Gesprächspartners und beobachten Sie genau, wie Ihre Gefühle sich dabei verändern. Sie werden Ähnliches fühlen wie Ihr Gegenüber, und nach einer Weile werden Sie glauben, schon sehr lange mit ihm bekannt zu sein.

Ich sehe was, was du auch siehst

Bei Menschen, die sich gerade sehr gut verstehen, kann man etwas Interessantes beobachten: Sie synchronisieren ihre Körpersprache. Das heißt, einer ist sozusagen das Spiegelbild des anderen. Setzt er sich im Stuhl zurück, tut der andere es ebenfalls. Aktiviert er sich plötzlich, weil ihm etwas Wichtiges eingefallen ist, beugt er sich nach vorne, sofort kommt ihm sein Partner entgegen. Im Schnelldurchlauf des Videorecorders sieht so eine Begegnung aus wie ein Tanz. Und so fühlen sich die beiden auch: Harmonisch aufeinander abgestimmt bewegen sie sich durch ihr Gespräch, im besten Einvernehmen, mit dem Gefühl des gegenseitigen Verstehens, größten Vertrauens und optimaler Sicherheit. Das ist emotional sehr befriedigend!

Gemeinsam lebt es sich gesünder

Die wissenschaftliche Literatur ist gespickt mit Belegen: Im menschlichen Programm gibt es einen Abschnitt, der uns befiehlt: »Sei nett zu deinem Nächsten, dann ist er auch nett zu dir, und das ist gut für euch beide. Denn dann könnt ihr euch helfen, wenn mal etwas Schlimmes passiert.«
Im Zusammenspiel mit anderen Menschen Vertrautheit, Nähe, Trost und Unterstützung zu erfahren ist für das Überleben der menschlichen Art unentbehrlich gewesen. Und so ist es noch heute. Soziale Unterstützung nennen die Psychologen dieses Programm, das uns Anweisung und Bedürfnis zugleich ist. Wer wenig soziale Unterstützung erfährt, lebt eindeutig schlechter:

- Männer haben weniger gefühlsbetonte Freundschaften und erleben weniger persönliche Unterstützung als Frauen. Sie legen diese als Schwäche und Abhängigkeit aus. Männerfreundschaften sind deshalb eher auf gleich gerichteten Interessen aufgebaut als auf Gefühlen. Der Kölner Mediziner Theodor Klotz sieht darin einen der Gründe, weshalb Männer früher sterben als Frauen.

- Unverheiratete Männer erholen sich von schweren Krankheiten (zum Beispiel Herzinfarkt) schlechter als verheiratete.
- Migranten aus anderen Kulturkreisen, die ohne die gewohnten Netzwerke leben müssen, erkranken häufiger und schwerer.
- Wer seine Gefühle nicht gelegentlich mitteilen kann, wer meint, auf weiter Flur alleine zu stehen, wird anfälliger für körperliche und seelische Beschwerden.
- Auf der anderen Seite: Menschen mit schweren Erkrankungen, die sich Selbsthilfegruppen anschließen, leben leichter mit ihrem Schicksal und lernen, dem Unglück noch etwas Gutes abzugewinnen.

Auf welche Weise die Nähe zu anderen Menschen hergestellt wird, wie man zu einem Gefühl von Gemeinsamkeit und Unterstützung kommt, ist gar nicht so entscheidend. Manchen reicht es schon zu wissen, dass im Ernstfall wirklich jemand für sie da ist. Manchem genügt der Chat in seinem Lieblingsroom am Feierabend. Andere – vor allem Frauen – brauchen regelmäßigen Kontakt, intensiven Austausch von Gefühlen und Befindlichkeiten und viele Zeichen der Nähe und Zuwendung. Sie haben da eben ganz andere Vorlieben als Männer.

Positives Feedback

Wenn wir schon einmal dabei sind, uns gegenseitig so viel Gutes zu tun, möchte ich Sie auf eine ganz simple Technik aufmerksam machen, die wir von Raubtierdompteuren aus dem Zirkus lernen können. Haben Sie sich jemals gefragt, wie so ein Mensch es schafft, das wilde Tier durch einen brennenden Reifen springen zu lassen, wo es doch eine äußerst starke, genetisch programmierte

Männerfreundschaften sind weniger gefühlsbetont und orientieren sich eher an gemeinsamen Interessen – Forscher glauben, das sei ein Nachteil.

Abneigung gegen das Feuer hat. Dagegen ist die Abneigung der Männer gegen rauszubringende Mülleimer ein Klacks.
»Ordentlich mit der Peitsche knallen und ihn da durchjagen!« rufen die Verwegenen in meinen Seminaren als Antwort. »Da bekommt der Tiger Angst und frisst eher den Dompteur, als durchs Feuer zu springen«, gebe ich zu bedenken. »Belohnung geben, wenn er gesprungen ist!« Zuckerbrot und Peitsche – schon besser. Aber wie schafft er es, dass er überhaupt springt? »Vertrauen aufbauen. Schon ganz früh damit anfangen.« Aha, es scheint sich also um einen langwierigen Erziehungsprozess zu handeln, der erst einmal gar nichts mit der später geforderten Leistung zu tun hat.
Und dann? Dann wird der Dompteur in mühevoller Kleinarbeit schon den leisesten Ansatz eines Schrittes in die richtige Richtung mit einem leckeren Fleischbrocken be-

energy-Tipp

Energiequelle Freundlichkeit

Seien Sie nett zu anderen! Sie verbessern die Stimmung – bei den anderen und bei sich selbst!

- Ein Kellner, eine Verkäuferin, ein Tankwart bedient Sie mit sauertöpfischem Gesicht? Eine kleine Bemerkung wie »Harter Tag heute, oder?« und ein nettes Lächeln zaubern ein wenig positive Energie.
- Aktivieren Sie Ihre gute Kinderstube. Bringen Sie wieder mehr Höflichkeit und Aufmerksamkeit in die Welt. Anderen die Tür aufhalten, in den Mantel helfen oder mit Auskünften behilflich sein gibt nicht nur Ihnen ein gutes Gefühl.
- Loben Sie und bemerken Sie schon kleinste Schritte in die richtige Richtung – das motiviert ungeheuer. Nicht übertreiben, bleiben Sie realistisch und angemessen. Mit »Super!« und »Spitze!« den ganzen Tag lang wirken Sie unglaubwürdig.
- Bitten Sie andere um kleine Gefälligkeiten (»Würden Sie mir bitte etwas mitbringen? Darf ich Sie kurz um einen Gefallen bitten?«) und bieten Sie diese auch von sich aus an (»Kann ich Ihnen etwas mitbringen? Kann ich dir sonst noch was Gutes tun?«). Der Austausch von netten Gesten festigt das Beziehungsnetz.
- Vorsicht Schleimer! Übertreiben Sie nicht und spüren Sie, wann Sie anderen lästig fallen. Penetrante Freundlichkeit und Hilfsbereitschaft machen aggressiv! Man fühlt sich vom Freundlichkeitsterror unter Druck gesetzt.

lohnen. Positives Feedback nennen das die Psychologen. Es beginnt genau in dem Augenblick, wo der Tiger zum ersten Mal in die Richtung des Feuerreifens geschaut hat. Und geht dann Stück für Stück weiter, bis das Ziel erreicht ist.
Was heißt das jetzt für uns? Wie gehen wir vor, wenn wir uns von anderen etwas wünschen? Wir geben jede Menge Feedback, aber meistens nur negatives: »Das ist aber noch dreckig, hier in der Ecke.« »Warum ist der Mülleimer immer noch nicht geleert?« »Da sind aber noch zwei Fehler in dem Brief.« »Du hast schon wieder, immer noch nicht, nie machst du, habe ich Ihnen doch schon tausendmal gesagt ...«

Bitte, danke, nett von dir

Wir merken nicht, dass wir damit den Frust und Unwillen auf beiden Seiten nur verstärken und am Ende nichts als Energieverschwendung erreichen. Versuchen Sie's doch mal so: »Ich habe gesehen, du hast schon angefangen, deine Sachen wegzuräumen.« »Danke, dass du den Mülleimer runtergebracht hast.« »Nett von dir, dass du daran gedacht hast, mich anzurufen.«
Verteilen Sie kleine Komplimente, bedanken Sie sich, loben Sie, wo immer Sie können. Sie brauchen nur das, was tatsächlich getan wurde, freundlich zu bemerken. Super, hervorragend, spitze gibt es auch nur für Ausgezeichnetes! Experimentieren Sie mit dieser Strategie. Klima und Stimmung um Sie herum werden sich in kurzer Zeit völlig entspannen. Und das Schöne an dieser Art der Ermunterung: Sie müssen sich Mühe geben, die kleinen guten Ansätze und Taten anderer zu bemerken. Ständig ist Ihr Gehirn damit beschäftigt, die Gegend auf Positives hin durchzukämmen – ausgezeichnet! Denn in dieser Zeit können Sie nur positiv denken und fühlen sich wohl!

Für jeden Menschen mag Glück etwas anderes bedeuten – aber jeder spürt ganz genau, wenn er glücklich ist.

LEBENSZIEL: GLÜCK

Glück ist ... in jedem Zeitalter, in jeder Gesellschaft, für jeden Menschen etwas anderes. Von der Bedürfnislosigkeit der Mönche bis zur Verschwendungssucht barocker Fürsten, vom naturnahen Leben bis zur überzogenen Verfeinerung snobistischer Dandys – alles schon mal da gewesen. Glück lässt sich nicht in Begriffe fassen. Doch letztlich spürt es jeder, wenn er glücklich ist, aus welchem Grund auch immer.

Kleine Glücksbringer im Alltag

Heutzutage, so sagt der bekannteste deutsche Glücksforscher Alfred Bellebaum, steht bei uns das »Erlebnis« als Quelle des Glücks im Vordergrund. Keine Beschäftigung, die nicht mit Erlebnis aufgepeppt werden soll, vom Einkaufen über das Schwimmengehen bis hin zum Zubereiten eines Abendessens. Erlebniswelten drängen sich auf, wohin man schaut, besonders da, wo man sich für unsere Geldbörse interessiert.

Das legt die Vermutung nahe, Glück könne man kaufen, und tatsächlich meinen das auch viele. Wellness, Wohlbefinden, alles ganz easy – Sie brauchen nur eine Packung Teebeutel und den richtigen Badeschaum! Nicht, dass die kleinen materiellen Glücksbringer nicht ihre Wirkung täten. Doch was man besitzt, verliert seinen Reiz, warnt Forscher Bellebaum. Das Nächste muss her, sonst entsteht schnell wieder Langeweile.

Eigentlich geht es aber um etwas anderes. Denn alles, was wir tun, tun wir, um positive Gefühle zu erleben. Positive Gefühle als notwendige Rückmeldung an unser Bioprogramm, dass wir in gewünschter Weise für unser Überleben sorgen. Sie sind das, wofür wir leben, uns anstrengen, aktivieren und motivieren, quälen, ausharren, entspannen und neue Kräfte sammeln. Damit wir es irgendwann erreichen, das ganz große Glück, von dem jeder seine eigene verschwommene Vision hat.

Glücksmomente der Vergangenheit genießen

Auf der Suche nach der blauen Blume des Glücks werden wir dank der wunderbaren Fähigkeiten unseres Großhirns in allen drei Zeitdimensionen fündig. Die Vergangenheit dient uns dabei als zuverlässige Glücksquelle, die leben, blühen und eine Menge Energie spenden kann! Die Gegenwart ist, wie wir sehen werden, für das höchste der Glücksgefühle zuständig, und das Glück, das wir in der Zukunft finden wollen, gibt unserem Leben die Richtung.

Vielleicht denken Sie mal eben kurz nach, wie viele Highlights Sie in Ihrem Leben bereits einkassiert haben! Denn auch wenn Sie im Moment nicht auf Rosen gebettet sind: Was im Schatzkästlein der Erinnerung tief unten in Ihrem Gehirn aufgehoben ist, kann Ihnen niemand mehr nehmen.

Die Schatzkiste der Erinnerungen

Erinnern Sie sich, wie Sie nicht mehr wussten, wohin mit Ihrer Energie, dem Selbstbewusstsein und rasendem Glück, als der angebetete Schwarm sich zum ersten Kuss herabgelassen hatte. Baden Sie in dem unbändigen Stolz, als Sie Ihren Führerschein in der Hand hielten. Spüren Sie die Wärme und Dankbarkeit, Ehrfurcht und Zärtlichkeit, die Sie fast zerfließen ließen, als Sie Ihr Neugeborenes zum ersten Mal im Arm wiegten. Je tiefer Sie sich in die Erinnerungen hineinfallen lassen, umso stärker überfluten Sie die schönen Gefühle. Auch wenn es draußen regnet, Ihr Liebster Sie verlassen hat und der Kühlschrank leer ist.

In der Erinnerung sind viele Glücksmomente aufgehoben, die Ihnen niemand mehr nehmen kann.

Nutzen Sie die positiven Erinnerungen Ihrer inneren Schatzkiste ganz gezielt, um sich in schwierigen Situationen selbst wieder aufzubauen. Kramen Sie in Fotokisten, alten Briefen, Tagebüchern, Souvenirschachteln oder Adressbüchern. Ein Urlaubsbild, unser Lied, ein flüchtiger Parfumduft, ein alter Pullover – und schon ist die schöne Zeit, die Sie mit jemandem verbracht haben, wieder da.

➤ Jemand hat Ihnen einen Fehler nachgewiesen. Sie sind verunsichert und fühlen sich auf einmal nicht mehr leistungsfähig. Denken Sie an alles, was Sie bisher an Erfolgen hingelegt haben. Jede Prüfung, jede besondere Aufgabe, das Haus, das Sie gebaut haben, die schönen Dinge, die unter Ihren Händen entstanden sind – alles, was Ihnen gut gelungen ist.

➤ Zu viel Stress hat Sie an den Rand der Verzweiflung gebracht, und Ihr Selbstvertrauen liegt am Boden. Erinnern Sie sich an alles, was Sie stolz, froh oder sicher gemacht hat: wie Sie kraft Ihrer Persönlichkeit einen Kollegen zur Räson gebracht haben, wie Sie bei einer großen Anschaffung einen Vorteil für sich herausgehandelt haben, wie Sie durch eine diplomatische Glanzleistung einen großen Familienkrach verhindert haben.

➤ Sie haben Probleme mit dem Partner und fühlen sich nicht mehr liebenswert. Erinnern Sie sich an alle Beziehungen, auch zu Familienmitgliedern und Freunden, in denen Sie Zuwendung, Liebe und Freundschaft erfahren haben.

➤ Sie sind überarbeitet und haben das Gefühl, niemand hält mehr zu Ihnen. Erinnern Sie sich an die Einladungen, Geburtstagsfeste, Grillabende und Familientreffen der letzten Jahre. Mit wie vielen Menschen haben Sie schon fröhlich gefeiert?

➤ Sie finden Ihr Leben öde und langweilig. Denken Sie an das, was Sie früher begeistert hat, was Ihnen Spaß gemacht und Sie aus dem Alltag herausgetragen hat: Hobbys, Kulturveranstaltungen, Flohmarkt, ein Wellnesstag, eine Sportveranstaltung.

Sich selbst am eigenen Schopf aus dem Sumpf zu ziehen ist eine wichtige Selbstmanagement-Fähigkeit. Unabhängig von den jeweiligen Umständen und anderen Menschen schaffen Sie es, die negativen Gedanken einzudämmen. Denn in dem Moment, in dem Sie die positiven Gefühle aktivieren, verbessern sich gedankliche Klarheit und körperliches Wohlbefinden schlagartig. Und dann haben Sie auch die Energie, etwas zur Verbesserung Ihrer Lage zu tun.

Mein Tipp

Alles ist relativ

Vergleichen Sie Ihr Leben gelegentlich mit dem anderer, denen es schlechter geht. Auch wenn es ein wenig unmoralisch erscheint, es schadet jedoch niemandem. Und schon sind Sie sich Ihres Glückes wieder voll bewusst, und Ihre Stimmung ist um einiges besser.

Dürfen Sie glücklich sein?

Von Natur aus neigt der Mensch der negativen Seite zu. Von dort kamen schließlich der Tiger und die Flutwelle. Nur die Bereitschaft, auf Negatives und Gefährliches zu reagieren, hat das Überleben garantiert. Das heißt, Negatives sehen, das können Sie mehr als genug, das brauchen Sie nicht zu üben! Wenn Sie nun meinen, Sie hätten ruhig etwas mehr von den Sahnetörtchen des Lebens verdient oder es sogar bitter nötig, sich ein wenig mit positiven Erlebnissen aufzupäppeln, dann sind Sie jetzt hier genau richtig!

Das heißt ... halt stopp! Bitte prüfen Sie erst, ob Sie sich auch wirklich dafür entscheiden dürfen, Ihr Leben mit positiven Gefühlen zu verschönern! Es gibt nämlich einige gute Gründe, die dagegen sprechen, das Leben zu genießen. Wo sie herkommen? Keine Ahnung. Fragen Sie mal Ihre Mama.

Es gibt Menschen, die mit strengen Glaubenssätzen zum Thema »Glück« groß geworden sind. Überprüfen Sie, ob Sie durch einen oder mehrere der folgenden Sätze daran gehindert werden, Ihr Leben zu genießen. Überlegen Sie dann, von wem diese Sätze stammen und ob Sie es tatsächlich akzeptieren, sich immer noch Vorschriften über Ihr persönliches Lebensglück machen zu lassen. In Ihrer Kindheit und Jugend konnten Sie nicht anders, als sich an den Vorstellungen anderer zu orientieren. Doch heute sind Sie erwachsen, Sie stehen auf eigenen Beinen, führen ein selbstständiges Leben und verdienen eigenes Geld. Warum dann also nicht auch eigenes Glück genießen?

Die häufigsten Glaubenssätze gegen das Glücklichsein:

- Glück ist nur Illusion, in Wirklichkeit ist das Leben Mühe und Arbeit.
- Wenn man sich auf etwas freut, wird man nur umso stärker enttäuscht.
- Man muss immer auf das Schlimmste gefasst sein.
- Wenn es mir gut geht, werden andere neidisch und versuchen, mir zu schaden.
- Ich habe keine Begabung zum Glücklichsein.
- Glück ist ein flüchtiger Luxus und darf einem nicht wichtig sein.

Falls sich herausstellt, dass Glücksgefühle für Sie nicht in Frage kommen, wenden Sie sich Seite 158 zu und ziehen Sie Ihren Nutzen wenigstens aus den negativen Gefühlen, das ist dann immerhin etwas Positives.

Flow – das Glück der Gegenwart

»Tu, was du tust« – eine alte Glücksregel aus der Antike. Sie bedeutet: Widme dich deiner Tätigkeit völlig, sei im Hier und Jetzt, vergiss dich ganz darin, was immer es auch sein mag. Schwer einzusehen, bei den vielen unangenehmen Pflichten, die man heutzutage am Hals hat: Abwasch machen, Ablage, Buchführung, unmotivierte Mitarbeiter zu Superteams erziehen, Vokabeln lernen, Müll rausbringen. Wer macht das schon gerne? Und doch stimmt der Spruch. Denn spätestes seit der ungarische Psychologieprofessor Mihaly Csikszentmihalyi seinen Bestseller »Flow: Das Geheimnis des Glücks« veröffentlicht hat, wissen wir, was wir zu tun haben, um das Glück auch im normalen Alltag zu fassen zu kriegen: absolute Hingabe an die Gegenwart, Konzentration, Identifikation.

Woher kennen Sie Flow?

Auf der Suche nach der Antwort auf die uralte Frage: »Wann fühlt sich der Mensch am glücklichsten?« fand der Professor etwas Erstaunliches: Glück ist gar nicht das Glück, das wir zu kennen meinen. Es ist gar nicht der glückliche Umstand, der Zufall, sechs Richtige im Lotto, eine unverhoffte Begebenheit, nichts, auf das man wartet. Sondern glücklich ist man, wenn man selbst aktiv wird, etwas tut und darin ganz aufgeht und die Welt um sich herum vergisst.

Mihaly Csikszentmihalyi hatte Maler, Tänzer und Leistungssportler untersucht, denn ihm war aufgefallen, dass sie oft völlig versunken, absolut konzentriert, kreativ und selbstvergessen, auch durch Hunger, Durst und Müdigkeit unabgelenkt in ihre Arbeit vertieft sind – und sich dabei glücklich fühlen! Man braucht nicht zu dieser Personengruppe zu gehören, um sich an das Erlebnis von Flow erinnern zu können. Beim Durchforsten Ihrer glücklichen Vergangenheit wird Ihnen vielleicht schon aufgefallen sein, dass das Glücksgefühl meistens mit bestimmten Tätigkeiten verbunden ist.

So bringen Sie Flow in Ihr Leben

Nicht alle Aufgaben, die zu unseren alltäglichen Pflichten gehören, haben von sich aus ein Flow-Potenzial in sich. Doch wenn Sie wissen, worauf es ankommt, können Sie eine Menge dazu beitragen, die »Flow-Rate« in Ihrem Leben zu erhöhen.

Sich den Aufgaben gewachsen fühlen

Lieber eine Sache mit ganzem Herzen betreiben als viele mit halbem. Das gilt für Hobbys genauso wie für berufliche Tätigkeiten. Beschäftigen Sie sich im Detail mit den Dingen, die Sie tun wollen. Reduzieren Sie Ihr Tätigkeitsfeld, wenn Sie sich nicht mit allen Aspekten ausreichend beschäftigen können.

Wenn Kinder selbstvergessen und ganz hingegeben spielen – das ist Flow, das Glück der Gegenwart!

Ob Sie nun Weinkenner, Schmetterlingssammler oder Sportler sind: Der Spaß wird größer, je besser Sie sich auskennen.

Aufgaben als Herausforderung sehen

Viele Tätigkeiten haben natürliche Grenzen oder Regeln, die man für sich gerne hinausschieben oder ausreizen möchte. Reinhold Messner fühlt sich von Achttausendern herausgefordert, wo normale Menschen nicht mehr atmen können, andere stellen ihren persönlichen Rekord beim Kreuzworträtsel auf. Geben Sie sich Mühe, bei Ihren Tätigkeiten immer noch etwas besser zu werden, zum Beispiel im Sport, in der Effektivität der Haushaltsführung, bei der Gartenpflege.
Wo auf den ersten Blick keine Herausforderung zu sehen ist, kann man sich mit etwas Kreativität selbst eine schaffen. (Mal sehen, wie viele Kartoffeln ich in 15 Minuten schälen kann!) Jede noch so langweilige Beschäftigung bekommt so einen interessanten Kick. Tun Sie auch Dinge, die Sie sich bisher nicht zutrauten (wenn es keine Dummheit ist)! Meister C. sagt, die Freude des Flow entsteht auf dem schmalen Grat zwischen Unsicherheit und Langeweile.

Klare und erreichbare Ziele setzen

Zielsetzung erfordert Wissen, Nachdenken, realistische Einschätzung und Planung, auch wenn das Ziel eher privat ist. Wenn Sie deutlich formulieren, wohin Sie wollen, können Sie Ihre Energie besser bündeln und ausrichten. Auch wenn es nur heißt: »Ich möchte den Pullover in zwei Wochen auf der Party anziehen« oder »Ich möchte mit der Buchführung Heiligabend fertig sein.«
Zur klaren Zielsetzung gehört auch, bestimmte Regeln und Konventionen einzuhalten, ob im Sport, beim Gesellschaftsspiel oder beim Schreiben eines Briefes. Sie zu beachten und sich dabei große Mühe zu geben kann sehr befriedigend sein.

Unmittelbare Rückmeldung einplanen

Rückmeldungen dienen der Kontrolle und dem Erfolgserlebnis. Sie sind leicht einzuplanen, wenn man Teilziele festlegt und dabei den Stand der Dinge überprüft: In welcher Zeit Sie die Aufgabe erledigt haben, wie viel oder wenig Material Sie verbraucht haben. Bei Sport und Spiel sagt Ihnen ein Schiedsrichter, Spielleiter oder ein Publikum, ob Sie sich richtig verhalten haben.

Sich vollkommen konzentrieren

Alle Energien sind gebündelt! Gedanken, Absichten und Gefühle sind auf das gleiche Ziel gerichtet. Im Kopf herrscht Ordnung – ein sehr sicheres und angenehmes Gefühl. Sie sind so versunken in Ihre Aufgabe, dass die Handgriffe wie automatisch ablaufen. Diese Konzentration kann man üben. Sie hat etwas mit Wollen zu tun, denn erst wenn Sie sich für eine Tätigkeit wirklich entschieden haben, kann Flow entstehen.

In völliger Konzentration und Kreativität erleben Sie Flow, zum Beispiel beim Tagebuchschreiben.

Menschen, die schnell wechselnde Aufgaben haben, sind wahrscheinlich deshalb oft so frustriert und erschöpft, weil ihre Arbeit keine Konzentration und damit kein Flow-Erlebnis zulässt. In dem Moment, wo eine gewisse Vertiefung in die Aufgabe möglich ist, macht sie sofort mehr Spaß.

Die Situation unter Kontrolle haben

Sie wissen Bescheid, Sie fühlen sich sicher und stark, Sie beherrschen die Materie. Sie wissen aber auch, dass Sie jeden Moment aus der Bahn geworfen werden könnten. Dieses Wissen um die Labilität der Situation steigert noch mal Energie und Konzentration. Sobald dagegen eine Aufgabe zur leicht beherrschbaren Routine wird, schweifen die Gedanken ab, Sie verlieren den Faden, und der Flow ist gestoppt.

Sich mit Hingabe der Sache widmen

Die Gegenwart ist mit ruhiger Freude erfüllt, andere Emotionen haben keinen Platz. Alle Alltagssorgen sind ausgeblendet. Sie sind eins mit der Aufgabe, die um ihrer selbst willen geschieht. Sie tun alles, damit sie gelingt. Dieses Gefühl, über sich selbst hinauszuwachsen, ist für viele Flow-Erfahrene so wertvoll, dass sie darüber andere Lebensbereiche vernachlässigen. Sie haben es schon vermutet: Man kann süchtig werden.

Flow macht erfolgreich!

Wenn Sie sich erfolgreiche Menschen genauer ansehen, werden Sie feststellen, dass deren Leben voller Flow-Aktivitäten ist:

- Sie arbeiten mit Leidenschaft.
- Sie haben oft ihr Hobby zum Beruf gemacht.
- Sie arbeiten lange und intensiv. Flow lässt das Zeitgefühl verschwinden, geregelte Arbeitszeiten sind für sie kein Thema.
- Sie können sich gut konzentrieren.
- Sie sind nicht besonders auf Erfolg fixiert. Der schlappt sozusagen als Nebenprodukt einer hervorragenden Leistung hinterher.
- Der Spaß an der Herausforderung lässt sie immer neue Ziele finden.
- Sie setzen selbst die Maßstäbe, nach denen sie ihren Fortschritt beurteilen.
- Sie kennen ihre Schwächen und akzeptieren sie. Sie kennen ihre Stärken und bauen darauf.
- Da ihnen die Tätigkeit selbst viel Spaß macht, brauchen sie nicht verbissen dem Erfolg hinterherzulaufen. Sie bleiben innerlich frei und unabhängig.
- Sie können auch unter ungünstigen Bedingungen für sich sinnvolle Aufgaben finden, indem Sie die verbleibenden Handlungsspielräume nutzen. Auf einer langweiligen Tagung zum Beispiel versuchen sie möglichst viele Kontakte zu knüpfen. Sie haben dadurch eine optimistische Ausstrahlung.
- Ihr Beruf bedeutet ihnen sehr viel, gibt ihrem Leben einen Sinn und große Befriedigung. Diese seelische Konstellation hält auch in Zeiten harter Belastung gesund.

- Die Begeisterung für den Beruf geht allerdings oft auf Kosten von Familie, Freundeskreis und Partnerschaft. Doch wer im Berufsleben eine Begabung für Flow hat, wird ihn auch im Privatleben finden: in Zärtlichkeit und Sexualität, im Spiel mit Kindern und Hund, in Entspannung und Sport, im Gespräch mit Freunden, in der Kennerschaft von gutem Essen, in der Freude am Reisen.

Der Schlüssel zum Glück

Wenn Sie sich jetzt noch einmal fragen, was Ihr Leben lebenswert macht, werden Sie feststellen, dass alle Elemente des Flow in Ihren Antworten vorkommen. Sobald Sie den Flow-Zustand für sich im Griff haben, besitzen Sie den Schlüssel! Stecken Sie ihn in möglichst viele Türen, und Sie werden Ihr Leben glücklich meistern.

Flow im Beruf bedeutet, sich mit Begeisterung und Konzentration einer Aufgabe zu widmen.

Flow ist außerdem genau die Beschreibung dessen, was Sie als optimale Leistungsfähigkeit im Hochleistungsstress erleben. Körper, Geist und Emotionen arbeiten Hand in Hand und machen Dinge möglich, über die Sie staunen. Doch ebenso wie die Phase des Hochleistungsstresses nicht ewig anhalten kann, können Sie nicht 24 Stunden am Tag im Flow leben. Sie brauchen Pausen zur Regeneration, zur Verarbeitung des Erlebten und zur Vorbereitung auf die nächsten Herausforderungen.

Die Flow-Forschung zeigt den Weg zu einem glücklichen und sinnerfüllten Leben. Wer den Flow beherrscht, kommt zu einer größtmöglichen Unabhängigkeit von gesellschaftlichen, sozialen und körperlichen Begrenzungen. Er wird in gewisser Weise auch unabhängig von den eigenen Gefühlen, die wie ein Papagei sonst jede Handlung kommentieren. In der Selbstvergessenheit des Flow ist es innen still. Doch die Stille ist nicht leer, sie hat Kraft. Vielleicht ist es das, was Buddha so lächeln lässt.

Die besten energy-Übungen für mehr Flow im Alltag

Die Herausforderung des Flow besteht darin, zwei gegensätzliche Qualitäten in einer Tätigkeit zusammenzubringen: disziplinierte Konzentration und leidenschaftliche Hingabe. Am leichtesten ist dieses Paradox zu verstehen, wenn man Kindern beim Spielen zusieht. Hochkonzentriert, zum Teil sogar mit ganz angespanntem und ernstem Gesicht, lassen sie sich völlig auf ihr Tun ein.

Spielen ist der einfachste Weg

- Spielen Sie mit Kindern.
- Spielen Sie mit Familie oder Freunden spannende Gesellschaftsspiele.
- Erzählen Sie Kindern Geschichten, die Sie im Moment frei erfinden.

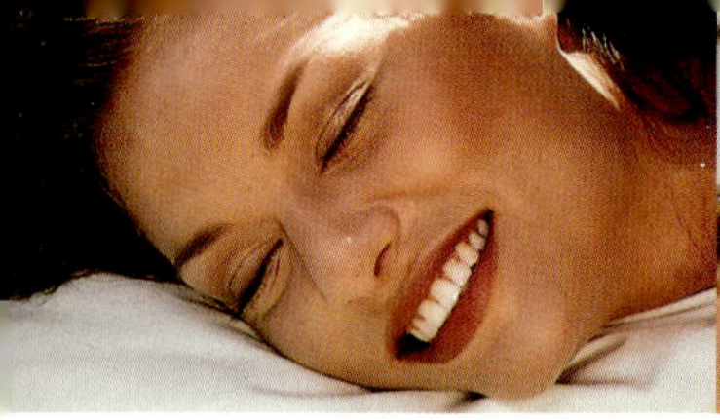

Tun Sie etwas Kreatives

- Schreiben Sie Geschichten oder Tagebuch.
- Gärtnern, basteln oder handarbeiten Sie.
- Spielen Sie ein Instrument.
- Erfinden Sie schöne Rituale für besondere Ereignisse (Einladungen, Verabredungen).

Konzentrieren Sie sich

- Immer wenn Sie etwas besonders Langweiliges tun (abwaschen, Kartoffeln schälen, den Parkplatz kehren, Rasen mähen), versuchen Sie es ganz bewusst zu tun. Optimieren Sie Ihre Bewegungen, sparen Sie Zeit, setzen Sie sich selbst ein Ziel.
- Hören Sie Musik nicht nebenbei, sondern genussvoll. Setzen Sie sich dazu ruhig hin und lauschen Sie jedem einzelnen Ton.
- Treiben Sie Sport und achten Sie auf jede Bewegung, jeden Atemzug, jeden Muskel.
- Schließen Sie möglichst jede Tätigkeit ab, bevor Sie etwas Neues anfangen.

Mein Tipp

Liebe zeigen und Beziehungen pflegen

- Begegnen Sie den Menschen in Ihrer Umgebung offen und vertrauensvoll.
- Zeigen Sie Ihre Zuneigung durch Lächeln, kleine Hilfestellungen, nette Mitbringsel, angemessene Berührungen.
- Gönnen Sie sich kleine Flirts, um Sonne in den Alltag zu bringen.
- Umarmen und streicheln Sie Familienmitglieder und enge Freunde, in dem Maße, in dem sie es gestatten. Berührungen der Haut sind gut für die Seele.
- Verbringen Sie Zeit mit Menschen, die Sie mögen: Freunden, Familie, Bekannten.

- Meditieren Sie. Setzen Sie sich hin, wo Sie ungestört sind, und beobachten Sie nur Ihren Atem. Sobald Sie mit den Gedanken abschweifen, kehren Sie zum Atem zurück. Eine große Herausforderung!

Lassen Sie sich fallen

- Tanzen Sie alleine in der Wohnung. Schließen Sie die Augen. Denken Sie nicht daran, wie Sie aussehen, sondern lassen Sie sich gehen und folgen Sie den spontanen Bewegungen Ihres Körpers.
- Nehmen Sie ein warmes Bad und lassen sich ganz entspannt vom Wasser tragen.
- Lassen Sie sich massieren oder von Ihrem Partner verwöhnen. Sprechen Sie nur das Nötigste und überlassen Sie sich ganz Ihren Empfindungen.

Liebe – der Mega-Flow

Alle Flow-Kriterien auf einmal und dazu die geballte Kraft der Erotik – ein Energizer, wie es ihn stärker nicht gibt! Es war sehr weise von der Natur, diese heftigste und schönste aller Gefühlsmischungen einerseits zeitlich zu begrenzen und uns andererseits immer wieder anfällig für sie zu machen. Dass sich Liebe auch als ruhiger und kräftiger Strom durch unser Leben ziehen kann, ist eine Erfahrung, die erst nach dem Rausch kommt.

Das Geheimnis der Liebe

Alle wollen geliebt werden. Liebesentzug – die schlimmste Katastrophe, die uns passieren kann! Warum sind wir zu fast allem bereit, um ein kleines bisschen Liebe zu ergattern? Es steht wieder einmal in unserem Bioprogramm, denn was machen wir mit denen, die wir lieben? Wir passen gut auf sie auf, verwöhnen, pflegen, liebkosen sie und machen ihnen das Leben leichter. Liebe gibt – und das ist gut für unser Überleben.

Das Bedürfnis nach Liebe ist existenziell, in allen seinen verschiedenen Ausprägungen von sexueller Liebe und menschlicher Verbundenheit. Wenn es nicht von Zeit zu Zeit befriedigt wird, werden wir erst unglücklich und dann sogar krank. Doch statt sich abhängig zu machen von der Liebe anderer, heißt des Rätsels Lösung: Selber lieben!
Liebevolle Gedanken an einen anderen Menschen wärmen das Herz, machen uns glücklich, entspannt und stark. Und sobald Erotik ins Spiel kommt, gilt das Gleiche: Was von einem selbst ausgeht, wird man auf irgendeine Weise zurückbekommen. Liebe kann andere anregen, ermutigen, motivieren. Erinnern Sie sich an den Spruch? »... denn die Freude, die wir geben, kehrt ins eigne Herz zurück!«

If you can dream it, you can make it

»Wenn es keine Grenzen gäbe, was würde ich dann gerne tun?« Stellen Sie sich immer wieder diese Frage, mit der wir am Anfang dieses Buches auf dem Weg zu unendlicher Energie gestartet sind. Und dann beginnen Sie zu träumen ... Nutzen Sie Ihre Fantasie. Mit Ihrer Hilfe finden Sie immer besser heraus, was Sie wirklich brauchen, um erfolgreich, glücklich, gesund und zufrieden zu leben.
Einen Teil des Weges zu diesem Ziel haben wir in diesem Buch gemeinsam zurückgelegt. Sie haben gesehen, wie Sie mit Body-Tuning die Energien Ihres Körpers anfeuern können. Sie haben Ihre Gedanken geordnet, Ziele festgelegt und einiges an Stolpersteinen und Hindernissen überwunden, vielleicht Ballast abgeworfen, der Sie nur beschwert hat. Sie haben auch gesehen, welche guten Dienste Ihnen Ihre Gefühle als Wegweiser und Energiequellen leisten. Und Sie wissen nun, wie Sie das höchste der Gefühle, den Flow, im täglichen Leben genießen können.

Auf zu neuen Ufern

Und jetzt machen Sie sich auf zu neuen Ufern – erfüllen Sie sich Ihre Träume! Überlassen Sie zunächst Ihrem Gehirn die Arbeit. Während Sie sich entspannen, Ihre Gedanken schweifen lassen, fällt Ihr Gehirn in einen tranceartigen Zustand, in dem Ihre Kreativität optimal arbeitet. Beide Gehirnhälften tauschen einen großen Informationsstrom aus. Bruchstücke finden plötzlich zu einem neuen Muster zusammen, und schon wissen Sie, was Sie wollen, haben eine Lösung gefunden: Die zündende Idee oder das Ziel steht ganz klar vor Ihren Augen.

Erfüllen Sie sich Ihre Träume von einem glücklichen Leben – Ihr Körper, Ihre Gefühle und Gedanken geben Ihnen die Energie, die Sie dafür brauchen.

Schöpferische Pausen sind ganz und gar keine verlorene Zeit, die Gehirnaktivität ist sogar erhöht. Träumen Sie also weiter. Stellen Sie sich alles ganz genau vor, jedes Detail, jeden Schritt, den Sie tun wollen, jedes Gefühl, das Sie erleben und jedes Bild, das Sie sehen werden, wenn Sie am Ziel sind. Ihr Gehirn entwickelt dabei ein Handlungsmuster, das Sie später in die Wirklichkeit umsetzen werden – wenn Sie es nur wollen!

ADRESSEN, DIE WEITERHELFEN

♦ Deutsche Gesellschaft für Ernährung (DGE)
Godesberger Allee 18, D-53175 Bonn
www.dge.de

♦ Auswertungs- und Informationsdienst für Ernährung, Landwirtschaft und Forsten (aid)
Konstantinstr. 124, D-53179 Bonn
www.aid.de

♦ Österreichische Gesellschaft für Ernährung
Zaunergasse 1–3, A-1030 Wien

♦ Schweizerische Vereinigung für Ernährung
Vernstr. 135, CH-3052 Zollikofen

♦ Deutscher Leichtathletikverband
Postfach 10 04 63, D-64204 Darmstadt
Tel. 0 61 51 / 77 08 52
www.dlv-sport.de
Vom DLV werden Joggingpartner vermittelt, bundesweit gibt es etwa 2600 Lauftreffs.

♦ Deutscher Wellness-Verband
Wetterstr. 7, D-40233 Düsseldorf
www. wellnessverband.de

♦ Kirche des Humors, Wandersmannstr. 39, 65205 Wiesbaden-Erbenheim
Tel. 06 11 / 74 00 1, Fax 06 11 / 71 14 06

Internet-Adressen

♦ Internet-Adressen zu Gesundheitsfragen:
www.netdoctor.de
www.gesundheitsscout24.de

♦ Meta-Suchmaschine für alle wissenschaftlichen Fragestellungen:
http://meta.rrzn.uni-hannover.de

energy-Tipp

energy-Seminare

Informationen über *energy*-Seminare mit der Autorin Dr. Sabine Schonert-Hirz erhalten Sie von:

Medizin und Training
Mühlenbach 96
D-50321 Brühl

Tel.: 0 22 32 / 92 29 64
Fax: 0 22 32 / 92 29 63
E-Mail: sabine.schonert-hirz@t-online.de

♦ Seminare ♦ Workshops ♦ Vorträge ♦ Fitness-Coaching und Check-ups für Gruppen ♦ Laktattest ♦ Veranstaltungsmoderation ♦ Pressekonferenzen

♦ Informationen über Bluthochdruck:
www.paritaet.org/hochdruckliga

♦ Hier können Sie Ihr Herzinfarkt- und Schlaganfallrisiko errechnen lassen (Laborwerte angeben): www.arterie.com

♦ Informationen über Osteoporose (Knochenbrüchigkeit): www.donna.ch/test.htm

♦ Internet-Adressen für Freizeitsportler:
www.richtigfit.de
www.Lauftreff.de
www.fun-runners.de
www.frauensport.de
www.dsb.de (Deutscher Sportbund)
www.adfc.de (Allgemeiner Deutscher Fahrrad-Club)

BÜCHER, DIE WEITERHELFEN

Zum Thema Stress und Energie

Hüther, Gerald: Biologie der Angst. Wie aus Stress Gefühle werden. Vandenhoeck, Göttingen

Stehling, Wolfgang: Ja zum Stress. Höchstleistungen bringen und im inneren Gleichgewicht bleiben. Campus, Frankfurt

Stollreiter, Marc, Völgyfy, Johannes, Jencius, Thomas: Stress-Management. Beltz, Weinheim

Zum Thema Body-Tuning, Ernährung und Gesundheit

Biesalski, Hans-Konrad, Grimm, Peter: Taschenatlas der Ernährung. Thieme, Stuttgart

Bohlmann, Friedrich: Essen als Medizin. Gräfe und Unzer, München

Die große GU Nährwert und Kalorien Tabelle. Gräfe und Unzer, München

Frank, Astrid: Im Alltag entspannen mit Progressiver Relaxation. Trias, Stuttgart

Grillparzer, Marion: Fatburner. So einfach schmilzt das Fett weg. Gräfe und Unzer, München

Johnen, Wilhelm: Muskelentspannung nach Jacobson. Gräfe und Unzer, München

Mittag, Oskar: Mach ich mich krank? Lebensstil und Gesundheit. Hans Huber, Göttingen

Ornis, Dean: Heilen mit Liebe. Mosaik, München

Ornis, Dean: Mehr essen, weniger wiegen. Das Gesundheitsprogramm für mehr Vitalität und Freude. Knaur, München

Ornis, Dean: Revolution in der Herztherapie. Kreuz-Verlag, Stuttgart

Seelig, Hans Peter, Meiners, Marion: Laborwerte – klar und verständlich. Gräfe und Unzer, München

Strunz, Ulrich: Forever young. Das Erfolgsprogramm. Gräfe und Unzer, München

Strunz, Ulrich: Forever young. Das Muskelbuch. Gräfe und Unzer, München

Zum Thema Gedanken und Selbstmanagement

Besser-Siegmund, Cora, Siegmund, Harry: Denk dich nach vorn. Das NLP-Persönlichkeitsprogramm. Econ & List, München

Loehr, James E.: Die neue mentale Stärke. BLV, München

Orlock, Carol: Die innere Uhr. In natürlichen Rhythmen leben. Thieme, Stuttgart

Robbins, Antony: Grenzenlose Energie. Heyne, München

Tönnies, Sven: Mentales Training für die geistig-seelische Fitness. Asanger, Heidelberg

Verbraucher-Zentrale: Zeitmanagement im Haushalt. Düsseldorf

Zum Thema Gefühle

Csikszentmihalyi, Mihaly: Flow – Das Geheimnis des Glücks. Klett-Cotta, Stuttgart

Goleman, Daniel: Emotionale Intelligenz. DTV, München

Herzog, Dagmar: Die Kraft der Emotionen. Gräfe und Unzer, München

Kellner, Hedwig: Nimm's doch leichter. Die Anti-Ärger-Strategie. Kösel, München

Ohm, Dietmar: Lachen, lieben, länger leben. Thieme, Stuttgart

Scheler, Uwe: Management der Emotionen. Gabal, Offenbach

Weisbach, Christian, Dachs, Ursula: Emotionale Intelligenz. Gräfe und Unzer, München

REGISTER

IMPRESSUM

Die Autorin

Frau Dr. Sabine Schonert-Hirz ist Medizinerin, Unternehmensberaterin, Fernsehmoderatorin und Wissenschaftsjournalistin. Sie veröffentlichte bereits zahlreiche Artikel und Filmbeiträge zu den Themen Stress, Fitness und Gesundheit. Sie selbst entwickelte das *energy*-Programm, mit dem sie in ihren Vorträgen und Seminaren bereits Tausende Teilnehmer begeisterte. Als berufstätige Powerfrau und Mutter von zwei Kindern zeigt sie, wie man Stress positiv als Energiepotenzial nutzen kann.

Danksagung

Mein besonderer Dank gilt Frau Andrea Tichy.

Wichtiger Hinweis

Die Gedanken, Methoden und Anregungen in diesem Buch stellen die Meinung und Erfahrung der Verfasserin dar. Sie wurden von der Autorin nach bestem Wissen und mit größtmöglicher Sorgfalt erstellt. Sie ersetzen jedoch auf keinen Fall kompetenten medizinischen oder therapeutischen Rat. Jede Leserin, jeder Leser ist für sein Tun auch weiterhin selbst verantwortlich. Weder Autorin noch Verlag können für eventuelle Nachteile, die aus den im Buch gegebenen Hinweisen erwachsen, eine Haftung übernehmen.

Umwelthinweis:
Dieses Buch wurde auf chlorfrei gebleichtem Papier gedruckt. Um Rohstoffe zu sparen, haben wir auf Folienverpackung verzichtet.

ISBN 3-7742-3229-6

Auflage: 4. 3. 2.
Jahr: 2005 2004 2003 2002

Redaktionsleitung: Doris Birk
Redaktion: Monika Rolle
Lektorat: Adriane Andreas
Layout & Umschlaggestaltung: independent Medien-Design
Produktion: Susanne Mühldorfer
Satz & Herstellung: Renate Hausdorf
Repro: Repro Ludwig, Zell am See
Druck: Appl, Wemding
Bindung: Sellier, Freising

Fotoproduktion:
Barbara Büchner: S. 54, 55, 56, 57, 60, 61, 62, 65, 94, 97, 105, 122, 134 o., 144, 147, 153, 155, 170, 173 li., 182; Manfred Jahreiß: S. 75, 78, 110, 125 o., 130;
Zeichnungen:
Detlev Seidensticker: S. 18, 28, 52;
Weitere Abbildungen:
Bavaria: S. 6, 13, 181; Werner Blessing: S. 72 Mi.; Camera Press: S. 158; Helmut Claus: Umschlag hinten; Corbis/Stock Market: S. 3, 35, 38/39, 114, 164; Außenklappe vorn u.; Folio id: S. 149; Claus Hansmann: S. 17; Ingolf Hatz: S. 59; Andreas Hosch: S. 19 li., 29, 45, 47 Mi., 51, 53; Image Bank: Umschlag vorn, S. 1, 172, 173 re., 183; Manfred Jahreiß: S. 5, 14, 19 re., 26, 47 Mi. u. re., 48, 58, 66 re., 69, 82, 85, 90 o. re., 109 li., 121, 125 Mi. u. re., 134/135, 141, 151, 157, 161, 179, 184, Innenklappe hinten (Mi., o. li.), Außenklappe hinten u.; Jahreszeiten Verlag: Innenklappe vorn li., S. 23, 109 re.; Jump: S. 20, 30, 38 o. re., 42, 88, 192; Michael Leis: S. 99, 103; Mauritius: S. 2, 8 o., 8/9, 119, 133, 138, 143, 153 Mi., 171, 185, Außenklappe vorn o.; Pictor: S. 33, 101; Picture Press: S. 10, 90 o. li.; Premium: S. 4, 31, 90/91, 128, Außenklappe hinten o.; Tom Roch: S. 25, 117, 127, 136, 153 li., 156; Reiner Schmitz: S. 36 li., 38 o. li., 66 li., 70, 72 li. u. re., 81, 162, Innenklappe vorn (o. Mi., re.), Innenklappe hinten (o. Mi., re.); StockFood: S. 36 re.; Tony Stone: S. 40, 67, 92, 107, 175, 177; Martin Wagenhan: Innenklappe vorn (o. li.); ZEFA: S. 113, 166.

Das Original mit Garantie

Ihre Meinung ist uns wichtig. Deshalb möchten wir Ihre Kritik, gerne aber auch Ihr Lob erfahren. Um als führender Ratgeberverlag für Sie noch besser zu werden. Darum: Schreiben Sie uns! Wir freuen uns auf Ihre Post und wünschen Ihnen viel Spaß mit Ihrem GU-Ratgeber.

Unsere Garantie: Sollte ein GU-Ratgeber einmal einen Fehler enthalten, schicken Sie uns das Buch mit einem kleinen Hinweis und der Quittung innerhalb von sechs Monaten nach dem Kauf zurück. Wir tauschen Ihnen den GU-Ratgeber gegen einen anderen zum gleichen oder ähnlichen Thema um.

Ihr Gräfe und Unzer Verlag
Redaktion Gesundheit
Postfach 86 03 25
81630 München
Fax 089/41981-113
e-mail: leserservice@graefe-und-unzer.de

Der energy-PLAN

DER 8-TAGE-PLAN FÜR ERSCHÖPFTE

Sie können nicht mehr schlafen, der Kreislauf spinnt, das Herz rast, Sie würden am liebsten den ganzen Tag nur heulen oder sich im Bett verkriechen? Glückwunsch, Sie sind endlich aufgewacht! Schon seit längerem dürfte Ihr Körper versucht haben, Sie mit dem einen oder anderen Alarmsignal darauf aufmerksam zu machen, dass Sie sich in der letzten Zeit übernommen haben.
Ziel dieses 8-Tage-Programms ist es, Ihre Energie systematisch aufzubauen, sodass Sie wieder gut klar kommen und sich sogar noch ein paar Energiereserven dazuholen.

Die ersten 4 Tage: Zurückschalten auf »normal«

Das Wichtigste, was Sie jetzt brauchen, ist freie Zeit. Nutzen Sie das Wochenende oder nehmen Sie sich sogar ein paar Tage frei. Reduzieren Sie Ihre aktuellen Verpflichtungen auf das absolute Minimum.

➤ 1 *Samstag*

♦ In den ersten Tagen heißt es schlafen, schlafen, schlafen.
♦ Nur kurz die nötigsten Lebensmittel besorgen: Lieblingsspeisen, Verwöhnfutter, alles, was Körper und Seele jetzt gut tut. Auf Vitalstoffe achten: viel leichtes, fettarmes Eiweiß und Kohlenhydrate, Obst und Gemüse in rauen Mengen. Und viel trinken!
♦ Besorgen Sie sich Lektüre oder Filme, die Sie zum Lachen bringen.
♦ Johanniskrauttee hilft gegen niedergeschlagene Stimmung und beruhigt die blank liegenden Nerven.
♦ Besorgen Sie sich eine hübsche Kladde, in die Sie in den nächsten Tagen Ihre Gedanken, Entschlüsse und Pläne eintragen.
♦ Den ganzen Tag nur rumliegen wäre zu viel. Bringen Sie sich sanft und behutsam wieder in Schwung: ein gemütlicher Spaziergang, ein ganz leichter Durchgang im Fitness-Studio, ein Ründchen schwimmen.
♦ Füllen Sie Ihre Depots mit Multitivitamin- und Mineralstoffbrausetabletten wieder auf.
♦ Abends – Zeit zum Nachdenken. Was hat Ihre Energie so ausgelaugt? Was frustet dauerhaft, was hat Sie verletzt, welche Ziele konnten Sie nicht erreichen, welche Gefühle vermissen Sie schon länger? Laden Sie den ganzen Ballast ab, indem Sie ihn in die Kladde schreiben. Bitten Sie einen guten Freund oder eine Freundin zu sich, der Ihnen ein offenes Ohr und vielleicht sogar eine Schulter zum Weinen leiht.
♦ Lesen Sie das erste Kapitel dieses Buches gründlich durch, dann verstehen Sie, wieso Sie in Ihr Energieloch gefallen sind.